中国『三农』问题发展方向研究

纪爱真 著

中国社会科学出版社

图书在版编目(CIP)数据

中国"三农"问题发展方向研究/纪爱真著.—北京：中国社会科学出版社，2015.8
ISBN 978-7-5161-6524-9

Ⅰ.①中… Ⅱ.①纪… Ⅲ.①农业经济—研究—中国②农村经济—研究—中国③农民问题—研究—中国 Ⅳ.①F32②D422.64

中国版本图书馆 CIP 数据核字(2015)第 147531 号

出 版 人	赵剑英
责任编辑	徐 申
责任校对	古 月
责任印制	王 超
出　　版	中国社会科学出版社
社　　址	北京鼓楼西大街甲 158 号
邮　　编	100720
网　　址	http://www.csspw.cn
发 行 部	010－84083685
门 市 部	010－84029450
经　　销	新华书店及其他书店
印刷装订	三河市君旺印务有限公司
版　　次	2015 年 8 月第 1 版
印　　次	2015 年 8 月第 1 次印刷
开　　本	710×1000 1/16
印　　张	18.75
插　　页	2
字　　数	318 千字
定　　价	68.00 元

凡购买中国社会科学出版社图书，如有质量问题请与本社营销中心联系调换
电话：010－84083683
版权所有　侵权必究

目 录

前言 …………………………………………………………… (1)

第一章 "三农"问题历史回顾 ………………………………… (1)
第一节 旧民主主义革命时期的土地问题 ………………… (1)
一 太平天国革命中的土地问题 ……………………… (1)
二 辛亥革命中的土地问题 …………………………… (4)
第二节 新民主主义革命时期的土地问题 ………………… (8)
一 土地革命战争中的土地问题 ……………………… (8)
二 抗日战争中的土地问题 …………………………… (11)
三 解放战争中的土地问题 …………………………… (19)
第三节 社会主义改造和建设时期的土地问题 …………… (22)
一 社会主义改造中的土地问题 ……………………… (23)
二 社会主义建设中的土地问题 ……………………… (25)
第四节 改革开放以来的"三农"问题 …………………… (27)
一 农村改革的启动 …………………………………… (28)
二 市场化改革的探索 ………………………………… (31)
三 加强农村市场体系建设 …………………………… (33)
四 建设社会主义新农村 ……………………………… (35)
五 改革开放以来我国"三农"问题的历史启示 …… (37)

第二章 "三农"问题现状考察 ………………………………… (40)
第一节 "三农"问题及其原因 …………………………… (40)
一 "三农"问题概述 ………………………………… (40)
二 "三农"问题形成原因 …………………………… (53)

三　"三农"问题的重要性 ································· (56)
　第二节　"三农"问题现状和特点 ····························· (63)
　　一　"三农"问题现状 ······································ (63)
　　二　现阶段我国"三农"问题的基本特点 ···················· (71)

第三章　"三农"问题症结分析 ································· (73)
　第一节　"三农"问题的根源 ································· (73)
　　一　"三农"问题的表现 ···································· (73)
　　二　历史根源 ··· (74)
　　三　现实根源 ··· (76)
　　四　思想认识根源 ··· (80)
　第二节　"三农"问题症结分析 ······························· (83)
　　一　土地问题是"三农"问题之一 ·························· (83)
　　二　"三农"问题的前提是农业问题 ························ (100)
　　三　"三农"问题的核心是农民的生存和发展 ················ (103)
　　四　"三农"问题是市场经济在中国展开的必然结果 ·········· (105)
　　五　"三农"问题的症结分析 ······························ (109)

第四章　统筹城乡经济社会发展 ······························· (114)
　第一节　统筹城乡经济社会发展的时代背景和思路 ············· (115)
　　一　统筹城乡发展的时代背景 ······························ (115)
　　二　统筹城乡发展的基本含义 ······························ (116)
　　三　城乡差距的现实表现 ·································· (117)
　　四　统筹城乡发展的基本原则 ······························ (118)
　　五　统筹城乡发展的战略思路 ······························ (119)
　第二节　国内外统筹城乡发展的经验模式 ····················· (123)
　　一　国外城乡统筹发展的做法与经验 ························ (123)
　　二　国内统筹城乡四种典型的发展模式 ······················ (129)
　第三节　统筹城乡发展的主要内容和战略意义 ················· (143)
　　一　统筹城乡经济社会发展的主要内容 ······················ (143)
　　二　统筹城乡发展的战略意义 ······························ (151)

第五章　逐步改变城乡二元经济结构 ··························· (154)

第一节 城乡二元结构的形成和弊端 …………………… (154)
一 城乡二元经济结构的形成 ………………………… (154)
二 城乡二元结构的内容和存在的问题 ……………… (160)
三 我国二元经济结构的主要特征及变化态势 ……… (163)
四 城乡二元经济结构解决的意义 …………………… (166)

第二节 推动城乡发展一体化,改变城乡二元经济结构 …… (166)
一 制度创新 …………………………………………… (167)
二 农业调整 …………………………………………… (168)
三 积极转变思想观念 ………………………………… (169)
四 全面提高城镇化质量,推进农民工市民化进程 … (171)
五 城乡发展一体化 …………………………………… (176)

第六章 建设社会主义新农村 …………………………………… (177)
第一节 建设社会主义新农村的内容 ……………………… (177)
一 建设社会主义新农村的时代背景 ………………… (177)
二 社会主义新农村建设的基本内容 ………………… (182)
三 社会主义新农村建设的总体要求 ………………… (184)

第二节 建设社会主义新农村的意义 ……………………… (185)
一 社会主义新农村建设存在的问题 ………………… (185)
二 加强社会主义新农村建设 ………………………… (187)
三 建设社会主义新农村的意义 ……………………… (188)

第三节 建设社会主义新农村应处理好的关系 …………… (190)
一 中央与地方、政府与农民的关系 ………………… (190)
二 投入与改革、建设与保护的关系 ………………… (193)
三 村镇建设规划与经济社会规划、区域布局规划与
村镇整治规划的关系 ……………………………… (197)
四 村庄与镇区、试点与推广的关系 ………………… (198)
五 长期与短期、探索与宣传的关系 ………………… (199)

第七章 发展现代农业,培育新型农民 ………………………… (207)
第一节 加快发展现代农业 ………………………………… (207)
一 现代农业的含义 …………………………………… (207)
二 中国现代农业发展的历程 ………………………… (214)

三　现代农业发展目标和任务 …………………………… (221)
　　　四　中国现代农业发展的趋势 …………………………… (224)
　　　五　深化农村改革，加快发展现代农业 ………………… (227)
　　第二节　大力培育新型农民 …………………………………… (231)
　　　一　培育新型农民 ………………………………………… (232)
　　　二　培育新型职业农民 …………………………………… (237)
　　第三节　加快构建新型农业经营体系 ………………………… (240)
　　　一　创新农业经营方式，加快培育新型农业经营主体 … (241)
　　　二　创新土地流转方式，加快农业向适度规模经营集中 … (241)
　　　三　创新农业投入方式，提升农业产业化经营水平 …… (242)

第八章　走中国特色农业现代化和新型城镇化道路 ………… (244)
　　第一节　中国特色农业现代化道路 …………………………… (244)
　　　一　中国特色农业现代化道路的科学内涵 ……………… (244)
　　　二　中国特色农业现代化建设的基本思路和政策建议 … (256)
　　　三　发展现代农业，促进"四化"协调发展 …………… (261)
　　第二节　中国特色新型城镇化道路 …………………………… (265)
　　　一　"城市"和"城市化" ……………………………… (266)
　　　二　走中国特色新型城镇化道路的必要性 ……………… (268)
　　　三　中国特色新型城镇化道路的丰富内涵 ……………… (269)
　　　四　中国特色新型城镇化的战略任务 …………………… (271)
　　　五　城镇化相关体制机制改革和政策创新 ……………… (272)
　　第三节　改革开放以来"三农"政策的创新与发展 ………… (274)
　　　一　"中央一号文件"的由来 …………………………… (274)
　　　二　改革开放以来中央关于"三农"问题的16个
　　　　　"一号文件" ………………………………………… (276)
　　　三　1982—1986年5个"中央一号文件"政策的创新 … (278)
　　　四　2004—2014年11个"中央一号文件"政策的创新 … (280)
　　　五　"一号文件"颁布与执行的基本经验及启示 ……… (283)

参考文献 …………………………………………………………… (286)

后　记 ……………………………………………………………… (289)

前　言

"三农"问题是人们长期关注的重大问题。改革开放以来，我国农村面貌有了很大改观，农业发展取得很大成就，农民生活得到很大改善。但是，总体来看，城乡差别仍然很大，农业基础仍然薄弱，农民收入仍然偏低。因此，党和政府多次强调，"三农"工作是全部工作的"重中之重"。党的十八届三中全会通过的《中共中央关于全面深化改革若干重大问题的决定》中指出："城乡二元结构是制约城乡发展一体化的主要障碍。必须健全体制机制，形成以工促农、以城带乡、工农互惠、城乡一体的新型工农城乡关系，让广大农民平等参与现代化进程、共同分享现代化成果"[1]，再次强调了"三农"问题始终在全党工作的重要地位。为了使全党全国人民都来关注农村、关心农业、关爱农民，以推动"三农"问题的解决，本人选择了"中国'三农'发展方向"这个问题进行研究，为解决"三农"问题尽绵薄之力。

20世纪90年代中期以后，农村经济体制改革带来的农业发展势头开始陷入僵局，农民的收入停滞不前，甚至出现负增长。2000年有些专家发出"农村真穷、农民真苦、农业真危险"的呐喊，"三农"问题成为全民关注的热点。解决"三农"问题，需要实现农村社会稳定，农业发展繁荣，农民生活富足。解决好"三农"问题，国家则长治久安，社会主义现代化建设则成功有望。"三农"问题的妥善解决，首先需要解决农民赖以生存的土地问题。这也是我们党在总结90多年的实践中得到的宝贵经验。在一个以农立国的国度里，社会关系是围绕土地关系来架构的。中国共产党成立之后，深刻认识到解决土地问题的重要性。在革命时期的各

---

[1] 《中国共产党第十八届中央委员会第三次全体会议文件汇编》，人民出版社2013年版，第39页。

个历史阶段，根据社会主要矛盾的变化，不断调整农村土地政策，形成了一系列农村土地政策体系并付诸实践。新中国成立以来，中国农村已经有了60多年的发展经历。我国现行的农村土地集体所有、家庭承包经营的土地政策，是在经过了土地改革、合作化运动、人民公社化以及实行"家庭联产承包责任制"为内容的农村改革的基础上形成的。现行的农村土地政策体现了马克思主义基本原理与中国实际的结合，是我国经济强劲、稳步发展的重要前提。

从太平天国运动至今，我国的土地问题经历了一个半世纪的演变，就是从辛亥革命开始，也有了一百多年跨世纪的变革。站在新中国60多年的历史关节点上回望之，它给我们带来强烈震撼和深思：没有哪一个国家的农村土地关系演化有中国之剧烈、频繁，也没有哪个国家能像中国这样，土地归农，民心趋从。土地问题常常成为社会革命的动因和前导，引发经济、政治、文化乃至整个社会结构的深刻变革。因此，土地问题变迁中的政治稳定权衡多于经济效率权衡。历史经验告诉我们，有效的土地政策、法律制度必须在相当长的时期内保持稳定，长期坚持家庭承包经营制度是历史的必然选择。

本书梳理我国传统的土地经济理论、政策思想和制度特色，分析太平天国运动时期、辛亥革命时期、中国革命风暴时期的不同土地政策主张和实践，回顾新中国60多年来农村土地问题的重大改革，反思我国农村土地问题世纪变革中传统的影响和历次变革中的经验教训。本书研究内容主要有："三农"问题历史回顾；"三农"问题现状考察；"三农"问题症结分析；统筹城乡经济社会发展；逐步改变城乡二元经济结构；建设社会主义新农村；发展现代农业，培育新型农民；走中国特色农业现代化和新型城镇化道路。本书研究的方法包括：理论与实际相结合的方法；历史与现实相统一的方法；逻辑推理与现实考察相印证的方法；等等。

"三农"问题是当前研究的热点问题之一。国内外的研究主要围绕税费改革及免除农业税、乡村组织改革、农村公共品供给、农村发展战略选择和社会主义新农村建设等方面展开。有关研究成果被本人吸收借鉴，而且书中时有体现。在此，向捷足先登的领导、专家以及广大学者们致敬！

第一章 "三农"问题历史回顾

在近代以来的历史发展过程中,仁人志士们围绕"三农"问题进行了许多探讨,取得了宝贵的经验和教训,为解决"三农"问题提供了借鉴。

第一节 旧民主主义革命时期的土地问题

从太平天国运动至今,我国的土地问题经历了一个半世纪的演变,就是从辛亥革命开始,也有了近百年的跨世纪的变革。站在新中国 60 多年的历史关节点上回望之,它给我们带来强烈震撼和深思:没有哪一个国家的农村土地关系演化有中国之剧烈、频繁;也没有哪个国家能像中国那样,土地归农是民心趋从的重要条件;土地问题常常成为社会革命的动因和前导,引发经济、政治、文化乃至整个社会结构的深刻变革,因此土地问题变迁中的政治稳定权衡多于经济效率权衡。

一 太平天国革命中的土地问题

太平天国运动是中国历史上规模最大的一次农民革命运动,立国 14 年。其土地分配制度主要体现在《天朝田亩制度》这部施政纲领里。

(一)土地分配制度的基本内容

1853 年 3 月太平天国建都天京后,于同年 11 月在洪秀全主持下制定的《天朝田亩制度》,全文三千多字,内容包括政治、经济、文化、军事和社会生活等方面的政策和措施,但主要是以消灭地主剥削阶级、解决农民土地问题为中心。

第一,土地质量划分的等级标准。《天朝田亩制度》把天下田亩按其产量多寡,分为三级九等。

第二，土地分配的原则。按照拜上帝教的宗旨，人人皆上帝子女，土地应平均分配，共有共享。分配的原则是："有田同耕，有饭同食，有衣同穿，有钱同使，无处不均匀，无人不饱暖也。"把土地平均分配给农民。

第三，土地分配的方法。《天朝田亩制度》中明确规定："凡分田，照人口，不论男女，算其家人口多寡，人多则分多，人寡则分寡，杂以九等。如一家六人，分三人好田，分三人丑田，好丑各一半。"太平天国土地平均分配的方法，是在"凡天下田，天下人同耕"的公有原则下，否定地主阶级土地所有权，实行平均分配。妇女也同样享受分田的权利，破天荒地肯定了妇女在经济上的平等权利。

（二）土地分配制度的性质及作用

平均主义在不同的历史时期有不同的性质和作用。在资本主义和社会主义时期，平均主义是违背历史发展规律的，是倒退和破坏生产力发展的。但是，在前资本主义社会，农民平均主义思想在反对封建地主所有制、促进资本主义的发展方面，是积极的、革命的。所以，处于封建社会时期（尽管是末期）的太平天国，其平均分配土地制度是革命的、进步的，它不仅是农民反封建起义的号角，是向封建地主斗争的犀利武器，而且对中国资本主义萌芽起助长作用。

列宁指出：在小农业占统治地位的条件下，消灭农奴制大地产必然意味着土地占有较为"平均"。资本主义在粉碎中世纪大地产时，从土地占有较为"平均"开始，并且由此建立起新的大农业。平等思想在反对旧专制制度的斗争中，尤其是反对旧的农奴主大土地占有制的斗争中是最革命的思想。农民小农资产者的平等思想是合理的和进步的，因为它反映了反对封建农奴制的不平等现象的斗争。列宁在其他各处谈到农民平均主义思想在反对封建主义斗争中的历史意义时，也都毫无例外地做出了高度的评价。

斯大林在《论修改土地纲领》中也明确地指出：那些说分配土地是反动办法的人，是把两个发展阶段，即资本主义阶段和资本主义前的阶段混为一谈了。毫无疑问，在资本主义阶段实行土地分配是反动的，但在资本主义之前的条件下（例如在俄国农村的条件下），实行土地分配大体来说是革命的。

毛泽东在《在晋绥干部会议上的讲话》中，针对1948年的情况说：

"现在农村中流行的一种破坏工商业、在分配土地问题上主张绝对平均主义的思想，它的性质是反动的、落后的、倒退的。"① 这在中国民族资本主义已有所发展的时期，在平均主义侵犯民族资产阶级和地主富农所经营的工商业的情况下，无疑是正确的。但这个论断不宜套用到百年前的太平天国时代，那时中国的民族资本主义还没有产生，农民平均主义矛头所指的是封建地主所有制。

中国资本主义萌芽在太平天国前已有一段历史，但得不到正常发展；太平天国运动失败后相当长的一段时期，中国资本主义萌芽也没有茁壮成长。这说明，中国资本主义萌芽及其发展受阻的原因，主要是封建地主经济及其庞大的上层建筑的摧残束缚。中国在当时乃至以后，由于没有把封建地主土地所有制及其整个上层建筑砸得粉碎，故而历史发展总是走着如此迂回而又缓慢的道路。

当然，太平天国的土地分配制度过于细化和理想化，不免带有绝对平均主义的色彩和幻想，它没有提出像我们在20世纪50年代提出的土地改革法。但是，它比清代以前任何一次农民起义所提出的"均田制"方案远为完整而明确。我们不能以今人方能达到的水平要求于百年前的古人。"人类始终只提出自己能够解决的任务，因为只要仔细考察就可以发现，任务本身，只有在解决它的物质条件已经存在或者至少是在生成过程中的时候，才会产生。"② 所以，一方面，在当时自然经济仍占主导地位的中国，要出生在落后农村的太平天国领导人制订一个并非平均主义的方案是违反历史唯物主义的；另一方面，在土地高度集中、地主私租极重、农民生活在水深火热之中的清政府统治时期，如此系统并以磅礴的气魄和明确的主张规定下来的平均分配土地制度，也不失其革命性和进步性。

（三）土地分配制度未能很好实施的原因

《天朝田亩制度》中的一些内容，如关于城乡社会组织制度，在太平天国前后期都贯彻实施了，但平均分配土地制度没有实施，在当时主要是有其军事和政治两个方面的原因。

从军事上看，战事紧张，太平天国无力顾及分田之事。平均分配土地是一项规模巨大而繁杂的工程，需要有一个安定的社会秩序和比较稳固的

---

① 《毛泽东选集》第4卷，人民出版社1991年版，第1314页。
② 《马克思恩格斯选集》第2卷，人民出版社1995年版，第33页。

政治军事形势。然而，自太平天国颁布《天朝田亩制度》以来，一直面临着严峻的军事斗争形势。由于军事形势紧张，太平天国中央和地方领导人都忙于军务，抽不出大批骨干力量去领导分田。1856年9月"天京事变"后，太平天国政治、军事形势逆转，更无余力去分田。所以，客观上太平天国不具备分田的条件。

从政治上看，地主反抗，迫使太平天国推迟平均分配土地。太平天国虽然建都天京11年的时间，但根据地不巩固，战事频繁，天京一直是座孤城，政权不稳定。如果平均分配封建地主阶级的土地，他们会用一切办法进行疯狂的抵抗。这将对太平天国的政权及其军事战争造成更大的压力，不利于革命斗争。这也迫使太平天国领导人推迟实施平均分配土地政策。

太平天国由于军事和政治原因未实施平均分配土地制度，并不意味着对封建地主土地所有制的默认或妥协，而是斗争策略的需要。太平天国平均分配土地制度未实施，也不意味着平均分配土地制度不能实行。如果政治军事形势进一步好转，下一步太平天国按照《天朝田亩制度》的土地制度进行平均分配土地基本上是可以的。平均分配土地技术上的一些问题，不能成为实施平均分配土地制度的障碍。

二　辛亥革命中的土地问题

孙中山是中国伟大的资产阶级革命先驱，他领导的辛亥革命提出的"平均地权"思想是"民生主义"的核心内容。研究"平均地权"思想对于现阶段解决"三农"问题具有重要的借鉴意义。

（一）"平均地权"思想的提出

土地问题向来是同农民的生计联系在一起。在孙中山的资产阶级革命生涯中，他一向十分重视农民的生计和农村土地问题。

早在1892年，他便写了一篇《农功》，着重强调了农业的重要性，提出应"农部有专官"，"农功有专学"，"以农为经，以商为纬，本末备具，巨细毕赅，是即强兵富国之先声，治国平天下之枢纽也"[①]。

1895年广州起义失败后，他留居欧洲，对动荡中的资本主义世界进行考察和研究。他耳闻目睹了西方垄断资本主义国家尖锐的社会阶层矛

---

① 《孙中山全集》第1卷，中华书局1981年版，第8页。

盾，对号称富强的欧美各国由于贫富悬殊面临着社会革命的阵痛深有感触。他希望能寻找到一种在中国政治革命成功后，避免贫富两级分化的社会改造方案，以防止社会革命在中国重演。他开始从土地问题入手，思考中国社会改造的方案。他阅读了当时盛行的各种社会学说，最后接受了亨利·乔治的土地国有和限制私人土地权益的思想。他企图以此解决中国农民的贫困问题和农业发展问题，缓解社会的阶层矛盾，并为整个国家的发展奠下基础。

1903年，他制定东京青山革命军事学校的入校誓词提出："驱除鞑虏，恢复中华，创立民国，平均地权"[①]的革命宗旨。"平均地权"被正式提出。

1905年成立中国同盟会时，在他的力主下，"驱除鞑虏，恢复中华，创立民国，平均地权"作为同盟会的政治纲领，成为孙中山领导资产阶级革命的指导思想。

（二）"平均地权"思想的内容

"平均地权"思想主要表现在以下两个方面：

第一，耕者有其田

孙中山提出的"耕者有其田"的主张，其主要内容如下：一是要学习俄国的办法，实行耕者有其田。二是认为在当时的革命情形下还不能马上实行耕者有其田。三是认为要对农民宣传土地政策，启发农民的觉悟，使农民都能够联络起来，有很好的团体，实现耕者有其田。四是主张和平解决土地问题。联络全体的农民同政府合作，慢慢协商解决农民同地主的土地矛盾。总之，孙中山虽主张学习俄国的办法实行耕者有其田的，但并不主张马上就实行，也不主张发动农民直接去分地主的田，而是主张以后由政府实行和平办法，让农民得利，地主也不吃亏。

第二，主张土地国有，限制私人对土地的权益

孙中山主张土地国有和限制私人的土地权益的办法就是核定地价、照价纳税和照价收买以及涨价归公。

关于核定地价。具体办法就是在中国地价尚未上涨时，由地主自报土地价格，并明确写到地契中，作为征税的标准。核定地价时，考虑到地主可能会弄虚作假，以贵报贱，或以贱报贵，他明确提出两个条件：一是按

[①]《孙中山年谱》，中华书局1980年版，第58页。

价征税，税率为百分之一。二是当国家需要土地时，可随时按地契之价收买地主的土地。

关于照价纳税。在他看来，城镇与乡村的土地，东部发达地区和西部落后地区的土地价格相去甚远，纳税没有多大差别，这是十分不公平的。"照价征税，贵地收税多，贱地收税少。"① 实行地价税后，就是按土地的价格而不是面积征税。在孙中山看来，拥有优等土地的都是有钱人，课之以较高的税，毫无不公正之处。价格最低的土地多为穷乡僻壤贫民阶层的财产，应向他们收最轻的税。贵地收高税，贱地收低税，就公平、合理多了。

关于照价收买。就是国家在适当的时候，按照最初核定的土地价格收买地主的土地，实行土地国有制，这样就可以避免像西方国家那样出现严重的土地垄断问题，可以防止严重的贫富分化，从而避免社会危机。

关于涨价归公。就是从定价那年以后，那块地皮的价格再行涨高，以后所加之价完全归为公有。他认为地价高涨是由于社会改良和商业进步的功劳，是由众人的力量经营而来的，控制土地的私人并没有付出额外的力量，所以由这种改良和进步之后所涨高的地价，应归大众，不应由私人享有。如果涨高的地价归地主私人所有，就会造成社会的不公平和贫富差距的扩大，中国就会像欧美那样难逃社会革命的悲剧。

孙中山虽主张平均地权和土地国有，但又不主张把土地"从实分配"、"尽归国有"。孙中山认为通过核定地价、照价纳税、照价收买、涨价归公的方法，地主仅能占有原来的地价，由于社会发达所引起的新增的地价全归国有，以此逐步地达到土地国有的效果。以定价收买之法实现土地国有，以核定地价、涨价归公之法限制地主的剥削并逐步达到消灭地主，使国家为唯一的地主，而国内人人皆为租地者。同时，以授田的方式达到平均地权的目的，达到消除"少数富人把持垄断的弊端"②，并使国库充裕，人民富足，实质上达到平均地权的效果，最终达到社会改造的目的。

（三）"平均地权"思想的意义

孙中山提出的"平均地权"思想是其对中国革命的伟大贡献，在中

---

① 《孙中山全集》第2卷，中华书局1982年版，第320页。
② 《孙中山选集》，人民出版社1981年版，第329页。

国近现代史上占有重要地位，对当今中国特色社会主义现代化建设的土地政策和解决"三农"问题仍具有深远的借鉴意义。

首先，孙中山平均地权的思想是基于中国的国情并吸收了西方资本主义国家的历史经验和教训的基础上酝酿、发展起来的，比当时处于垄断资本主义阶段的西方资本主义国家的土地思想更具先进性和可行性。孙中山想以平均地权的途径和方法来解决土地问题和预防资本主义发展过程中出现贫富差距扩大、阶级分化的弊端，反映了中国人民伟大的气魄和崇高的理想，是对社会主义的一种有益的探索，给了后人不少启发，成为资产阶级革命民主主义者走向新民主主义革命的桥梁。

其次，"平均地权"思想吸收了太平天国的革命思想和戊戌变法时资产阶级改良派自由主义两个思潮的合理内容，为实行资本主义的土地改革提供了可行的方案。孙中山主张通过"平均地权，土地国有"的土地改革方案来最大限度地发展资本主义，这就为进行资本主义的土地改革提出了一个具有中国特点的途径和方法。以后中国国民党在台湾进行的土地改革，基本上就是照此进行的。

再次，"平均地权"思想主张渐进和改良的方式解决中国的土地问题，它反映了半殖民地半封建社会中国经济发展的要求，与无产阶级的新民主主义有相通之点。其"耕者有其田"的口号，更与中国共产党领导的新民主主义革命的土地纲领相接近，甚至在目的上相一致。因而，这不仅使它成为孙中山与中国共产党能够合作的基础，而且为新民主主义革命的土地政策和赋税政策奠定了理论基础，从而使这个本来是要充分发展资本主义的口号，成为了中国共产党发动农民群众的有力号召，在新民主主义革命中发生了深远的影响和重大的作用。

最后，"平均地权"思想对后世的影响。在国民党撤退至台湾后，台湾当局即以孙中山的"平均地权"思想为指导，制定了《平均地权条例》。从台湾"平均地权"的结果来看，征收地价税、涨价归公的经济手段有效地控制了私人土地集中的速度和规模，降低土地所有权急剧转移所带来的破坏，为台湾经济的持续发展和社会稳定创造了条件，至今仍在施行。当今，中国"三农"问题严峻，房地产市场的非正常现象亦为人所诟病，政府可借鉴孙中山的"平均地权"思想，制定正确的土地政策和农村政策，以维护经济的持续发展和社会的和谐稳定。

第二节 新民主主义革命时期的土地问题

大革命失败后，中国共产党人进入农村开展土地革命，并提出了关于土地革命的路线。党提出的土地改革路线经过第二次国内革命战争、抗日战争、全国解放战争革命实践的检验，不断改进，不断完善，逐渐走向成熟。

一 土地革命战争中的土地问题

解决土地问题不是中国共产党独有的主张。在中国历史中，自古代的"井田制"后，有若干朝代曾实行过"均田"等制度；仅近代以来，孙中山即明确提出了"平均地权"和"耕者有其田"的口号。毛泽东因此评论说："耕者有其田"，是一切革命民主派的主张，并不单为共产党人所有。所不同的，只有共产党人把这看得特别认真，不但口讲，而且实做。因此，解决土地问题也不是在20世纪初才由外国传入，尽管当时中国共产党受到共产国际和苏联的影响很大；归根结底，土地问题是中国自身存在的大问题，既现实又古老，国际因素的介入给它平添了些色调。

（一）农村土地状况分析

土地革命战争时期（1927.7—1937.7），也称作第二次国内革命战争时期。这一时期，是中国共产党领导中国人民，进行深入开展土地革命，反对国民党恐怖统治的内战时期。

毛泽东在《中国社会各阶级的分析》中指出："半无产阶级。此处所谓半无产阶级，包含：①绝大部分半自耕农，②贫农，③小手工业者，④店员，⑤小贩五种。绝大部分半自耕农和贫农是农村中一个数量极大的群众。所谓农民问题，主要就是他们的问题。"① 由于"半无产阶级"的社会地位，所以他们是中国革命真正的朋友，是主力军、支持者和参与者。在《湖南农民运动考察报告》中进一步分析：中农"他们的态度是游移的。他们想到革命对他们没有什么大的好处"。② "乡村中一向苦战奋斗的

---

① 《毛泽东选集》第1卷，人民出版社1991年版，第6页。
② 同上书，第20页。

主要力量是贫农。"① "没有贫农阶级，决不能造成现时乡村的革命状态，决不能打倒土豪劣绅，完成民主革命……没有贫农，便没有革命。若否认他们，便是否认革命。若打击他们，便是打击革命。"② 所以，贫农是中国革命的主力军，中农是中国革命的参与者。

毛泽东在《井冈山的斗争》中，对中间阶级作了分析。"农村中略分为三种阶级，即大、中地主阶级，小地主、富农的中间阶级，中农、贫农阶级。富农往往与小地主利害联系在一起。富农土地在土地总额中占少数，但与小地主土地合计，则数量颇大。"③ 中间阶级具有两面性，是中国革命争取的对象。

（二）土地政策的内容

中国共产党在革命根据地开展打土豪、分田地、废除封建剥削和债务的土地革命，满足了农民的土地要求。1931年春，毛泽东总结土地革命的经验，制定出一条完整的土地革命路线。那就是：依靠贫农、雇农，联合中农，限制富农，保护中小工商业者，消灭地主阶级，变封建半封建的土地所有制为农民的土地所有制。这条路线，调动了一切反封建的因素，保证了土地革命的胜利。

为了保证土地革命的顺利进行，县、区、乡各级都建立了土地委员会。分田的大体步骤：一是调查土地和人口，划分阶级；二是发动群众清理地主财产，焚毁田契、债约和账簿，把牲畜、房屋分给贫雇农，现金和金银器交公；三是丈量土地，进行分配，公开宣布分配方案，插标定界，标签上写明田主、丘名、地名和面积。

（三）土地政策存在的问题及原因

我国进入土地革命阶段以后，中央和各革命根据地为了领导土地革命的胜利开展，都在努力摸索符合中国实际情况的土地革命的政策。毛泽东领导的井冈山和中央苏区的土地革命开展得要好些。它比较早、比较全面地提出了一系列正确的政策，对其他根据地产生了积极的影响。这充分说明，党的土地革命路线和政策的初步形成，是中央和各根据地在马克思主义指导下共同努力的结果，是整个老一辈无产阶级革命家和广大干部群众

---

① 《毛泽东选集》第1卷，人民出版社1991年版，第20页。
② 同上书，第21页。
③ 同上书，第69页。

集体智慧的结晶。

但是，在第二次国内革命战争时期，中国共产党的土地政策问题并没有完全解决。其表现主要有以下几个方面：

第一，侵犯中农的利益。联合中农，是土地革命中最中心的策略。中农的向背，关系土地革命的成败。中央和各地的土地法令与文件中，虽然一直强调联合中农、团结中农，但实际上这个问题一直没有得到很好的解决。例如，对中农的划分长期没有个明确的界限，往往把富裕中农甚至中农当成富农而加以打击。把"有余有剩"当作富农的标准，就不能不把很多富裕中农甚至中农划成富农。有的地方为了照顾贫农雇农，还过多地增加中农的经济负担。过分地打击富农，也使中农受到影响，引起中农恐慌。

第二，对富农打击过重。中国的富农虽然带有半封建性，但一般都自己参加劳动，在这点上它又是农民的一部分。他们在农民群众反对帝国主义的斗争中，一般地可以参加，在反对地主的土地革命斗争中，也可能保持中立，富农的生产在一定时期中，对革命还是有益的。因此，不应把富农看成和地主无分别的阶级，不应过早地采取消灭富农的政策。对富农经济上的过分打击，不仅使他们的状况比中农差，甚至连贫农雇农也不如。比经济上的打击更厉害的是政治上的打击。有的地方动不动就将一般富农当作反动富农而加以打击，有的甚至把富农当作豪绅地主家属一样驱逐。

第三，肉体上消灭地主。地主阶级是民主革命的对象，作为一个阶级应该消灭，对于地主分子个人则应给予生活上的出路。但是，多数地区在分配土地时对地主采取了没收一切土地财产而不分给劳动份地的做法。有的地方还将豪绅地主及其家属统统驱逐出境。对地主的这种肉体消灭政策，只能给革命事业造成危害。

在土地革命的整个过程中，右的倾向虽然也发生过，但是个别的、短暂的"左"的倾向则是比较普遍的、经常的。出现这种情况，主要原因是什么呢？

第一，不是从中国土地占有情况和各阶级的具体特点出发，而是教条主义地照搬苏联的经验和做法。这是一系列过"左"政策产生的思想根源。中国共产党开始搞土地革命的时候，没有什么经验，不知道怎么搞，在这种情况下，学习苏联的一些经验是应该的、自然的。共产国际在对中国土地革命的指导上也是有成绩的。但是学习外国经验和执行国际指示必须结合本国的具体情况，如果脱离实际地生搬硬套，便是教条主义，必然造成危害。土地革命的过程充分说明，只有从实际出发，而不是从"本本"或什么人的"指示"出发，才能取得革命的胜利。

第二，用小资产阶级思想指导土地革命运动，这是一系列过"左"政策产生的阶级根源。由于生活方式和由此而来的思想方法上的主观片面性，小资产阶级在政治上容易左右摇摆，特别容易被"左"的革命词句和口号所迷惑。例如对待地主的过"左"政策，就是这种小资产阶级思想的反映。又如中农和贫农、雇农平等分配土地的原则，本来是得到了广大群众拥护的，王明路线把持的中央却批评这是"实际上反变成以中农为中心"，"失掉无产阶级政党自己的立场"，主张"好田必先给贫农雇农"，中农分中田。这种做法虽然看起来也很"革命"，实际上对革命的危害却是非常严重的。

第三，我国汪洋大海般的落后的小生产，是一系列"左"倾思想产生的社会基础。土地革命的主要力量是农民。农民作为劳动者，有反封建的革命的一面；但作为小私有者，又有自私、落后的一面。平均主义正是农民这种二重性的反映。这种思想在反封建方面是革命的，但是如果不加以正确的教育和引导，又会产生一些错误的倾向。毛泽东同志《在晋绥干部会议上的讲话》，曾专门讲了反对绝对平均主义的问题，他说："土地改革的一个任务，是满足某些中农的要求。必须容许一部分中农保有比较一般贫农所得土地的平均水平为高的土地量。我们赞助农民平分土地的要求，是为了便于发动广大的农民群众迅速地消灭封建地主阶级的土地所有制度，并非提倡绝对的平均主义。谁要是提倡绝对的平均主义，那就是错误的。"[①]

二 抗日战争中的土地问题

土地革命是中国革命的基本内容，解决农民土地问题是中国共产党的一贯主张。"七七"事变后，随着民族矛盾上升为主要矛盾，中国共产党开始实行停止没收地主土地的政策，逐步确立了"地主减租减息，农民交租交息"的政策。它是中国共产党根据社会主要矛盾的情况，为动员广大农民，团结社会各阶层一致抗日所实行的一种具有新民主主义性质的

---

① 《毛泽东选集》第4卷，人民出版社1991年版，第1314页。

抗日民族统一战线的土地政策，是在土地政策上所作的一种"有条件的、有原则的让步"。因此与国共十年对峙时期起的土地政策相比具有不彻底性，但它削弱了封建剥削，减轻了农民的负担，解决了农民的生活问题，调动了农民的抗日热情和生产积极性，同时也照顾到了地主阶级的利益，联合了地主阶级，巩固了统一战线，是抗日时期最符合实际的进步性土地政策，对争取抗日的胜利起了重要作用。

（一）"减租减息"政策的时代背景

社会主要矛盾的转变，民族矛盾已经上升为社会的主要矛盾。在抗日战争时期，民族矛盾上升为主要矛盾，但国内阶级矛盾依旧存在，如何正确处理这两种矛盾之间的关系，成为能否取得抗战最后胜利的重要环节。在处理二者关系问题上，毛泽东曾指出："在抗日战争中，一切必须服从抗日的利益，这是确定的原则。因此，阶级斗争的利益必须服从于抗日战争的利益，而不能违反抗日战争的利益。"[①] 毛泽东的这一科学论断深刻指出各阶级的政治经济要求在抗日战争时期内以不破裂合作为条件，同时，一切阶级斗争的要求都应以民族斗争的需要即抗日为出发点。抗日战争时期的减租减息政策能够满足农民和地主双方的合理要求，即在一定程度上满足农民对土地的要求，使其提高抗日和生产的积极性；另一方面又在一定程度上采取积极的、有原则的让步政策，保障地主阶级的基本生活，争取其共同抗日，这一土地政策体现了抗日战争时期的民族斗争与阶级斗争的一致性。

日本帝国主义大举侵略中国，变动了中国的阶级关系，不仅广大的工人、农民、小资产阶级积极起来抗战，民族资产阶级和大资产阶级中的开明绅士，也都有了抗日的要求。代表大地主大资产阶级利益的蒋介石集团，随着英美态度的变化和其代表的阶级利益受到分割，也转向抗战。中日民族矛盾的发展，在政治比重上，降低了国内阶级之间的矛盾和政治集团之间的矛盾的地位，使它们降至附属地位。国内阶级关系、政治关系发生了新的变化。在关乎民族存亡之际，为了团结地主阶级和国民党，以利于抗日民族统一战线的扩大，中国共产党在土地革命战争时期实施的没收地主土地分配给农民的政策就有改变的必要。于是，中共中央在1937年2月10日致国民党三中全会电中，提出了五项要求和四项保证，其中一

[①]《毛泽东选集》第2卷，人民出版社1991年版，第525页。

项就是"停止没收土地之政策"。这无疑是对国民党一个原则上的让步,其目的在于取消两个政权的对立,便于组成抗日民族统一战线,一致反对日本侵略。1937年5月,毛泽东在苏区党的代表大会上明确提出:"为了停止国内的武装冲突,共产党愿意停止使用暴力没收地主土地的政策……中国土地属于日本人,还是属于中国人,这是首先待解决的问题。既是在保卫中国的大前提之下来解决农民的土地问题,那么,由暴力没收方法转变到新的适当方法,就是完全必要的。"[①] 这表明了中国共产党转变土地政策的意图。

(二)"减租减息"政策的主要内容及其实施

减租减息政策的制定、宣传、贯彻,大致分为三个阶段。

第一阶段是1937年8月至1940年6月。这一阶段,主要是提出减租减息的政策口号,并进行广泛宣传的阶段。全国抗战爆发以后,随着抗日根据地的开辟和抗日民主政权的建立,减租减息政策开始在根据地内贯彻实行。由于各抗日根据地创立时间不一、发展情况各异,减租减息政策的实施进程迥异,但大体都经过了试行、普遍贯彻和彻底实行等阶段。在根据地的初创期,党和八路军的主要任务是猛烈扩大根据地,注重抗战的发动,减租减息政策的贯彻执行受到了环境和条件的影响,政策的实施出现了许多问题。如有的地主把原租额提高,实行二五减租后,实际上等于未减;地主还使用各种手段收回土地,剥夺农民的租佃权等。随着根据地的逐渐巩固和发展,各根据地从实际出发制定了符合本地区情况的有关减租减息的决定和条例,减租减息政策的实施开始走向深入。如在晋察冀抗日根据地,1937年10月,八路军进入晋东北后,即按照洛川会议精神和《抗日救国十大纲领》提出了"二五减租"、"一分利息"的口号,发动群众开展减租减息运动。1938年2月9日,晋察冀边区政府颁布了《晋察冀边区减租减息单行条例》,开始初步贯彻减租减息政策。各抗日根据地,不仅在会议上,口头上提出二五减租、三七减租、对半减租的号召和政策,而且有的根据地如陕甘宁边区,还下达了文件,出了布告,对减租减息提出了具体要求和具体规定。但由于各级领导对减租减息的重要性认识不足,加上国民党及地主阶级的阻挠,仅限于口头宣传或"纸上谈兵",并没有付诸实践。

① 《毛泽东选集》第1卷,人民出版社1991年版,第260页。

第二阶段是 1940 年 7 月至 1942 年 12 月。这一阶段主要是由对减租减息的宣传阶段进入到实际立法阶段。这一阶段从中央到各抗日根据地党和政府，都从实际出发，发布了减租减息的决定，制定了减息条例。如陕甘宁边区，于 1940 年 7 月，召开了临时参议会，通过了减租减息提案和暂行条例。规定丰年减租 25%，平年减租 40%，歉年减租 55%，并规定地主不得借故收回土地和转佃。绥德专署还规定：1935 年以前的欠租一律作废，1935 年至 1939 年的地租，凡交足原租额一半者不作为欠租，不足半者，有条件的应交足半数。1942 年 1 月，中共中央严肃批评了不落实减租减息政策的官僚主义和右倾思想。指出：如不严惩官僚主义，反对右倾观点，就无法使口号法令见之实行。同年十月间，在陕甘宁边区高干会上批评和纠正了干部中间迁就地主，放松减租减息的右倾思想，并随之发出了《关于彻底实行减租的指示》，指出："要保证减租的彻底实行，不能单凭政府减租法令的公布（虽然这是必要的），还必须采取发动群众的方针。"12 月，陕甘宁边区政府颁布了《陕甘宁边区土地租佃条例草案》，对减租减息作了具体规定，在此前后各抗日根据地都根据中央精神并从实际出发制定了减租减息条例或租佃条例，使减租减息由立法阶段进入了大规模的行动阶段。

第三阶段是 1943 年至 1945 年。这个阶段是依据法律和条例，放手发动群众普遍地进行减租减息的阶段。它的主要特点是：其一，党中央和各级党委仍不断发出指示，并实际地督促检查。其二，地主阶级特别是其中的顽固分子，利用各种手段抵制减租减息的进行。我们实行减租减息的宗旨，是为了维护农民阶级的利益，照顾地主阶级的利益，达到削弱封建生产关系，实现土地制度初步改革以利于抗战之目的。其三，反对恩赐观点，发动群众起来斗争。仅仅依靠法律、命令实行减租减息的恩赐观点，不能发动群众，也不可能真正落实减租减息的政策，达到减租减息之目的。

抗日战争进入相持阶段后，国民党对抗日的态度日趋消极，在根据地周围大量制造反共摩擦事件。根据地军民面临着在残酷的民族矛盾下如何正确处理尖锐的阶级矛盾、正确展开阶级斗争的重大理论和实践课题，根据地建设也还处在不断成熟的过程，因而一些地方在实施减租减息政策中发生了"左"的偏向，有的农民在减租减息后不交租交息，有的没收地主的土地，侵犯地主富农的财权、人权。针对这种情况，中共中央书记处于 1940 年 12 月 13 日在《抗日根据地应实行的各项政策》的通知中指出："土地政策应实行部分的减租减息以争取基本农民群众，但不要减得太多，不要因减息而使农民借不到债，不要因清算旧债而没收地主土地，同时应规定农民有交租交息之义务，保证地主有土地所有权，富农的经营原则上不变动。要向党内及农民说明，目前不是实行土地革命的时期，避免华北方面曾经发生过的过左错误。"[①] 25 日毛泽东在《论政策》的党内指示中也明确指出："关于土地政策，必须向党员和农民说明，目前不是实行彻底的土地革命的时期，过去土地革命时期的一套办法不能适用于现在。现在的政策，一方面，应该规定地主实行减租减息，方能发动基本农民群众的抗日积极性。但也不要减得太多。地租，一般以实行二五减租为原则；到群众要求增高时，可以实行倒四六分，或倒三七分，但不要超过此限度。利息，不要减到超过社会经济借贷关系所许可的程度；另一方面，要规定农民交租交息，土地所有权和财产所有权仍属于地主。不要因减息而使农民借不到债，不要因算老账而无偿收回典借的土地。"[②] 这是党中央关于土地政策转变后如何解决农民土地问题的最基本的指导原则，成为一个时期内各抗日根据地实行减租减息的最基本依据。抗日根据地各级政府据此普遍检查了各地减租减息的情况，及时纠正运动中出现的偏向，使运动健康发展。

（三）"减租减息"政策的作用

中国共产党在抗战时期的减租减息政策，在各抗日根据地得到了成功的实践，使得各根据地的面貌发生很大变化，减租减息政策的贯彻执行取得了很大的成就，具有极其重大的意义。

第一，减轻了广大农民所受的封建剥削，改善了他们的生活，巩固了工农联盟。在旧中国，广大农民遭受着封建地租和高利贷的残酷剥削。占农村人口不到 10% 的地主富农，却占有着 70%—80% 的土地，而占有 90% 的贫农和下中农，却只占有 20%—30% 的土地，广大无地少地的农民只得租种地主富农的土地，承受着苛重地租的剥削。如华北地区实物地租率一般达 50%—70%。同时农民还要受到高利贷的盘剥。借贷率一般多在三分以上；私人借贷还有所谓"对本利"、"驴打滚"等，在地租和

[①] 《毛泽东文集》第 2 卷，人民出版社 1993 年版，第 320 页。
[②] 同上书，第 766—767 页。

高利贷的剥削下，广大农民终年劳动却得不到温饱，抗日及生产积极性受到了很大的限制。抗战爆发以来，随着中国共产党减租减息政策的贯彻实施，这种状况得到了改善，广大农民的生活水平逐步提高，尤其是在抗日根据地效果甚为明显，如米脂县过去经常看到一些农民挖野菜充饥，由于减租减息政策的结果，农民开始翻身，加上贫农中半自耕农较多和副业比较发达等有利条件，因此不过三年，农民仅从外村地主手中即买进70余垧土地。另外，本村富农也有23垧土地转向贫农和中农手中，这样挨饿与挖野菜充饥的事实就在该村绝迹了。与此同时，减阻以后的平均地租率大大降低，使得封建剥削受到削弱。据1944年晋绥边区对6个县的调查，战前平均地租率为28.75%，减租后的平均地租率降到16.1%。实际减租率，最低为26%，最高为52.3%。总之，通过减租减息政策的实施，使封建剥削受到了不同程度的削弱，较普遍地提高了农民的生活水平，从而进一步巩固了工农联盟。

第二，激发广大农民抗日民主与生产积极性，加强了根据地建设，支持了长期抗战。减租减息以前，因承受着苛重的地租剥削，广大农民既无力量也无兴趣发展生产，随着减租减息政策的贯彻实施，广大农民的生活得到了改善，生产积极性也得到了提高，这主要体现在他们用增加的收入购置土地或开垦荒地，提高农作物的产量和兴修水利等方面。如晋察冀根据地北岳区，从抗战开始到1944年，共开垦荒地235796亩，修滩地79598亩，修渠46道，凿井4292眼。根据对38个村庄的调查，1943年有大量农户粮食不够吃，1944年则减少了58.3%。在一些地区生产形式开始由个体向互助合作方向发展，简单层次的合作化使农民在生产的组织化方面得到训练，在一定程度上呈现了发展性扩张的势头，在抗日政府领导下，由比较简单的互助形式，逐步发展成为不仅在农业，而且在副业、运输贸易业，从短期到长期，从单人单畜到若干户间的家庭互助，再发展到一个村的劳动互助合作社。1944年北岳区6个专区有合作社3819个，参加人数688478人，劳动互助的推广和发展，使劳动生产率有了大幅度提高。这不仅改善了群众的生活，还保证了军粮的供给，有力地支援了长期抗战。正是各根据地农民纷纷开垦荒地，兴修水利，生产逐年增长，为抗日根据地的巩固与发展和抗日战争的最后胜利奠定了坚实的物质基础。减租减息政策在激发了广大农民生产积极性的同时，也进一步激发了广大农民的抗日热潮，踊跃参军、参战、参政，有力支援了抗日战争的发展。

广大农民认识到自身的阶级利益与民族利益的一致性，纷纷拿起了武器，积极参军参战，保卫家乡，保卫根据地，保卫减租减息的斗争成果。抗日战争刚爆发时，中国共产党领导的人民军队不过几万人，到抗战胜利时八路军、新四军和华南抗日游击队已发展为120万人，另有220多万民兵，这主要是减租减息后，广大农民积极参加的结果。

第三，在政治上打击了地主阶级特别是顽固分子的反动气焰，提高了农民地位。在减租减息斗争中，农民自动组织了农会、减租会、减租保佃会等群众组织，有组织、有领导地同地主进行了针锋相对的说理斗争，揭发批判了一些地主对抗减租减息的手段和行为，打掉地主平日的威风，使之不敢小看农民，有力地提高了农民的政治觉悟和政治地位。

第四，缓和了农村阶级关系，巩固和发展了抗日民族统一战线。抗日战争时期不仅要把农民组织起来，而且要把地主、富农组织起来进行抗日，或者至少使他们成为不阻碍反抗日本帝国主义侵略的因素，所以应该使根据地内部的斗争约束在一定的范围内，在地权、财权和人权上给地主阶级以保障，缓和地主与农民的紧张关系，使他们在民族大敌狂妄肆虐之际能支持中国共产党的方针、政策，进而拥护抗日民族统一战线，并积极投身于抗日斗争。减租减息政策的推行，切实贯彻了农民减租减息以后实行交租交息，保障了地主和富农对土地和财产的所有权，使大部分地主富农愿意站到人民的一边，共同抗战。一些外逃的地主经过一段犹疑和观望之后陆续返回家乡，参加抗日阵线，声明拥护政府，拥护减租减息交租交息的正确法令。例如晋察冀边区据1941年不完全统计，重新返回边区的逃亡地主有300多户；山东滨海区垦利县从1942年到1944年两年内逃亡地主归来者84户。同时广大农民积极抗日与努力生产的实践，也有力地教育了地主富农，加强了与地主富农的团结，如晋冀鲁豫边区在反扫荡中，民兵积极保卫家园，雇工帮助地主转移，在太行区有的地主减租后还和农民一起互助生产，一部分开明士绅参加了各级"三三制"的抗日民主政权，在定南等7县的统计中，县议会中参加政权领导的有3.1%是地主阶级，富农占14.6%。正是由于中国共产党对土地政策的及时调整，得到根据地各阶层的广泛拥护支持，极大地扩充了抗战实力，为保证抗日战争的胜利，奠定了广泛的阶级基础。

中国共产党在抗日战争时期的土地政策不仅适应形势发展的需要，减轻了农民的租额和利息，保障了佃权，满足了农民的土地要求，调动了广大农民生产抗日的积极性，又使农民交租交息，保障了地主的地权和财权，从而广泛团结了抗日力量。中共中央政治局1942年1月通过的《关于若干特殊土地的处理问题》中规定：被迫汉奸的土地不应没收，以示宽大争取其悔过自新。无人管理者，由政府代管，招人耕种，并保存应得地租，代交田赋公粮，原主回家时，将其土地及应得地租一并发还之。宗教土地（基督教、佛教、回教、道教及其他教派的土地），均不变动。

第五，引起了农村土地关系及阶级关系的一定变化，为以后的土地改革准备了条件。由于实施了减租减息政策，在一定程度上改善了农民的生活，一部分农民有余钱购买土地耕畜，据1943年晋察冀北岳区的24个村的调查，买进土地户中，最多的是中农，约占55%，其次是贫雇农，约占37%，而地主富农只占8%，在出卖土地中，最多的是地主富农，约占66%，广大贫农逐步上升为中农或富裕中农，中农经济在根据地的比重增大。这种土地关系的变化，说明原来的土地集中的趋势，在减租减息后逐步分散，封建土地制度被大大削弱。伴随着土地关系的变化，农村中的阶级关系已产生了相应的变化，封建剥削阶级在户口数、人口数及土地、生产资料占有上的比重大大下降，中农和贫农的户数增多，而地主富农的户数减少，根据对晋察冀35个村庄的调查显示，地主在1937年占总户数的2.42%，总人口的3.61%，到1942年则分别下降为1.91%和2.51%。[①]这一结果与中国共产党新民主主义经济政策是相适应的，地主阶级依靠对土地等主要生产资料的占有而拥有的对农民的不对等的权力在抗日根据地趋向失落。通过农村中的土地关系和阶级关系的变化，封建剥削逐步减轻，为以后彻底解决农民土地问题创造了有利的条件，也积累了一定的经验。

综上所述，减租减息政策是中国共产党在抗日战争这一特殊环境中提出的一项特殊的政策，对争取抗日战争的最后的胜利有着极为重要的意义。中国共产党在抗日战争时期的土地政策，得到了根据地各阶层的广泛拥护支持，极大地扩充了抗战实力，使根据地的各阶级、阶层能同心协力，在异常艰苦的环境中使各抗日根据地不断得到巩固和发展，并最终打败了日本侵略者。

---

① 魏宏运：《晋察冀边区财政经济史资料选编》，南开大学出版社1983年版，第214页。

三 解放战争中的土地问题

解放战争时期，中国共产党在解放区领导广大农民群众进行了大规模的土地制度改革运动，经过土地政策的逐步调整，从减租减息到"五四指示"，再到后来的《中国土地法大纲》，通过一个渐进的过程，普遍地、彻底地解决了农民的土地问题。

（一）土地政策调整的背景

解放战争时期的土地改革是中国共产党在解放区的一项重要政策，中国共产党的土地政策的提出和实行，是当时的历史条件决定的，是历史发展中的必然选择。

第一，土地是新民主主义革命的核心问题。中国的新民主主义革命实质上是农民革命。土地问题是中国农民问题的核心。中国经历了几千年的封建专制社会，土地归地主阶级所有的剥削制度是维护封建制度的基础，因此，改变封建的土地所有制，让农民获得土地，一直是农民起来闹革命的最直接目标，毛泽东就明确指出："中国国民革命是农民革命，故土地问题就是本党中心问题。"[①]

在中国新民主主义革命的每一个阶段，农民的土地问题都是中国共产党的政策调整的中心问题，从抗日战争胜利过渡到第三次国内革命战争，农民的土地需要仍然是民主革命要解决的关键问题，土地依然是保证农民革命积极性的源泉，只有党的土地政策顺应历史的潮流满足农民的土地需求，从农民要得到土地愿望出发，适时对解放区的土地政策做出调整，满足农民对土地的需求，才能继续调动农民群众中蕴藏的革命积极性，才能为新民主主义最后胜利提供动力。

第二，土地政策是革命战略战术的一部分。毛泽东在《论联合政府》中指出："两党的争论，就其社会性质说来，实质上是在农村关系的问题上。"[②] 中国共产党的土地政策是和革命形势的发展联系在一起的，土地政策的制定与实施必须要适应革命形势发展的需要。

抗日战争胜利后，中国共产党提出了和平、民主、团结三大口号，尽一切可能与国民党进行谈判，努力促成民主、和平、团结的政治局面；但

[①] 《毛泽东年谱》上卷，中央文献出版社1993年版，第165页。
[②] 《毛泽东选集》第3卷，人民出版社1991年版，第1077页。

内战的危险仍然存在，因此，解决农民的土地问题成为中国共产党合理把握国内革命战争形势的必要之举。

在国民党不断挑动内战，内战危险迫在眉睫的时候，让农民起来革命，激发农民的斗争性成为中国共产党在战争中取得主动权的必要选择。在国共的统一战线还没有完全破裂的时候，用一种留有余地的土地政策——"五四指示"，既可以满足农民的土地需求，又能争取一切可以争取的社会力量。当解放战争从战略防御转向战略进攻时，争取全国胜利，需要最广泛地发动中国的农民起来参加革命，需要农民群众为解放战争的战略反攻提供源源不断的人力和后勤支援，能否得到农民的支持成为新民主主义革命胜利的关键，彻底废除封建土地剥削制度，按照农民"耕者有其田"的愿望进行彻底的土地革命，颁布《中国土地法大纲》是解放战争时期战略战术的又一次调整。

（二）土地政策的演变

一个政策的提出是由现实情况决定的，解放战争时期，中国共产党根据时局的变化，在不同阶段提出了相应的土地政策，大致经历了三个阶段：

第一阶段，从1945年8月到1946年5月，即从抗日战争胜利到颁布"五四指示"，这段时间党在农村的土地政策仍然实行减租减息政策。这个时期的土地改革主要是集中在新解放区，抗战胜利后的新解放区，大部分是对日反攻后从日本帝国主义手中收复的新解放区，这些地区实行的土地政策是殖民地性质的封建剥削制度。针对这种情况，共产党领导新区农民开展反奸清算，随着反奸清算的深入没收并分配日伪强占的土地，开展减租减息运动。

在反奸清算运动中，农民对大汉奸、恶霸、地主的罪行进行揭露，分配土地时主要是按照人口进行分配，同时照顾到劳动力的强弱和贫苦程度，将没收的日、伪、大汉奸的土地无偿分配给无地和少地的农民。通过分配日伪土地斗争，广泛地调动了新解放区的群众积极性，新解放区的农民进一步提出了减轻封建剥削的口号，中共中央顺应农民的要求，在党的领导下开展减租减息运动。

第二阶段，从1946年5月到1947年10月，即从颁布"五四指示"到执行《中国土地法大纲》，"五四指示"是中国共产党的土地政策的重要转变，由削弱封建剥削向变革封建土地关系、废除封建剥削制度过渡。

"五四指示"的主要内容是：坚决满足农民的土地要求，采取多种方式满足农民的土地需求，规定了详细的政策。"五四指示"是作为中国共产党过渡时期的一个土地纲领在领导人民实现耕者有其田的斗争中发挥了重要作用，其中区别对待、具体问题具体分析的政策体现了丰富的战略思想。

第三阶段，从1947年10月到1949年10月，即从《中国土地法大纲》的颁布到中华人民共和国成立，这一阶段实行的是没收剥削阶级的土地分配给农民的彻底土地改革政策。《中国土地法大纲》是抗日战争胜利以后中国共产党第一次明确提出在土改中彻底平分土地的政策，实行耕者有其田。《中国土地法大纲》第一条明确指出：废除封建性及半封建性剥削的土地制度，实行耕者有其田的土地制度。通过废除地主阶级的土地，废除一切祠堂、庙宇、寺院、学校等团体的土地，把土地的所有权转移到农民手中。关于如何分配土地，大纲规定了将乡村中一切地主的土地及公地，由乡村农会接受，连同乡村中其他一切土地，按照乡村全部人口，不分男女老幼，统一平均分配，在土地数量上抽多补少，质量上抽肥补瘦，使全村人民均获得同等的土地，并归个人所有。

《中国土地法大纲》是我党在新民主主义革命时期颁布的最后一个土地革命纲领，总体上成功地指导了我们党在解放区的土地改革，成为彻底废除地主阶级土地所有制，反对封建剥削的一面旗帜。

（三）土地政策的历史贡献

解放战争时期党在解放区的土地政策，不仅适应了革命形势的需要，而且在土地制度上实现了历史性的变革，也为经济的发展注入了活力，在当时甚至为以后的土地改革做出了历史性贡献。

第一，为人民解放战争提供了人力、物力支持

在解放战争的关键时刻，能否解决农民的土地问题成为中国共产党领导的新民主主义革命能否最终取得胜利的关键。

在解放战争进入反攻阶段时，能得到农民群众的支持，无论是对于补充战争兵源，还是在战略上通过粮食牵制国民党统治区，都具有重大意义。《中国土地法大纲》提出了彻底平分土地的主张，真正让农民实现了"耕者有其田"的愿望，打碎了几千年来套在农民身上的封建枷锁，使农民迸发出极大的革命热情，他们纷纷参军参战，还担负巨大的战争后勤任务，为解放战争提供了源源不断的人力和物力支持，为解放战争的胜利提

供了可靠的保证。

党的土地政策使党在革命转变的重要关头，得到了农民的支持，取得了战争的主动权。而且解放区土地改革后发展生产的美好图景与国统区的沉重封建剥削形成了鲜明的对比，有力地推动了国统区的农民反暴政运动，促进了革命形势的转变。所以说党在解放区的土地政策对解放战争的胜利起到了关键性作用。

第二，促进了解放区农村经济发展

在马克思主义哲学中，内容和形式是对立统一的关系，形式适合内容，就会发挥巨大的促进作用。到了新民主主义革命时期，中国几千年来的封建土地制度已经严重遏制了农村经济发展，农村生产力长期处于缓慢或停止发展的状态，中国共产党在解放区的土地制度改革，冲击了几千年的封建土地制度，使农民获得了他们赖以生存的生产资料——土地，并且保证了农民的土地所有权，这就给了农民很大的生产热情，促进了生产力的发展。

第三，丰富了马克思主义中国化的内涵

中国共产党在解放区的土地政策取得了很大成功，不仅在当时起到了积极作用，而且，贯穿土地制度改革的方法论思想在今天仍然闪烁着光芒，丰富了马克思主义中国化内涵，给当前的土地制度改革和农村政策提供了思路。

中国共产党在解放战争时期的五年中，先后对土地政策实现了两次修改，贯穿其中的一个原则是不断探索土地制度的创新，把马克思主义基本原理与实际情况相结合，根据实际形势的需要进行调整，而不是拘泥于马克思主义的条条框框。马克思恩格斯曾经设想，在东方国家取得民主革命胜利后，采取土地国有化的制度，但是中国共产党从我国小农众多的实情出发，而且考虑到农民的阶级性——农民是小生产者，具有狭隘性和自私性，只有让农民拥有土地，才能安心干革命，所以解放战争时期中国共产党在解放区的土地政策是土地农有，而不是土地公有和土地国有，这种对农民拥有土地所有权的肯定，无疑是对马克思主义设想的土地制度的大胆创新。

第三节 社会主义改造和建设时期的土地问题

新中国成立初期对农业集体化道路的探索，是一个复杂的历史过程。

这一过程包含着社会主义改造和建设的过程，在社会主义改造和建设的整体进程中，也包含着社会主义建设初期的农业发展道路的探索过程。

一 社会主义改造中的土地问题

进行土地改革，这是社会主义革命的基本要求，也是进行社会主义建设的必备前提，更是顺利开展社会主义革命和建设的基本要素。[①]

（一）新中国成立初期的土地政策

新中国成立初期，在刚刚获得解放的新解放区，土地改革尚未进行。因此中国共产党必须进一步地将土地革命引向深入，以最终彻底地完成对封建土地所有制的革命。1950年6月30日，中央人民政府颁布《中华人民共和国土地改革法》。该法共6章40条，规定了土地改革的目的、具体措施等，为土地革命的胜利完成提供了有力的保障。具体而言，这一法令包括以下几个方面的内容。

关于土地改革的目的，法令的总则做出了论述。法令认为，此次土地改革的目的和性质就是要"废除地主阶级封建剥削的土地所有制，实行农民的土地所有制"[②]，借以达到解放和发展农村的生产力，为未来的社会主义工业化提供必要的历史准备。

关于土地的没收和征收，较之以前有所不同的是，此次法令仅仅强调要没收地主的土地、耕畜、农具、多余的粮食及其在农村中多余的房屋，但对地主的其他财产则应不予没收。法令体现了新民主主义对发展工商业的正确的态度，要求对地主兼营的工商业，不得没收。对富农，法令将过去征收富农多余土地财产改为保护富农经济的政策。目的是为了更好地孤立地主，保护中农和小土地出租者，稳定民族资产阶级，有利于土改的顺利进行和农业生产的早日恢复和发展。[③]

关于土地的分配。法令规定，除了相应的由国家掌握的土地资料之外，一般没收的土地均由农民协会接管和分配。法令要求，农民协会应公正合理地分配土地。除了将土地适当地分配给那些无地和少地的农民外，

---

① 杜瑾：《新中国"三农"出路的探寻历程和当代困境的破解研究》，中共中央党校2012年博士学位论文，第40—41页。

② 中共中央党校党史教研室：《中共党史参考资料》（七），人民出版社1980年版，第79页。

③ 陈述：《中华人民共和国史》，人民出版社2009年版，第40页。

还应分配给地主一些土地，以确保他们在维持基本生活中逐步地在劳动中改造自己。法令体现了人道主义的原则，提出即使是逃亡的地主和曾在敌方工作的现有人员，有劳动力，愿意从事农业生产者，也应分配给与其他农民相等同的土地。

总体来说，在这一次土地改革中，根据《中华人民共和国土地改革法》的法律规定，中国共产党和中国人民坚决贯彻执行"依靠贫雇农，团结中农，中立富农，有步骤、有分别地消灭封建剥削制度"的阶级政策，坚决贯彻发展农业生产和放手发动群众的方针，集中打击和逐步消灭了地主阶级，从而达到了彻底摧毁封建剥削制度的目的。至1953年春，土地改革基本完成，除了极少的一部分少数民族外，全国大约3亿农民获得了土地，成为这块土地的真正主人。他们积极参加农业生产，不仅推动了农业生产的迅速发展，巩固了人民民主政权，而且也为国家未来的工业化提供了重要保障。

（二）社会主义改造中的土地政策

走农业合作化道路，并以此达到建立农村社会主义生产关系的目的，这是中国社会由新民主主义社会过渡到社会主义社会的必然，是建立社会主义制度的应有之义。

关于走农业合作化道路的理论依据，不仅在马克思恩格斯那里早就提出在社会主义制度建立后通过合作化的途径引导农民走上社会主义道路，即使是在中国新民主主义革命的历程中，中国共产党和毛泽东也早就形成了较为系统的农业合作化思想。关于如何实践农业合作化的问题，毛泽东明确提出"先集体化后机械化"的思想。这一思想直接成为中国社会走农业合作化道路的战略指导方针。其一，由于农村中商业经济的发展，农民中出现了贫富两极分化的不良现象。其二，农业的合作化能够为未来社会主义工业化的发展提供保障。其三，毛泽东极为崇信农业合作化在实现农村生产力发展、实现农村共同富裕中的积极作用。其四，农业合作化与巩固工农联盟有着直接的关系。

不仅如此，中国实现农业合作化还存在着现实的可能性和极为有利的条件。中国共产党和毛泽东对此也做出了分析。主要包括三方面内容。其一，当时的国际国内条件极为有利。其二，农民中包含着走社会主义集体化的积极性和主动性。其三，中国共产党将会为农业合作化的顺利进行提供坚强的领导。

在这一系列因素的推动下，中国农业合作化运动拉开了帷幕。1953年2月，中共中央下发了修改后的《关于农业生产互助合作的决议》。1953年12月16日，中共中央做出了《关于发展农业生产合作社的决议》。该决议认为，必须采取自愿的原则，采取说服教育、典型示范和国家帮助的方法，而不是放任自流以及强迫推进的方法，逐步地引导农民走上社会主义道路。关于农业合作化的基本步骤，决议指出：经过简单的共同劳动的临时互助组和在共同劳动的基础上实行某些分工分业，（所谓农民分工是指破除把农民的职业分工限定在第一产业，甚至单纯种养业的狭隘概念，形成包括初级产品生产、加工和运输等各个生产经营环节的专业化生产经营的现代化观念，对农业生产要素进行优化配置和产业组合，实现农产品的生产、加工、流通的专业化规模经营。所谓农民分业是要对农民的就业结构进行战略性调整，通过农民的分业，走工业化、城市化的路子，通过加快城市化进程，加快发展二、三产业，促进更多的农民向非农产业转移，让部分农民向市民转变。）而有某些少量公共财产的农业生产合作社，到实行完全的社会主义的集体农民公有制的更高级的农业生产合作社。

二 社会主义建设中的土地问题

从1957年到1977年在人民公社化运动中，农业集体化道路在探索中曲折前行。

（一）社会主义建设中的土地政策

走农业集体化道路，实行人民公社化运动。关于人民公社化运动的原因，包含着极为复杂的理论和实践因素。其一，人民公社化运动是对古代中国"大同"社会思想的现代回应。其二，人民公社化运动直接来源于大跃进，是后者发展的直接产物。其三，人民公社化运动实际也是国际共产主义和苏联影响的产物。正是在这三个因素的直接推动下，人民公社化运动如火如荼地开展起来了。

人民公社化运动初期大力推行组织军事化、行动战斗化和生活集体化。它的特点就是"一大二公"，实际就是搞"一平二调"。所谓"大"就是最大限度地追求公社的规模，譬如说，将一二百户的合作社并为四五千户以至一两万户的人民公社。而所谓"公"，就是指实行完全的平均主义，就是将几十上百个经济条件、贫富水平不同的合作社合并后，一切财产上交公社，多者不退，少者不补，在全社范围内统一核算、统一分配，实行部分的供给制。显而易见，这些措施实际构成了对农民的剥夺，因而给农业生产造成了不良后果。1960年下半年起，党中央及时提出并决定次年起实施"调整、巩固、充实、提高"的八字方针，开始了对经济工作的整顿。1960年11月，中共中央发出《关于农村人民公社当前政策问题的紧急指示信》，调整农村经济政策，提出以生产队为基础的三级所有制，作为人民公社的根本制度，要在一个时期内将其稳定下来。自此，农村集体化道路逐步走上稳定发展的道路。

（二）社会主义改造和建设中土地政策的启示

走农业集体化道路，是从新中国成立初期直至1977年的农业社会主义发展道路的探索，不仅充满了创业的艰辛，而且伴随着历史的曲折。对社会主义"三农"问题的探索，中国共产党和毛泽东始终有深刻而自觉的辩证法作指导。毛泽东曾多次揭示了中国"三农"发展和马克思主义结合的必要性，强调必须走出一条适合中国国情的有特色的发展道路。

应当肯定，新中国成立初期直至改革开放前对社会主义"三农"发展道路的探索，中国共产党取得了伟大的成就。这种成就不仅表现为中国共产党以马克思主义为指导完成了新民主主义革命遗留的历史任务，而且表现为在社会主义改造中基本实现了农业的集体化。正如邓小平所指出的，"新中国成立头七年的成绩是大家一致公认的。我们的社会主义改造是搞得成功的，很了不起。这是毛泽东对马克思列宁主义的一个重大贡献。今天我们还需要从理论上加以阐述"。[①] 江泽民在庆祝中国共产党成立70周年大会上也作了进一步的阐述。认为："我们采取符合中国特点的步骤和措施，不失时机地创造性地实现了对个体农业、手工业和资本主义工商业的社会主义改造，消灭了剥削制度和剥削阶级，全面确立了社会主义制度。这是我国几千年来最深刻、最伟大的社会变革。"[②]

总之，在社会主义"三农"出路的探寻上，新中国成立后的一段时间，中国共产党取得了较大的成绩。这一成就主要表现为初步建立了社会主义的农业经济制度。在社会主义改造过程中，中国共产党根据马克思主

---

① 《邓小平文选》第2卷，人民出版社1994年版，第302页。
② 江泽民：《在庆祝中国共产党成立七十周年大会上的讲话》，人民出版社1991年版，第4页。

义的基本原理，结合中国社会农业发展的实际，创造性地提出了富有中国特色的社会主义农业改造和发展道路。这一理论创新主要表现为如下几个方面：

第一，先合作化后机械化的思想。先合作化后机械化，还是先机械化后合作化，这在中国共产党党内曾经发生过争论。但是，根据当时中国的国情，先合作化后机械化显然具有历史的合理性，因为，分散的个体生产无疑阻碍生产力的发展，必须实行劳动联合，而建立在主要靠人畜并用的落后生产基础上的劳动组合与农业的社会化大生产也是相去甚远的，必须发展机械化生产。而中国当时一穷二白、人口众多的现实，决定了先合作化后机械化的历史合理性。

第二，对待农民，采取自愿互利、国家帮助的原则，有步骤、有顺序地推进农业合作化发展。

第三，在农业合作化的途径上，创造了从农业生产互助组，经过初级农业生产合作社，直到高级农业生产合作社的基本模式，对丰富科学社会主义具有重大的理论和实践意义。

第四，加强党对农业合作化运动的领导，并且正确制定和执行农村的阶级政策。毛泽东认为，中国农业合作化的依靠对象是贫农，新、老下中农，而团结的对象是新老两部分中的上中农。对富农，毛泽东强调要采取逐步推进的政策，最后将富农改造为自食其力的劳动者。毛泽东为党所制定的阶级政策减小了农业社会主义改造的阻力，为农业社会主义改造的最后胜利奠定了条件，从而丰富了科学社会主义理论。

毋庸置疑，马克思恩格斯对农业集体化的基本指导思想，其着力点是为了通过农业集体化的途径实现农业生产的社会化，这是马克思主义的一贯思想。因此，作为社会主义的中国，"三农"问题的解决固然要走集体化的道路。但是，必须明确的是，集体化的目的和优越性之一在于它克服了生产资料的个体所有与社会化大生产之间的内在矛盾，在于为了推进农业生产的社会化发展。在这里，社会化大生产构成了农业集体化合理性内在的根本内核。

第四节　改革开放以来的"三农"问题

改革开放以来，中国共产党对"三农"问题进行了不懈的探索，从理论到实践都取得了显著的成效。研究和总结中国共产党"三农"政策演变的过程，深刻认识农民在社会中的重要地位、农业在国家产业中的基础作用、农村在城乡中的区域功能，将有利于全面解决"三农"问题，对有效推动社会主义新农村建设和城乡一体化进程，全面建成小康社会目标的实现，具有重大意义。

一 农村改革的启动

1978年党的十一届三中全会做出了"全党同志目前必须集中主要精力把农业尽快搞上去"的战略决策，并向全国下发讨论和试行两个关于解决农业问题的文件，即《中共中央关于加快农业发展若干问题的决定（草案）》和《农村人民公社工作条例（试行草案）》，从而正式拉开了中国农村改革的历史序幕，使中国农村开始走上了历史的快车道。[①]

（一）废除人民公社体制，实行家庭承包经营

1978—1984年是我国农村改革的第一阶段，广大农民创造性地实行了家庭联产承包责任制，重建了农户家庭经济，使农户成为相对独立的市场经营主体。废除人民公社制度，大力发展农村商品经济，解放了农村生产力，使农村经济向专业化、商品化、现代化方向转变，使农民生活由贫困向温饱转变。

第一，实行家庭承包经营。1979年4月，中央工作会议通过了对国民经济实行"调整、改革、整顿、提高"的新八字方针，强调要尊重生产队的自主权，充分关心农民的物质利益。党的十一届四中全会正式通过了《中共中央关于加快农业发展若干问题的决定》，允许社员保留自留地、家庭副业和农村集市贸易等，为推进农村体制改革做了铺垫。1980年9月，中央《关于进一步加强和完善农业生产责任制的几个问题》，使"双包"责任制得以普遍实行。十二大首次以决议的形式肯定了包干到户为主要形式的家庭联产承包责任制，给广大农民吃了"定心丸"。1982—1984年，党中央连续下发了一号文件，明确家庭联产承包责任制是社会主义农业经济的组成部分，采取统一经营与分散经营相结合的原则，促使农业从传统农业向现代农业转化，并鼓励农民增加投资，发展多样的农村

[①] 张文礼：《改革开放以来"三农"政策的创新与发展》，《中国经济史研究》2005年第2期，第97—98页。

经济组织，开展多种经营。允许农民和集体联合兴办各种企业，积极支持农村专业户。到1983年年末，全国农村实行包干到户的农户达到农户总数的95%以上。1993年3月，第八届全国人大第一次会议通过修改宪法的决议，把以家庭联产承包为主的责任制和统分结合的双层经营体制作为农村经济的一项基本制度写入了《中华人民共和国宪法》。1993年11月，中共中央、国务院《关于当前农业和农村经济发展的若干政策措施》，提出在原定的耕地承包期到期之后，再延长30年不变，提倡在承包期内实行"增人不增地、减人不减地"的办法。

第二，实行村民自治制度。1983年10月，中共中央、国务院决定，废除人民公社，建立乡（镇）政府作为农村基层政权。六届全国人大第二十三次会议正式讨论通过了《村民委员会组织法（试行）》，以法律形式肯定了村民委员会作为基层民主建设的成果经验和做法，规定村民委员会的性质是村民进行自我管理、自我教育、自我服务的基层群众性自治组织。

（二）农村改革启动中的"三农"思想与政策

中华人民共和国成立以来，虽然我国的粮食产量在不断提高，但是由于人口再生产过快，大量资金投入农业以不计成本为特点，其结果是近30年的农业效率相当低。中共十一届三中全会的召开，开创了农村改革的新局面，农民的生产积极性被充分调动，农民的收入大幅度提高。这一时期对于"三农"问题的研究基本上围绕经济体制改革和农业经济发展的实践进行。重点包括：农村经济体制改革、农业生产责任制、农业发展、工农关系和城乡关系、农村经济结构、农业现代化、乡镇企业等问题。

这一时期的"三农"政策集中体现为三个中央一号文件的下发。1982年1月1日，中共中央批转《全国农村工作会议纪要》下发全国各地。《纪要》就农业生产责任制在全国绝大部分生产队建立后，实践中出现的新问题，提出了有关方针、政策。

在农业生产责任制上，《纪要》指出：一般地讲，联产就需要承包。不同形式的承包，都有它在一定地点和条件下的适应性和局限性，即使在一个生产队内，也可以因生产项目、作业种类不同而采取多种形式。适于个人分散劳动的生产项目可以包到劳力、包到户，需要协作劳动的生产项目，可以包到组。《纪要》还强调要把完善生产责任制同促进农业生产全面发展联系起来，要发展多种经营和商品生产。在建立和完善农业生产责任制的过程中，必须坚持土地集体所有制，切实保护耕地和合理利用耕地。在改善农村商品流通上，《纪要》指出，当前农产品流通中存在的问题是，一方面农村商业不适应发展商品经济的需要，以致农村多种经营刚有初步发展就出现了流通不畅，买难卖难等问题；一方面也存在着一些单位抬价抢购紧缺商品，冲击国家计划情况。《纪要》提出了当时农产品流通的主要政策和措施：一是农业经济要以计划经济为主，市场调节为辅。二是农村供销合作社是城乡经济交流的一条主要渠道，同时也是促进农村经济联合的纽带。三是必须多方设法疏通和开辟流通渠道。四是要在保证计划上调任务的前提下，积极开展农副产品的就地加工、产品精选和综合利用。

1982年12月31日经中共中央政治局讨论通过的《当前农村经济政策的若干问题》，在1983年1月2日作为中共一号文件发给各地试行。该文件就当前农村面临的若干问题进行了阐述，包含的政策措施有：一是严格控制人口增长，合理利用自然资源，保持良好的生态环境。二是走农、林、牧、副、渔全面发展，农工商综合经营的道路，使农村的剩余劳动力离土不离乡，建设星罗棋布的小型经济文化中心。三是稳定和完善农业生产责任制仍然是当前农村工作的主要任务。四是适应商品生产的需要，发展多种多样的合作经济。五是人民公社的体制要从两方面进行改革，即实行生产责任制，特别是联产承包制；实行政社分设。六是对农村中新出现的某些经济现象，应当区别对待。七是调整农产品购销政策。八是继续进行农业技术改造。九是要逐步增加对农业的投资。十是农、林、牧、副、渔等各业应根据因地制宜，发挥优势、适当集中的原则，建立一批商品生产基地。十一是边远山区和少数民族地区，切实加强工作，力争尽快改变贫困面貌。十二是党在农村的工作，必须始终坚持两手抓的方针。十三是逐步建立一支与农业现代化相适应的干部队伍，改善和加强党对农村工作的领导。

1984年1月1日，中共中央为适应生产责任制普遍实行以后我国农村面临的新任务，下发《关于1984年农村工作的通知》，确定1984年农村工作的重点是：在稳定和完善生产责任制基础上，提高生产力水平，疏通流通渠道，发展商品生产。《通知》就完善联产承包责任制、搞活流通及发展农村商品生产中出现的新现象作了政策规定。在稳定和完善联产承包责任制上，主要规定如下政策：一是延长土地承包期，鼓励土地向种田能手集中，将土地承包期延长到15年。二是动员和组织各方面的力量，逐步建立起比较完备的商品生产服务体系。三是政社分设后，为完善统一经营和分散经营相结合的体制，一般应设置以土地公有为基础的地区性合作经济组织。对于农业经济，坚持计划经济为主，市场调节为辅的原则，坚持国家、集体、个人一起上的方针，继续进行农村商业体制的改革，进一步搞活农村商品流通。《通知》指出农村在实行联产承包责任制基础上出现的专业户是农村发展中的新生事物，应积极支持，向他们提供必要的社会服务，满足他们对信息、供销和技术进步等方面的需求。

1982年的一号文件比较彻底地突破了僵化的"三级所有、队为基础"的体制框框，明确指出包产到户、包干到户或大包干，"都是社会主义生产责任制"，"是社会主义农业经济的组成部分。"1983年的一号文件对家庭联产承包责任制做出了前所未有的高度评价，赞扬它是"在党的领导下中国农民的伟大创造，是马克思主义关于合作化理论在我国实践中的新发展"，终于使包产到户、包干到户名正言顺，走出了包产到户、包干到户等于单干、走资本主义道路的理论误区。1984年的一号文件则强调要继续稳定和完善联产承包责任制，将土地承包期由原定的3年延长到15年，让农民在吃到"定心丸"之后，又吃到了"长效丸"。

家庭承包经营实质是土地的家庭承包经营，是农村经济体制的一次伟大变革，它引起了一系列制度创新，其政策含义极其广泛：农业双层经营体制丰富和发展了马克思主义合作制理论；形成了以按劳分配为主，多种分配方式并存的分配制度；它是所有制理论的创新；是经营体制的创新；是一部分人先富起来最终走向共同富裕的制度基础；是农业经济管理方式的创新。

二　市场化改革的探索

1985—1992年是农村改革的第二阶段，主要内容是进一步改革农业管理体制，终结农村购销体制，扩大市场调节，促使农业生产适应市场需要，促进农业产业结构趋向合理化，大力发展以集体经营为主并有个体、私人经营的乡镇企业，实现了农村生产力的跳跃发展。

（一）废除农产品派购制度

1985年1月1日，中共中央、国务院发出《关于进一步活跃农村经济的十项政策》，终结了我国农村自1953年起实行的统购统销制度，增强了农民生产、销售、经营农产品的自由度，实现了多渠道直线流通。农业税由向农民征收实物改为折征现金，调动了广大农民发展商品生产的积极性。1985年全国经济作物的种植面积比1984年增加5000万亩，1986年农产品收购价格总水平比1978年提高了77%，使农民得到了实实在在的利益。

（二）乡镇企业异军突起

早在1984年，中央就充分地肯定了乡镇企业的地位和作用，确定了"热情支持，积极引导和管理，使其健康发展"的总方针。1985年一号文件要求在农村产业结构调整中重点突出、异军突起的乡镇企业，为转移农村剩余劳动力、城乡一体化发展起大的推动作用。1987年1月，中共中央政治局通过《把农村改革引向深入》明确指出：要鼓励乡镇企业"四轮驱动"，即乡办、村办、户办和联办一起上。乡镇企业的规模发展突破了传统的、单一的农业观念，确立非农就业和非农发展方向。1987年6月邓小平在会见南斯拉夫客人时说："农村改革中，我们完全没有预料到的最大收获，就是乡镇企业发展起来了，突然冒出搞多种行业，搞商品经济，搞各种小型企业，异军突起。这不是我们中央的功绩。乡镇企业每年都是百分之二十几的增长率，持续了几年，一直到现在还是这样。乡镇企业的发展，主要是工业，还包括其他行业，解决了占农村剩余劳动力百分之五十的人的出路问题。"[①]

（三）夯实农业基础

1985年农业遭受较大的自然灾害，加上有计划地调减了粮棉播种面积，粮棉产量在连续增长几年后第一次出现下降。中共中央、国务院根据上述情况，1986年1月1日以中发一号文件的形式，下发了《关于1986年农村工作的部署》，提出1986年农村工作总的要求是：落实政策，深入改革，改善农业生产条件，组织产前产后服务，推动农村经济持续稳定协调发展。提出要进一步摆正农业在国民经济中的地位，在肯定原有的一靠政策，二靠科学的同时，强调增加投入，进一步深化农村经济改革，切实帮助贫困地区逐步改变面貌。同时明确提出了个体经济是社会主义经济的必要补充，允许其存在和发展的思想。至1991年年底，三年治理整顿任务基本完成，扭转了农业生产持续徘徊的局面。

[①] 《邓小平文选》第3卷，人民出版社1993年版，第238页。

三 加强农村市场体系建设

1992年邓小平"南巡讲话",进一步解放了亿万农民的思想;党的十四大提出我国经济体制改革目标是建立社会主义市场经济,又进一步推动了农村经济的发展,"三农"政策的制度化、法律化继续加强。

(一)实施科教兴农战略

党中央、国务院于1993年11月下发了《关于当前农业和农村经济发展的若干政策措施》,提出在原定的耕地承包期到期之后,再延长30年不变,提倡在承包期内实行"增人不增地、减人不减地"的办法。2002年1月,中共中央国务院发出《关于做好2002年农业和农村工作的意见》,指出要加大金融支农力度,加强农业和农村基础设施建设,改善农民的生产生活条件,从2002年起,全面启动退耕还林工程。

1995年5月,在《中共中央、国务院关于加速科学技术进步的决定》中,党中央从科教兴国的战略高度,提出了实施科教兴农的战略思想,强调农业、农村经济的根本出路在于依靠科技进步,到本世纪末,科技进步对农业的贡献率提高到50%,推动传统农业向现代农业转变。党的十五届三中全会通过了《中共中央关于农业和农村工作若干重大问题的决定》,指出东部地区和大中城市郊区有条件的地方要率先基本实现农业现代化。同时,从改革农业生产经营方式入手,以科技为支撑,积极探索农业现代化的实践。中共中央、国务院在《关于做好2002年农业和农村工作的意见》中,强调适应农业结构战略性调整的要求,大力推进农业技术创新和科技体制创新。

(二)培育农村市场经济

1993年3月,第八届全国人大第一次会议通过修改宪法的决议,把以家庭联产承包为主的责任制和统分结合的双层经营体制作为农村经济的一项基本制度写入了《中华人民共和国宪法》。从1993年起,国家有计划地提高了粮食和棉花的收购价格,包括粮食等绝大多数农产品的价格均已放开,取消城市居民的粮票和粮本;从1994年起,国家定购的粮食全部实行"保量放价",即保留定购数量,收购价格随行就市。党中央在《关于1998年农业和农村工作的意见》中,确定了实行政企分开、储备与经营分开、中央与地方分开、新老粮食财务挂账分开等"四分开、一完善"的改革思路,完善了粮食价格形成机制。1998年5月,国务院又下发了《关于进一步深化粮食流通体制改革的决定》，进一步要求按保护价敞开收购农民余粮、粮食收储企业实行顺价销售、粮食收购资金封闭运行的三项政策和加快粮食收储企业改革的措施。2000年3月党中央、国务院发出了《关于进行农村税费改革试点工作的通知》，主要内容是取消乡统筹费、农村教育集资以及屠宰税等，农村税费改革要逐步推广。翌年1月，中共中央、国务院在《关于做好2001年农业和农村工作的意见》中指出，要积极稳妥发展小城镇，要与农业产业化、乡镇企业、专业市场和社会化服务体系建设结合起来，逐步形成产业发展、人口聚集、市场扩大的良性循环。

（三）实施扶贫攻坚计划

尽管农村改革使广大农民逐步走上了致富之路，但至1993年年底全国农村仍有尚未解决温饱的贫困人口8000万人。党中央、国务院1994年年初制定了《国家八七扶贫攻坚计划》；1996年9月做出了《关于尽快解决农村贫困人口温饱问题的决定》；1999年召开了扶贫开发工作会议，制定了《关于进一步加强扶贫开发工作的决定》，提出从1994年到2000年，基本解决8000万农村贫困人口的温饱问题；到1999年，全国529个贫困县的农民人均收入达到1347元，温饱问题基本解决。至2000年，农村贫困人口由1978年的2.5亿人减少到3000万人，国家八七扶贫攻坚计划基本实现。为进一步开展扶贫工作，2001年1月，中共中央、国务院在《关于做好2001年农业和农村工作的意见》中指出，扶贫开发是一项长期而艰巨的任务，要制定今后五到十年的扶贫规划。

总之，这一时期确立了农村基本经济制度和农业基本经营制度：坚持以公有制为主体，多种所有制经济共同发展的农村基本经济制度；坚持"以家庭承包经营为基础、统分结合的双层经营体制"的农业基本经营制度。这标志着中国共产党对其认识更加科学、更加符合中国的国情和农业、农村、农民的实际和特点。同时，在这一时期，积极发展小城镇，剩余劳动力大量流入城市；中央亦有西部大开发的战略举措，以促进东西部经济协调发展；推动农业产业化经营和农村股份合作制经济组织的发展；实施农业可持续发展战略；形成了开放、统一、竞争、有序的农产品市场体系；出台了一系列对于农民增收减负的具体措施；提出了八七扶贫攻坚计划；实施了农村经济结构的战略性调整；在农村主张实行村民自治，乡镇的财务要公开。并于1994年启动了农村税费改革工作，加大对农村公益事业的投入，扩大农村粮食流通体制的改革力度，加大农业基础设施投入力度；出台了一大批法律法规，逐步形成了国家对农业的保护支持体系，为依法治农、护农、兴农提供了有力保障。

四 建设社会主义新农村

十六大以来，中央坚持把解决"三农"问题作为全党工作的重中之重的原则，坚持"多予、少取、放活"的方针，实施工业反哺农业、城市支持农村的措施，不断加大对"三农"的扶持力度。在巩固和完善农村基本经营制度的基础上，确定了以统筹城乡经济社会发展，实现城乡一体化战略，建设社会主义新农村。

（一）夯实农业农村发展基础，提高农业综合生产能力

2003年1月，中共中央、国务院发出《关于做好农业和农村工作的意见》，提出新世纪新阶段农业和农村工作的主要任务是积极推进农业增长方式的转变，提高农业科技和装备水平，加快建设现代农业，大力推进农业和农村经济结构战略性调整，全面繁荣农村经济，稳定增加农民收入，深化农村改革，创新体制和机制，加快发展农村各项社会事业，实现农村社会全面进步。2005年中共中央、国务院《关于进一步加强农村工作提高农业综合生产能力若干政策的意见》提出，坚决实行最严格的耕地保护制度，加强农田水利和生态建设，加快农业科技创新，加强农村基础设施建设，提高农业竞争力，健全农业投入机制，提高农村劳动者素质，促进农民和农村社会全面发展。2008年中共中央、国务院《关于切实加强农业基础建设进一步促进农业发展农民增收的若干意见》强调：加快构建强化农业基础的长效机制；切实保障主要农产品基本供给；突出抓好农业基础设施建设；着力强化农业科技和服务体系基本支撑；逐步提高农村基本公共服务水平。2011年中共中央、国务院《关于加快水利改革发展的决定》指出，要把水利工作摆上党和国家事业发展更加突出的位置，把水利作为国家基础设施建设的优先领域，把农田水利作为农村基础设施建设的重点任务，把严格水资源管理作为加快转变经济发展方式的战略举措，力争通过5年到10年的努力，从根本上扭转水利建设明显滞后的局面，走出一条中国特色水利现代化道路。

（二）深化农村改革，促进农民增收

2003年12月，中共中央、国务院《关于促进农民增加收入若干政策

的意见》出台，是中国共产党有史以来第一个专论增加农民收入的文件。《意见》在发展战略、经济体制、政策措施和工作机制上提出了全面促进农民增收的新思路，提出坚持"多予、少取、放活"的方针，从2004年开始，全面放开粮食收购和销售市场，实行购销多渠道经营，实行"三项补贴"政策，即对种粮农民的直接补贴、良种补贴和农机具购置补贴。从2006年，在全国范围取消了在我国延续了2000多年的农业税。2007年7月，国务院发出《关于在全国建立农村最低生活保障制度的通知》，明确建立农村最低生活保障制度的目标和总体要求。2009年中共中央、国务院《关于2009年促进农业稳定发展农民持续增收的若干意见》要求：把保持农业农村经济平稳较快发展作为首要任务，围绕稳粮、增收、强基础、重民生，进一步强化惠农政策，增强科技支撑，加大投入力度，优化产业结构，推进改革创新，千方百计保证国家粮食安全和主要农产品有效供给，千方百计促进农民收入持续增长。

（三）统筹城乡社会发展，建设社会主义新农村

2003年，中央确立了"三农"问题作为全党工作的重中之重的原则。2006年中共中央、国务院《关于推进社会主义新农村建设的若干意见》提出要统筹城乡经济社会发展，实行工业反哺农业、城市支持农村和"多予少取放活"的方针，加快建立以工促农、以城带乡的长效机制。按照"生产发展、生活宽裕、乡风文明、村容整洁、管理民主"的要求，扎实推进社会主义新农村建设。

2007年1月，中共中央、国务院《关于积极发展现代农业扎实推进社会主义新农村建设的若干意见》要求：发展现代农业是社会主义新农村建设的首要任务，要用现代物质条件装备农业，用现代科学技术改造农业，用现代产业体系提升农业，用现代经营形式推进农业，用现代发展理念引领农业，用培养新型农民发展农业，提高农业水利化、机械化和信息化水平，提高土地产出率、资源利用率和农业劳动生产率。

2008年10月，党的十七届三中全会审议通过了《中共中央关于推进农村改革发展若干重大问题的决定》，深刻总结了30年农村改革发展的伟大实践和基本经验，强调要把建设社会主义新农村作为战略任务，把走中国特色农业现代化道路作为基本方向，把加快形成城乡经济社会发展一体化新格局作为根本要求。《决定》成为今后一个时期推动农村改革发展的行动纲领。

五 改革开放以来我国"三农"问题的历史启示

"三农"问题是一个非常庞大的系统工程。从改革开放以来，中央所体现的"三农"思想与政策来看，有以下启示。

（一）认识上高度重视，是解决"三农"问题的政治保证

在我国改革开放的伟大实践中，相继产生了邓小平理论、"三个代表"重要思想和科学发展观等，构成了中国特色社会主义理论体系，为认识和解决"三农"问题提供了理论上的指南和实践上的方法论。邓小平、江泽民、胡锦涛、习近平在不同的历史时期对"三农"问题均做出诸多重要的指示，明确了"三农"问题是关系我国改革开放和社会主义现代化建设全局的重大问题，关系全面建设小康社会目标的实现问题。这些重要论述达成了把解决好"三农"问题作为全党工作重中之重的共识，对各级党委和政府在思想认识上高度重视"三农"问题，因地制宜解决"三农"问题，起到了指导和推动的作用。改革开放以来，中国共产党审时度势，由点到面、由浅入深，从局部到整体、从微观到宏观，出台了系列"三农"政策，涉及农村经济体制、农业产业以及社会建设、基层民主建设、农民的权益保护等各个方面，创造性地提出了统筹城乡经济社会发展、建设社会主义新农村、推进城乡一体化等战略思想，为最终解决"三农"问题提供了有力的政治保证。

（二）尊重农民首创精神，是解决"三农"问题的群众基础

农民是农村社会的主体，是农业生产的主力军，也是农村改革与发展的根本动力。各级党委和政府，必须自觉坚持历史唯物主义，问计于民，问政于民，向群众学习，坚持农民自愿的原则，尊重农民的首创精神。中国共产党在改革开放的实践中吸取过去"左"倾错误的教训，坚持群众路线，善于从群众中来到群众中去，及时总结广大农民伟大创造的经验，形成正确的解决"三农"问题的政策，用于指导全国"三农"工作。广大农民创造的家庭联产承包经营责任制、乡镇企业、农业专业合作社、村民自治等众多创举，开辟和推进了农村改革的航程，也为解决"三农"问题提供了许多"灵丹妙药"。历史经验教训表明：什么时候尊重农民首创精神，顺应农民意愿，"三农"问题就解决得较好；反之，农民积极性就受到挫伤，农业就停滞萎缩，农村就凋敝落后。

（三）维护农民利益，是解决"三农"问题的关键所在

实现好、维护好、发展好最广大人民的根本利益作为党和国家一切工作的出发点和落脚点，是对我党执政的本质要求。"三农"问题的核心是农民问题。在经济上切实维护农民的物质利益，在政治上保障农民的民主权利，是制定"三农"政策的基本出发点和落脚点，是解决"三农"问题的关键。改革开放30多年来，党中央、国务院制定的一系列"三农"政策，都体现了以人为本，保障农民各项权益，这些政策深受农民拥护，为"三农"问题的根本解决奠定了政治基础。

（四）坚持农村改革，是解决"三农"问题的动力源泉

思想是行动之先导，思想解放程度的大小，直接影响着改革与发展进程的快慢。改革开放30多年来，我国共掀起了四次大规模的思想解放运动，成为改革开放以及推动"三农"工作的思想动力。1978年真理标准讨论和党的十一届三中全会为标志的思想解放，从哲学上进而从思想上，冲破了长期以来"左"倾错误以及"两个凡是"的思想禁锢，在党的思想路线、政治路线和组织路线上完成了拨乱反正，实现了伟大的历史转折，开辟了始于农村的改革开放进程，也为"三农"问题的解决提供了思想前提；1992年邓小平南巡讲话和党的十四大为标志的思想解放，从体制和指导思想上，解决了计划经济与市场经济姓"资"姓"社"的争论，以"三个有利于"作为检验或衡量改革的尺度，为确定社会主义市场经济体制奠定了理论基础，确立了邓小平建设有中国特色社会主义理论在全党的指导地位，为解决"三农"问题开辟了广阔的前景；1997年江泽民在中央党校五二九讲话和党的十五大为标志的思想解放，从创新理论上，把邓小平理论确立为党的指导思想，阐明了中国社会主义建设的一系列基本问题，为推进"三农"工作指明了方向；2007年胡锦涛在中央党校六二五讲话与党的十七大为标志的思想解放，从创新理论上，提出了中国特色社会主义理论体系，阐述了科学发展观的定位、形成的时代背景、科学内涵，对深入贯彻落实科学发展观提出了明确要求，促使"三农"工作从经济层面向经济社会全面深入。

我国首先启动了农村改革，以农村的改革和发展推动城市改革，又以城市的改革和发展支持农村，形成城乡经济社会统筹发展的格局，走出了一条富有中国特色的现代化建设之路。改革开放以来，根据不同发展阶段农业、农村、农民的发展要求，循序渐进地推进农村改革，为"三农"

工作不断注入体制动力和机制活力。农村基本经营制度改革、农产品市场流通体制改革、农村金融和财税等体制改革，把农业和农村发展转入社会主义市场经济的轨道。农村土地制度改革，基本上建立统分结合的双层经营模式，理顺了农村最基本的生产关系，确立了农户自主经营的市场主体地位，推动了农村生产力的发展。农村医疗、卫生、教育、就业、扶贫等社会保障制度的改革与发展，使广大农民各类权益得到基本保障。可以说，每一次重大改革，都极大地推进了"三农"政策的完善，促进了"三农"问题的深入解决；没有改革，就没有"三农"的今天。

第二章 "三农"问题现状考察

中国是个农业大国,农村人口占全国人口的64%,农业年产值占国民经济总量的10%,对国计民生有着重大的意义。自新中国成立,尤其是改革开放以来,我国的农业建设取得举世瞩目的成就:2013年粮食总产量达60194万吨,[①] 是1949年11320万吨的5.32倍;粮食、棉花、油料、糖料、肉类、水产品等总产量均居世界首位。实践证明,社会主义极大地促进了中国农业的发展,其成就具有伟大的历史意义和世界意义。但是,中国的"三农"问题仍未解决。在肯定成绩的同时,必须充分认识"三农"问题的重要性、紧迫性和解决"三农"问题的可行性。在此基础上,全党、全国人民团结起来,依靠政府、社会和农民自身的力量,从根本上解决"三农"问题,实现中华民族的伟大复兴。

第一节 "三农"问题及其原因

"三农"问题不是中国特有的,但有中国特有的客观实际。"三农"问题是"三农"的各个方面的弱质性带来的,有其质的、历史的、社会的深刻原因;解决"三农"问题要从农村人口向城市转移入手,对宏观政治体制、经济管理体制进行改革,派遣大批"小康工作队"与广大农民"三同"(同吃、同住、同劳动),在实践中探讨、创造、建成农村小康社会。

一 "三农"问题概述

"三农"问题是农业文明向工业文明过渡的必然产物。任何工业化国

---

① 参考《中华人民共和国2013年国民经济和社会发展统计公报》。

家都有过类似的经历,问题的突出性主要是中国人口基数大,解决起来规模大;中国的工业化进程单方面独进,"三农"问题积攒的时间长,解决起来难度大;新中国成立 60 多年,许多城市政策设计带来的负面影响和比较效益短时间内凸显,解决起来更加复杂。

(一)"三农"问题的含义

"三农"问题是指农业、农村、农民这三个问题。实际上,这是一个从事行业、居住地域和主体身份三位一体的问题,但三者侧重点不一,必须一体化地考虑以上三个问题。中国作为一个农业大国,"三农"问题关系到国民素质、经济发展,关系到社会稳定、国家富强。"三农"问题独立地描述是指广大乡村区域,只能以种植、养殖生产业为主,身份为农民的大部分国民的生存状态的改善与产业发展以及社会进步问题。系统的描述是指 21 世纪的中国,历史形成二元社会中,城市现代化,二、三产业发展,城市居民的殷实,受制于农村的进步、农业的发展、农民的小康相对滞后的问题。中国的国民经济发展潜力巨大,且不论质的提升,仅从量上考察,中国的重大经济问题都依赖于农村、农业、农民问题的突破。"三农"问题实质是城市与农村发展不同步问题,结构不协调问题。

第一,农业问题,具体地讲,就是农业的增长与发展问题。农业问题是"三农"问题在产业层面的体现,此问题的实质是如何通过农业供给能力的持续提升来确保农业安全。在全球化背景下,依据农业比较优势来开展国际贸易有助于优化资源配置、增加居民福祉。然而,从安全性角度看,提高国内供给能力始终应作为我国确保农业安全的主导方式。我国如果通过国际贸易来解决自身的食品消费问题,则不仅面临国际市场能否、愿否供给的风险,而且面临着国内非农产业能否为农民创造就业岗位的挑战。如果对上述问题不能做出肯定回答,则单纯强调比较优势可能就不是一个理性选择,提升本国农业供给能力就依然具有实践意义。

既然提升农业供给能力是重要的,问题就转化为如何理解我国农业供给能力的变动方向。农业供给取决于两组因素:要素以及要素的组合效率。从要素角度看,在技术给定的条件下,农业产出取决于土地、水、劳动、资本的投入状态。就耕地而言,在工业化和城市化加速推进的背景下,我国耕地面积已经呈现出缩减趋势,城市化"挤占"的主要是城市近郊、平坦、肥沃的优质耕地,因此在耕地面积缩减的同时耕地质量也趋于恶化。就水资源而言,水资源空间分布与农业生产空间分布的"偏差"

呈现出增大趋势。我国农业生产中心已具有显著的"北移"特征，农业生产的"北多南少"与水资源的"南多北少"之间的偏差趋于强化。就劳动而言，农村劳动力以"农民工"为主要方式进行跨产业流转，而流出劳动力基本是年轻、人力资本含量较高、劳动能力较强的"精英"。就资本而言，长期以来我国农村存在着金融抑制现象，而在产业资本回报率有差异的背景下，农村金融机构存在将资本转向非农产业的"虹吸效应"。概言之，我国农业生产所依赖的土地、水、劳动和资本等要素均存在条件弱化的倾向。

在要素供给条件恶化的背景下，农业供给将"被迫"更多依靠技术进步和创新。从国际经验来看，资源禀赋差异会诱发出两类农业技术进步：以美国为代表的机械化、劳动集约型技术进步和以日本为代表的生物化、土地集约型技术进步类型。就我国而言，人地关系高度紧张意味着农业发展应更多考虑生物化和土地节约方式，这样才能在土地短缺情形下增加产出水平。然而，农业技术进步程度最终取决于农户的需求能力与意愿。当前，在我国农业经营零碎化的背景下，农户预期农业经营对最大化自身收益的作用较为有限，因此，其在有限耕地面积上采用技术进步的动机将受到抑制；同时，农业生产面临着较为突出的自然风险，且农村资本具有单向流出的显著特征，农民通过投资来改进技术的能力也就较为低下。显然，当前我国农业发展状态恰好阻碍了技术进步需求，这表明技术进步对农业生产能力的提升效应是不稳定的。

农业供给是为了更好地满足居民的消费需求，农业发展不仅是一个数量和规模问题，而且是一个结构和品质问题，"粮食安全"本身包括数量和品质两个层次的内容。改革开放以来，我国农业产业结构已趋优化，农产品品质也在提升；但是横向比较而言，农业的产业结构和品质安全仍存在提升空间。其一，我国居民的食品消费已呈现间接粮食消费占比上升而直接粮食消费占比下降的态势。然而，直接粮食向间接粮食的转化效率整体较低，农业加工转化流程难以适应居民消费结构转变。其二，随着经济社会的发展，居民必将在关注食品数量的同时更加关注食品品质。食品是经过生产、加工、流通等多个领域才最终进入消费环节的，因此，我国应着眼于"从田间到餐桌"的整个产业链，形成较为完整的食品安全检测机制。其三，农业具有产品、要素、市场等多重贡献，且农业的生态文明、环境保护、休闲体验等功能日趋凸现。由此，我国不仅需要克服

"面源"污染等问题以提升农业生产率，而且需要通过产业结构调整来凸现农业多功能性。其四，粮食价格、食品价格和居民消费价格之间具有内在关联特征，我国历次通货膨胀均有较为显著的粮食价格或食品价格先行的特征。导致粮价波动的因素包括居民的需求强度、政策的调整影响、国际市场传染等，实现国内粮食市场平稳需要综合考虑上述因素，并形成与市场化和全球化趋势相适应的农产品定价机制。

第二，农村问题，具体地讲，就是农村发展，包括农村经济及社会的发展。农村问题作为"三农"问题在空间层面的表现，它具有超越单纯经济学的复杂性特征，农村问题的实质指向是通过社会意义的体制改进来持续推进农村社会协调发展。1978—2000 年农村人口在我国人口中的占比已经从 82.1% 降至 55.1%，然而，当前农村人口规模依然有 7 亿人，农村人口占比依然超过 50%，即使未来我国城市化率仍以年均 1% 的水平持续增加，则根据趋势预测，2030 年我国仍然约 5 亿农村人口。即使在考虑工业化和城市化加速推进的条件下，我国农村社会的持续协调发展也应摆在战略高度进行对待。

当前我国农村社会发展的制约因素集中表现在二元社会结构依然显著。改革开放之后的较长时期，二元社会结构并未随着经济高速增长而逐步消减，这首先表现在城乡生活型公共产品配置失衡。当前，我国城镇已基本构建起较为系统的养老、教育、医疗、就业等社会保障体系，而农村养老、教育、医疗和就业等社会保障依然处于缺位状态，农民保障在某种程度是主要依靠子女和土地的"自我保障"类型。2007 年城市最低生活保障平均标准和平均支出水平分别为 182.4 元/人·月和 102 元/人·月，而农村最低生活保障平均标准和平均支出水平分别为 70 元/人·月和 37 元/人·月。从养老制度来看，城市实行的是单位和个人共同缴费、社会统筹账户与个人账户相结合、待遇确定型与缴费确定型相结合、共济特征较强的养老制度安排，而农村采取的是个人缴费、个人账户、缴费确定型、共济特征较弱的养老制度安排。显然，在生活型公共产品或社会保障层面，城乡二元社会结构的特征依然是显著的，这种差别也导致承载着公共品均等化功能的户籍制度改革举步维艰。

二元社会结构不仅表现在生活型公共产品配置领域，而且也表现在生产型公共产品配置领域。我国政府特别是地方政府在基础设施投向方面具有"重城市、轻农村"的偏向，以农田水利设施为例，《中国第二次全国农业普查资料综合提要》表明：2006年水利投资资金来源于国家的村占9.56%，来源于集体的村占13.39%，来源于其他的村占6.63%，无资金的村占70.42%。改革开放之前，我国选择了以农业哺育工业、农村支持城市为基点的重工业优先发展战略，国家财政配置的"重工业、轻农业；重城市、轻农村"是发展战略的逻辑必然。改革开放初期，公共产品提供的"工业偏好"和"城市偏好"依然具有路径依赖效应，而分权化改革和GDP考核方式则导致地方政府"有选择"地提供公共产品，由于对区域GDP贡献度相对较低，分散化农户对决策的影响度相对较小，以致农村公共产品供给往往被放在次要位置。这加剧了农村公共产品供给的"公共财政扭曲"和"政府失灵"。

农村社会发展不仅表现在经济层面，而且表现在政治和文化层面。农民不仅需要在物质财富的不断增加，也需要社会文明、民主权利、文化需求的更大满足。从政治角度看，当前农村政治发展需要进行两重努力。其一，从决策和监督角度看，应在各级人大代表中增加基层农村代表的占比。根据现行《选举法》，我国在分配人大代表名额时，按照农村每一代表所代表的人口数4倍于城镇每一代表所代表的人口数分配。中共"十七大"报告提出逐步实行城乡按相同人口比例选举人大代表，这一理念应在上升为国家意志后积极转化为民主政治的实际行动。其二，从基层民主的角度看，以"民主选举、民主决策、民主管理、民主监督"为指向的村民自治已成为基层政治的主要形式，然而，在执行层面需要回应：如何规避民主选举中上级的违规越权干预？如何化解村党支部和村委会在实际决策中的矛盾？如何预防民主选举可能出现的"廉价选票"和"恶人治村"？从文化的角度看，在经济社会急速转型的背景下，农村的文化需求扩张速度可能快于文化供给增长速度。特别是，农村劳动力的"精英"已流转到城市和工业，这加剧了农村传统文化主体的萎缩，而农民工返乡带回的商业文化又会"侵蚀"传统文化，农村文化的原生态、多样性面临着挑战。随着农民的流动性增强以及分配差距的拉大，如果不能对农村不同群体进行细分并进行适应性供给，则农村的文化生态很可能会出现"富者奢侈、贫者堕落"的态势。

第三，农民问题，具体地讲，就是农民现实的收入及其增长、未来的生活、职业等变化及由此带来的问题。农民问题是"三农"问题在主体层面的体现，此问题的指向是拓宽农民增收渠道以形成城乡居民收入差距收敛的机制。我国城乡居民收入差距的演变历程是：1978—1985年出现收敛态势，1985年之后在波动中拉大，2008年城乡居民收入差距达到3.36∶1。城乡收入差距悬殊且持续表明农民尚未充分分享改革开放的成果，农民消费能力受到收入的刚性约束。农民收入源于四个部分：家庭经营性收入、工资性收入、财产性收入和转移性收入，2007年这四种收入占农民人均纯收入的比重分别为53.0%、38.5%、3.1%和5.4%，由此，可以主要从家庭经营性收入和工资性收入的角度来考察农民增收问题。

从家庭经营性收入的角度看，农民增收取决于家庭经营的产品类型和产业结构，也取决于农产品的商品化程度和农民的市场谈判能力。可见，农业现代化的中心是农民本身的现代化，即从不愿冒风险的"生存导向"的行为者转化为对部门间获利机会、市场价格、利润和财富积累敏感的现代经济行为者——资本家式农民。当前我国农民家庭经营性收入增加面临三重制约。其一，为产业结构制约。农民家庭经营性收入包括：农业收入、林业收入、牧业收入、渔业收入和副业收入，而我国家庭经营性收入主要依靠农业收入的特征并未改变，2007年农业收入在家庭经营性收入中的占比仍高达59.4%。其二，为产业特质制约。农业在生产领域面临着相对于其他产业更为突出的自然风险，在消费领域面临着需求难以随着收入增加而扩展的市场风险，在交易领域面临着农产品当期价格决定下期生产的滞后调整状态。其三，为谈判能力制约。分散化、零碎化经营方式导致单个农户不具有市场谈判优势，生产资料销售企业和农产品收购企业在交易中具有更强的谈判能力，农户由于定价劣势而经常面临着"增产不增收"等状况。

从工资性收入的角度看，农村劳动力非农化流转是发展中国家实现经济社会结构转变的重要途径。改革开放以来，我国农村劳动力的非农就业和工资收入均有了显著增强，但农民工资性收入增长依然面临着较多的制约因素。其一，农业和其他产业的比较劳动生产率依然显著，2007年第一产业产值在GDP中的占比为11.3%，劳动力在就业人数中的占比为40.8%，这表明第一产业劳动生产率显著低于其他产业。考虑到农业技术进步对劳动力的替代效应，则农村劳动力非农化流转仍有持续性。其二，即使农村劳动力具有强烈的流转动机，但由于人力资本特征和体制性安排，农村劳动力流转通常需要支付较高的流转成本，户籍制度以及城乡二元劳动市场和二元社会保障，更是缩小了农民在非农领域就业的选择范围，抬高了农民在非农领域就业的进入壁垒。其三，即使农民可以顺利转入非农领域，但农民工的产业结构特征和人力资本特征，导致其就业主要聚集在城市中薪酬福利较低的行业，2006年农村外出从业者为1.318亿人，其中在制造业和建筑业就业的人数分别为4248万人和2866万人，两者在外出总人数中的占比为54%，而制造业和建筑业职工工资分别为各行业平均工资的85.5%和78.1%。

农业、农村与农民之间的关系是紧密相连而难以分割的。其中，农民从事生产活动，创造价值，增加收入，改善居住地的生存环境条件，建设新型的农村；农民将所得收入用于增加农业投入，进一步促进农业发展。可见，在这三者关系中，农民是具有主动性的一方，而农业是农民获取收入的源泉和进行劳动创造收入的对象之一，农村则是在农民通过劳动创造收入后进行改造、改变的对象。因此，"三农"问题的实质是农民问题。近年来，随着农副产品价格的普遍下降，农民负担日益加重，中国农民、农村和农业的困境越来越成为人们普遍关注的话题。

"三农"问题，涉及经济问题、政治问题、文化问题、社会问题和生态环境问题，是错综复杂的一组问题或者一系列问题，而不是一个问题。对"三农"问题进行剖析的原因在于："三农"问题，是互相联系但彼此又很不相同的几个问题；每一个"农"的问题都涉及很多方面的因素；因此，解决"三农"问题，需要各不相同的措施，需要长期的艰苦努力。现实中，可能找不到一种药方，可以包治"三农"问题。目前一些人对于"三农"问题概念的使用，有一种窄化的倾向，即以农民问题代替"三农"问题，这是不正确的。至于有人说哪个问题是"三农"问题的核心，也是一种误导。各类彼此很不相同的问题，不能说哪个是核心。解决了其中的一个问题，并不等于其他问题的自动解决。

在有关"三农"问题的讨论中，也出现过这样的说法：八十年代以前没有"三农"问题（或者"三农"问题不突出），九十年代末期以来"三农"问题越来越突出。这种说法是不符合事实的，也非常容易产生严重的误导作用；因为如果这种论点能够成立，那就意味着我国20世纪70年代末期以来农村改革开放的政策是失败的。只要弄清了"三农"问题的以上内涵，就可以明显地看出这种论点的谬误。因为事实是，"三农"问题在我国长期存在，而改革开放以来我国在解决"三农"问题的所有方面都取得了举世公认的巨大成就：一是在解决农业问题方面：从1978

年到 2005 年，我国粮食生产增加了 84%，肉类生产增加了 8 倍，水产品增加了 10 倍，水果和蔬菜的产量也大幅度增加。在质量方面，也有了较为明显的提高。二是在解决农村问题方面：农村的基础设施和社会事业方面，也有了很大的进展。仅仅就农村道路一项，2003—2005 年新建改建了 30 万公里，相当于以前 53 年的总和。在农村电力、饮水等设施方面，也有突出的改进。三是在解决农民问题方面，成就就更为突出。农民的收入在过去的 30 多年中有较高幅度增加，扣除通货膨胀因素，平均每年增加 7%。农民的消费水平大大提高。与此同时，农民的权利状况也发生了巨大的改善，至少在四个方面获得了前所未有的重大权利：自主进行生产决策的权利，自由进行市场交易的权利，自主进行择业和进城务工的权利，民主选举村民自治组织领导的权利。这些方面的权利，在改革开放之前都是不可想象的。因此，那种说"三农"问题是 90 年代以来才出现或者越发严重的观点，是不符合事实的。

我国目前的"三农"问题，是相对的、局部的和发展中的。"相对"，不是与过去相比，而是指与城市发展水平相比，与国民经济发展的需要相比，与全面建设小康社会和建设现代化的要求相比，农业、农村和农民都仍然有相当的差距。所谓的"农民真苦"、"农村真穷"，也是相对城市而言，并不是比改革开放前还不如。"局部"，是指在总体改善的情况下，还有一些地方发展很不平衡。一些关心"三农"问题的人员和新闻媒体，常常用一些比较极端的个案，来强调当前"三农"问题的严重，这常常给人以误导，以为总体上和普遍上都是这样。几年前有人疾呼"农业真危险"，其实也没有太多根据，无非是说由于农民"盲流"般地大批外出务工，当地出现了若干耕地撂荒现象，而当时粮食生产是过剩的。农业方面不是没有问题，但是撂荒不是主要问题。"发展中的"，是指有些问题，是改革开放过程中才出现的，但是，其同改革开放前相比，还是一种进步，其解决的出路，不是回到老路上去，而是在进一步的发展和改革中解决。农民工问题，现在是农民问题的焦点之一，就是这类性质的问题。在农村改革前的计划经济时代，没有农民工问题，因为城乡被严格地分割着，农民根本无法逾越其间的壁垒。仅仅从农村内部体制看，农民在农村从事二、三产业都受到极大的限制，更不要说城市中的粮票制度、住房制度、企业用工制度等限制了。农民工问题之所以引起了社会日益高度的关注，是因为这是个有 1.2 亿人口的巨大群体，还因为他们处于城乡差别和工农差别的焦点，对差别的感受最直接。在农民工出现之前，城乡差别就存在，但是，远在山乡中的农民没有太多的直接感受而已。解决农民工问题，是继续深化改革，不断改善农民工的待遇，而不是把农民赶回到土地上。

明确"三农"问题一向存在，肯定改革开放以来我国在"三农"方面取得的巨大成就，意义就在于要按照胡锦涛讲话中指出的那样，在推进新农村建设的过程中，要坚持社会主义市场经济的改革方向，稳定和完善农村基本经营体制。现在"三农"问题的突出，不是改革所造成的，而恰恰是改革还不够深入。还有一些问题，是经济社会发展的阶段性所决定的，不可能超越。

（二）"三农"问题的实质

关于"三农"问题的含义，比较一致的说法是：农业发展太慢，农村生活太苦，农民收入太低。这种概括是正确的，但也是肤浅的，因为这种说法没有揭示隐藏在这些现象背后的本质内容和深刻动因。正确把握"三农"问题的实质，至少应明确以下几个观点。

第一，"三农"问题既是现实问题，又是历史问题。在我国漫长的封建社会，农业是主体产业，农村是社会人口的主要居住地，农民是社会的基本成员。因此，从某种角度讲，"三农"问题是封建社会首要的和基本的问题。到了近代，世界上大多数国家特别是发达国家，先后完成了从封建社会向资本主义社会的过渡，从而"三农"问题也伴随着这种社会制度创新以及其后的工业革命而基本得到解决。然而由于特殊的国情，中国并没有融入这一世界历史发展潮流，封建社会在内忧外患的夹缝中得以延续，以至于中国共产党人领导全国人民进行新民主主义革命时的历史背景和任务仍然是：推翻封建制度，实行民主共和，也包括解决"三农"问题。毛泽东作为近代最伟大的政治家之一，其过人之处就在于他看到了这种国情，指出中国新民主主义革命的任务之一就是解决土地问题；中国革命的主体力量是农民，道路是农村包围城市。

中国人民在毛泽东和中国共产党的领导下，于1949年取得了最终胜利，建立了新中国。这是否意味着"三农"问题就彻底解决了呢？从制度层面上讲，这个问题是解决了，至少是部分解决了，因为这时的农民从几千年来的被奴役者变成了社会的主人，耕者有了其田，并且为农业的发展和农村各项社会生活的进步奠定了制度基础。但从技术和社会层面上看，这个问题没有也不可能解决，因为人的解放、社会的进步，归根结底，需要生产力的高度发展，而生产力的发展则是一个长期的历史任务。人们可以用几年、十几年改变某种社会制度，但不可能使生产力实现质的突破，全面现代化更不可能。可谓解放生产力不容易，发展生产力更难；农民政治上解放不容易，经济上彻底解放更难。

新中国成立初的几年，我国经济得到了迅速恢复，特别是农业经济达到了历史最高水平。但是农业仍然是我们担忧的重点问题之一，因为当时人们较多地从政治和意识形态的角度看问题，认为以私有制为基础、以家庭为经营单位的农业是小生产，而小生产是"每日每时地、大量地产生资产阶级的"，因此要引导他们逐渐走上"社会主义康庄大道"。于是便开始了农业的社会主义改造，实现农业合作化。现在看来，农业合作化作为新中国成立以来对我国社会产生巨大而深远影响的三大制度变迁之一，应当进一步深入思考。从制度层面看，农业合作化是成功的，因为它奠定了社会主义的制度基础；但从发展生产力和解决"三农"问题角度看，问题就不是这么简单。因为其一，就当时的情况看，农民因获得土地而衷心拥护共产党，因拥有"自己"的土地而焕发出历史上从来不曾有过的生产积极性，然而这种情况持续时间并不长，绝大部分农民在三五年之内便迅速从土地的主人成为一无所有的农业生产者。虽然从理论上来说，农民作为农村集体经济组织的一员他们仍然是所有者，但历来非常讲究实际、认知能力有限的农民对这种理论上的所有者或者不感兴趣或者根本就认识不到。农民在农业社会主义改造过程中的不自愿表现就是这种心理的真实反映。其二，更为严重的是，与所有权变革相伴随的生产经营方式的变革（指用团队式集体生产代替一家一户的分散经营）严重违背了农业生产的规律，不仅破坏了当时的农业生产力，而且使我国农业长期陷入困境之中，不仅谈不上根本解决"三农"问题，反而在经过近30年后，"三农"问题又成了影响我国全局的大问题。

20世纪70年代末80年代初我国农村实行的家庭联产承包责任制，从制度变革及其当时的后果看，其积极意义怎样估计都不为过。但从这种经营方式的性质看，它并不是一种原创性、革命性创新，因为这种方式早在50年代末60年代初就存在过。从30多年的实践看，家庭联产承包责任制具有很大的优越性，但也有其难以克服的弊端，特别是从历史和国际经验看，它毕竟是延续了几千年的古老的经营方式，不是现代主流生产经营方式。因此，我们不能把它作为解决"三农"问题的终极途径，只能作为缓解"三农"问题的阶段性的过渡性措施。

第二，"三农"问题是各国在其发展过程中普遍存在的世界性问题。世界各国在其传统社会以及由传统社会向现代社会的转变过程中，都普遍存在"三农"问题。所不同的只是"三农"问题的具体内容及解决此问题的目标与途径。下面简单考察一下欧洲的状况。

和我国一样，在欧洲漫长的封建社会，农民作为被剥削者收入低下，农村贫穷落后。由于欧洲中世纪"包含着古代奴隶制的许多成分"[①]，以及连年不断的战争对农业经济的破坏，农民的地位及生活状况非常悲惨，因此，"三农"问题在西欧的历史上也是非常严重的。特别是在封建社会后期，随着资本主义生产关系的产生和发展，这一问题达到空前严重的程度。比如法国，当时占全部人口85%以上的2000多万农民只占有1/3的耕地，约有100多万农民还是没有获得人身自由的农奴，农民种地所得收入中仅有1/5归自己所有，农村生产力遭到巨大破坏，农村严重落后于城市。[②] 英国也是如此，特别是英国从15世纪70年代到19世纪初长达300余年的圈地运动几乎使整个农民阶级全部丧失了土地，成为一无所有的雇佣劳动者。据统计，仅在1700—1801年的100年间，圈地约350万英亩，小土地所有者基本被全部消灭。[③] 当然，从历史发展看，圈地运动虽然激化了"三农"问题，但其历史进步性是不容质疑的，因为它促进了资本主义生产关系的产生和发展，推动了科学技术的进步，开拓了国内外市场，甚至从某种意义上讲，是从根本上解决"三农"问题的一种有效手段，尽管这种手段是那样的残酷和野蛮，且不符合无产阶级的道德观、价值观。

为什么在从封建社会到资本主义社会、从农业经济到工业经济的转变过程中，世界各国都存在剥夺农民从而激化"三农"问题的普遍现象？众所周知，资本主义作为一种先进的社会制度，其产生的前提条件一是货币资产的集中，二是大量的雇佣劳动者的存在。这两个条件在封建社会后期形成的必然选择就是对农民进行剥夺。同时，而后的工业革命不仅进一

---

① 《马克思恩格斯全集》第19卷，人民出版社1975年版，第364页。
② 北大历史系：《简明世界史》，人民出版社1979年版，第63页。
③ 周一良、吴于廑：《世界通史》，人民出版社1973年版，第115页。

步提出了剥夺农民的要求,而且也使大量素质较低的农民能够适应模式化、简单化操作的要求。

通过上述分析,我们可以得出如下几点启示和结论:其一,"三农"问题实质上反映的是现代化过程中经济发展与社会进步之间、国民经济诸产业之间、城市与乡村之间、体力劳动与脑力劳动之间、农民与其他社会利益主体之间的非均衡发展关系与矛盾。其二,"三农"问题是传统社会及由传统社会向现代社会转变过程中的普遍现象,也是必然现象。古今中外,概莫能外。因此,在全面实现现代化之前,"三农"问题将长期存在;任何企图在现阶段就要从根本上解决"三农"问题的设想都是不切实际的。其三,从世界各国的情况看,"三农"问题和存在大量农业人口的农村有必然联系。可以这样讲,只要有农业、农村、农民,就必然存在"三农"问题,所不同的只是具体内容、表现形式、激化程度等。因此,要想从根本上解决"三农"问题,就必须大幅度减少农业人口总量,使其不再作为一个具有相当规模的社会阶层而存在;相应减少传统农村的数量,使其发展为具有现代内涵的城镇;适度降低农业的相对比重(但农业本身还是发展的),使其不再是社会的主体产业。而这些都必须以生产力的高度发展、现代化的全面实现和社会的全面进步为基本前提。由此还可以进一步引申出这样的结论:农民问题、农村问题是历史范畴,但由于农业是一个永恒产业(至少从目前来看是如此),所以农业问题是个永恒范畴。其四,对农民土地的"剥夺"是农业文明向工业文明过渡的基础,也是解决"三农"问题的根本途径,因此,我们面临的选择不是不"剥夺"农民,而是在这种过程中不仅要避免像西方国家那样将农民置于悲惨的境地,而且要使他们过上比过去更为幸福的生活。其五,"三农"问题是一个比较范畴。所谓农业发展缓慢,是指农业发展不能适应其他产业对这一基础产业的要求;所谓农村落后,是指农村与城市之间差距过大;所谓农民收入低,是和现阶段其他社会阶层相比较而言收入太低。因此,认识和把握"三农"问题的实质不能仅仅考察"三农"本身的状况,而应主要地从"三农"之外来看待这个问题。其六,"三农"问题的主要内容和基础是经济问题,但不全是经济问题,其中也包括许多社会乃至政治文化生态问题。

(三)"三农"问题的地位和意义

在21世纪里,"三农"问题同样将在中华民族走向伟大复兴的新的历史征程中处于极其重要的位置，发挥着不可或缺的基础和保障作用。从这个意义上来说，中国的社会主义现代化建设成功与否取决于"三农"问题的解决与否，解决"三农"问题是中国现代化建设的重要工作任务。党的十六大提出全面建设小康社会的奋斗目标，中央新的领导集体对"三农"问题尤其重视，提出实现全面建设小康社会，必须解决"三农"问题。只有解决好"三农"问题，才能使改革开放和社会主义现代化建设继续深化下去，才能全面建成小康社会。

解决农村问题是中国建设事业成败的关键。中国农村虽然有局部的繁荣，但在国际和国内市场经济的双重挤压下，中国农村处在破产的边缘，孕育着社会、经济和政治危机。十六大后，一系列高层会议和政策举措已勾勒出中央新领导集体施政思路的概貌。由于新领导集体面临的问题和担负的任务与以前相比有很大不同，他们的施政思路展示出不少"新的东西"。这其中，对"三农"问题的态度引人关注。

2003年的中央农村工作会议对"三农"问题的提法有了新的表述，称其为"全党工作的重中之重"。2008年十七届三中全会议通过了《中共中央关于推进农村改革发展若干重大问题的决定》，并提出了农村改革发展基本目标任务。2012年党的十八大提出城乡发展一体化是解决"三农"问题的根本途径，要加快完善城乡发展一体化体制机制，着力在城乡规划、基础设施、公共服务等方面推进一体化，促进城乡要素平等交换和公共资源均衡配置，形成以工促农、以城带乡、工农互惠、城乡一体的新型工农、城乡关系。"三农"问题，已经成为中国改革的焦点问题。

"三农"问题的解决具有极其重要的意义。第一，解决好"三农"问题，是确保国家粮食安全的迫切需要。民以食为天，吃饭是生存的第一需要。手里有粮，心中不慌。吃饭没有保障，一切都无从谈起。解决中国人民的吃饭问题基本能够保证，但从长远发展来看，仍存在着许多不容忽视的困难和问题。中国人口基数太大，而且还在增加。随着人口的增长，对粮食的需求量越来越大。与此同时，中国人均可耕地面积还在不断减少。任何时候，中国人民的饭碗只能端在自己手里，中国人必须养活自己。"三农"问题不解决好，国家的粮食安全就没有保证。

第二，解决好"三农"问题，是确保社会稳定、国家长治久安的迫切需要。在中国，如果没有2/3以上农村人口的稳定，就没有整个国家的稳定；如果没有农民对社会稳定的大力支持，整个社会的稳定只能是空中楼阁。如果"三农"问题长期得不到有效解决，势必直接影响社会的稳定和国家的长治久安。只有加快农业和农村经济发展，增加农民收入，加强农村民主政治建设和精神文明建设，保证广大农民安居乐业，农村社会稳定才能有坚实的基础，国家的长治久安也才能有可靠的保障。

第三，解决好"三农"问题，是实现全面建成小康社会宏伟目标的需要。党的十六大提出的全面建设小康社会的目标，是惠及十几亿人口的目标。对照这个目标，最大的差距在农村；实现这个目标，最繁重、最艰巨的任务在农村。没有农民的小康就没有全国人民的小康，没有农村的现代化就没有国家的现代化。可以说，全面建成小康社会，重点在农村，难点在农村，希望也在农村。

二 "三农"问题形成原因

中国现代化的根本问题是"三农"问题，农村不实现现代化，整个中国的现代化就不可能实现，没有农村的现代化，就没有中国的现代化。现代化意味着工业化和城市化，在现代化进程中，传统的乡村将面临严峻的挑战。中国"三农"问题，不仅仅是个现实问题，而且也是个历史问题，是长达半个世纪城乡矛盾积累的结果，它在今天中国现代化进程加快的情况下表现得更为突出和尖锐。总的来看，广大农村基本上仍是农业社会，现代化程度低，发展比城市严重滞后，城乡差别、城乡居民收入差距很大。当前的"三农"问题是多种因素综合作用形成的，有着很深的社会、历史和体制根源，必须对此进行全方位地深入剖析，进而寻求解决"三农"问题的根本措施。

（一）客观原因

人地比例关系如何，直接影响农业内部的就业容量、农业经营方式的选择和土地本身的功能。新中国的人口（主要是农村人口）增长较快，1984年突破10亿，人均占有耕地下降为1.43亩。现在，我国人口达13亿多，人均占有耕地减少到1.2亩以下，相当于世界平均值的1/3，约有1/3的省份人均耕地不足1亩，有666个县份人均耕地低于联合国确定的0.8亩的警戒线，463个县份低于0.5亩的危险线。紧张的人地关系意味着农业内部就业容量日益缩小，如不大幅度减少农民人数，仅靠农业增加农民收入的空间也不会很大。这种基本国情在一定程度上决定了中国农业不可能推行合理经营规模的大农制，只能是众多小农户在有限的土地上实行集约经营，着重提高土地生产率，而在提高劳动生产率方面不显示优势。对于农民来说，耕地首先是"生存资料"、活命的基础，不是"资源优化配置"的生产要素。在耕地福利化的趋势下，公平原则高于效率原则。这是我国农业难以推行合理规模经营的一大制约因素，在很大程度上限制了农业效益。

（二）体制原因

城乡二元结构是"三农"问题的体制原因。这一政治治理结构主要表现为国家在户籍身份制度、公共财政制度、社会保障制度、就业制度、公共服务制度以及教育制度等方面所实行的城乡分离的政策。半个多世纪以来，城乡二元结构在国家治理中始终处于一种不可动摇的地位，它严重地限制农民人身自由、妨碍对农民的人力资本投资、阻碍农民劳动力流动和转移、过度提取农业剩余、造成城乡税负的极端不公，成为农民人均收入水平低下、农民负担久减不轻的体制根源。

第一，户籍身份制度把全体公民人为地划分农业和非农业户口两个标志鲜明的类别，除非通过个人途径，如升学或者从军，农民是不能进城定居生活和寻找正式职业的，也不能够享受与城市居民同样的社会保障和公共服务。农民在就业、社会保障、公共服务以及公共教育等国民待遇上与城市居民存在着不可逾越的鸿沟。户籍制度严重地阻碍了中国城市化的发展，是中国城市化水平远远低于发达国家和世界平均水平的重要原因。据统计，1949年中国城市化水平为10.06%，到1999年还只有30.9%，50年间仅增长了20个百分点。

第二，按照城乡二元财政制度，在2001年税费改革之前，农民除了缴纳农业税外，还得上缴村提留和乡统筹，再加上各种"三乱"费用，中西部地区的农户少则要拿出收入的5%，多则要拿出收入的20%以上缴纳各种税费。农村税费制度却把农业剩余从农业领域转移到城市工业领域，成为农民负担沉重的体制性根源。城乡二元财政制度下的城乡税负严重不公平，农民税负要远远高于城市居民税负。2000年全国农村居民人均年收入2253元，月平均只有188元，却要承担4%的税费负担。城市居民从事工商业要交纳增值税，其起征点是月销售额600—2000元，折合年销售额7200—24000元，一般小农户的年收入都难以达到这一起征点，所以不必考虑增值税问题。农村个体工商户一般年应税所得不会超过5000元，按照税法规定，适用5%税率，但实际上，大多数农产品的税收负担率都超过了这个数字。现行的农村税费制度的实质就是"打贫济富",长此以往,就会形成富者愈富、穷者愈穷的恶性循环,城乡差距将会进一步扩大。

第三,按照现行社会保障制度,国家每年要为城市居民提供各类社会保障,如养老、医疗、救济、补助等,而农民的生老病死伤残就只能由自己来承担。在农民医疗问题上,许多农民根本就负担不起昂贵的医疗费用。长期以来,国家医疗卫生投资向城市倾斜。1990—2000年,在农村卫生总费用中,政府投入的比重由12.5%下降到6.6%;全国新增的卫生经费投入中只有14%投到农村,其中有89%成了"人头费",真正成为专项经费的只有1.3%。2000年,农村人均卫生事业费仅12元,相当于城市人均卫生事业费的27.6%。2002年,乡村拥有病床床位和卫生技术人员数分别仅占全国总拥有量的23.4%和23.2%。87%的农民是完全自费医疗,因健康状况不良而导致贫困者占农村贫困户的30%—40%,有许多农民因无钱看病而过早地离开了人世。同时,农民还要负担农村五保户和烈军属的补助救济。对绝大多数农民来说,社会养老保险是个闻所未闻的问题,他们在养老问题上始终就是"养儿防老"的传统家庭保险模式。据统计,截至2000年年底,只有7400多万农村居民参加了农村社会养老保险,占全部农村居民的11.8%,而失业保险、医疗保险在农村的覆盖率近乎为零。

第四,在城乡二元体制下,农村居民和城市居民在公共服务的享有水平上也存在着巨大差距。城市居民可以免费享受道路交通、绿地、文化设施等,当城市提供公共服务、兴建公共设施时,居民根本不必承担任何费用。在农村,不仅公共服务十分有限,公共设施十分落后,而且兴建公共设施的成本都是农民自己承担的。有数据显示,城乡居民在日常生活所必需的自来水、天然气或煤气、道路交通建设、通信设施建设、公共绿地建设以及环境保护等方面的享有水平存在巨大差距。自1998年中央决定实施积极财政政策以来,国家大幅度增加了农村基本建设投入,1998—2001年,共计安排农林水利和生态环境建设国债1400多亿元,约占同期国债投资总规模的28%。如果加上中央预算内农业基本建设投资和水利建设资金,4年间中央对农村的投资达1900亿元以上。但这些投入大部分用于大江、大河治理等大型项目,各行各业都从中受益,县域范围内与农民增收关系密切的中小型基础设施的投入还很有限,难以直接带动农民增收。

第五，按照现有的就业制度安排，农民和城市居民被人为隔离在两个截然不同的就业领域。由于户籍身份的先天限制，农民不仅不能到国有集体企业就业，更不能到党政机关和事业单位工作，国家行政事业单位招干招工的首要条件就是你必须具备非农业户口，这就把农民排除在国家政权机关之外，农民完全丧失了公平参与管理国家事务、经济事务和社会事务的权利。在就业服务上，国家只负担城市居民的就业、培训、失业救济以及最低生活保障，而农民则要自力更生、自谋生路，不享受最低生活保障，形成了"不干活的有饭吃，而干活的无饭吃"的极不合理的现象。

第六，按照现有的教育制度安排，城市中小学教育全部由国家投资，农村中小学教育经费则以县乡财政负担，或者以乡镇统筹的方式解决，而这些经费大都由农民自己负担，这对于广大农民来说是极其不公平的。法定的九年义务教育在农村实际上成为一纸空文，它已经由政府的主要责任转变为农民的主要义务。农村所谓的"义务教育"经费必须由农民自己来负担。不仅中小学教育的基础设施建设必须由农民自己负担，而且中小学向学生收取的学杂费也不比城市低，加上名目繁多的乱收费行为，很多农民无法承受沉重的学费负担，上学难成为农民严重的经济负担和精神压力。现在，教育支出已经成为农民开支中仅次于生活费的第二大项支出，全国平均每个小学生一年各种费用达500元左右，初中生则在1000元左右，这对于人均纯收入只有2000多元的农民家庭来说，无疑是很难承受的。许多考上大学的农民子弟因交不起学费而未能入校。教育是一个国家的立国之本，漠视作为人口的大部分的农民的享受义务教育权利的制度，不仅是不正义的，而且从长远来看，它也会限制这个国家社会经济文化发展的基础。

三 "三农"问题的重要性

中国是一个农业大国，这是最重要的国情。"三农"问题始终是中国革命、建设和改革的根本问题。"三农"问题关系到国民素质、经济发展，关系到社会稳定、国家富强。

（一）"三农"问题是贯穿中国现代化过程的突出问题

中国是一个农业人口占大多数、经济发展很不平衡的大国。近代以来，"三农"问题成为制约中国现代化的主要因素，也是所谓中国国情

（特殊性）的重要表现之一。中国的现代化，实质上就是"三农"问题的解决，即实现农业产业化、大量农民向非农产业以及人口城市化；同样的，教育的普及、民主化、法制化等社会的全面发展，也有赖于广大农村和农民改变贫穷落后的面貌。

（二）"三农"问题是中国共产党执政需要解决的基本问题

由于中国面临的国情是马克思列宁主义所没有遇见到的，在这样的国家无产阶级如何夺取政权和开展社会主义建设，不仅没有现成的答案，甚至遇到对马克思列宁主义某些论断矛盾的现象，其中最突出的问题，就是怎样解决个体农民占人口绝大多数的条件下，无产阶级怎样建设社会主义。

90多年里，中国共产党基本理论的发展与"三农"问题的认识变化基本相一致，发生过三次大转折，实现了两次认识上的"飞跃"。第一次大转折发生在1949年前，中国共产党实现了由马克思列宁主义和"十月革命"模式向中国新民主主义理论的转变，实现了第一次认识飞跃，形成了毛泽东思想。第二次大转折发生在20世纪50年代前半期，即由新民主主义向传统社会主义理论的转变，并开始了长达20余年的曲折探索。第三次大转折发生在1978年以后，即由传统社会主义理论向中国特色社会主义的转变，实现了第二次认识飞跃，形成了中国特色社会主义理论体系。与此同时，中国共产党对农民的认识，也经历了三次大转折和两次飞跃，第一次转折发生在民主革命时期，党的工作重心由城市转向农村，形成以农村包围城市的中国革命道路；第二次转折发生于50年代初期，农民由革命的主力军变成被改造的对象，户籍制度和人民公社制度将农民束缚于土地之上，失去自由，农民的要求被视为"资本主义自发倾向"，一再受到压抑。第三次转折发生于1978年以后，党承认了农民的创新行为，特别是当这些创新与传统社会主义理论发生冲突之时，坚决站到了农民一边，充分肯定了家庭经营和乡镇企业，并推动了整个改革。

（三）"三农"问题是中国未来实现现代化需要解决的最大问题

经过60多年的经济发展和30多年的改革开放，虽然我国已经实现总体小康，综合国力大大提高；但是买方市场的形成、经济结构的调整以及强调节约能源、保护环境等因素，将会使得"三农"的核心问题——大量农民向非农产业转移，受到较大制约，80年代至90年代中期那种低成本、外延型扩张的乡镇企业黄金年代，将不会再现。同时，由于农业人口严重过剩，生产率太低，农民的收入增长将会遇到较大阻碍，而农民收入增长缓慢，又将进一步影响农村消费和积累。另外，世界进入21世纪后，随着冷战格局的解体和经济全球化的推进，中国越来越多地融入国际经济，既获得经济全球化带来的好处，也遇到国际资本对国内经济的冲击，尤其是落后的农业和技术落后的乡镇企业。这一切都使得解决"三农"问题的复杂程度和难度大于前20年，因为前20年我们基本上可以通过对农民"松绑"的办法，依靠计划经济造成的短缺空间，使得农业和农村非农产业获得迅速发展。但是今天"三农"问题的解决，则要在全球化、经济结构调整、环境保护等条件下进行，并且经过30多年发展所留下的问题，更多地存在于经济落后地区和农村弱势群体，转移难度也更大。

总之，"三农"问题并不单纯是农业、农村和农民问题，它不仅是中国现代化的基本问题，还关系到中国的工业化、城市化、共同富裕、可持续发展以及以人为本等一系列中国社会发展的重大问题。可以说，"三农"问题解决之日，就是中国现代化实现之时。

（四）中国共产党的历代领导人都非常重视"三农"问题，这不仅是现实的需要，更是对中国历史的深刻领悟

农民、农村始终是中国历史变迁的主体和根据地。新中国的成立，也是得到农民支持的东方式革命胜利的结果。"农村包围城市，武装夺取政权"成为马克思主义在中国的解读。对此，毛泽东在《论联合政府》中着重论述了农民对中国的重要性，他指出"农民——这是中国工人的前身，是中国工业市场的主体，是中国军队的来源，是现阶段中国民主政治的主要力量，是现阶段中国文化运动的主要对象"。[①] 中国共产党还系统地发展了马克思主义的农业思想：农业为工业发展提供资本积累，为其他产业提供原材料、劳动力，是工业品的主要销售市场，还能直接出口换取外汇，等等。迄今为止，中国共产党的历代领导人都非常重视"三农"问题，这不仅是现实的需要，更是对中国历史的深刻领悟。

以毛泽东为首的党中央第一代领导集体明确指出：农业是国民经济的基础，基础不牢，地动山摇。早在新中国成立初期，毛泽东就告诫全党：千万不要忘记农民，忘记农民，读100万册马克思主义的书，在中国也没有用。对农业进行社会主义改造是国家进行工业化、推动整个国民经济发

[①] 《毛泽东选集》第3卷，人民出版社1991年版，第1077—1078页。

展的重要组成部分。它成功地配合我国工业特别是重工业优先发展的战略，为国民经济发展提供低廉的农产品和原始积累，支持了国家工业化。

以邓小平为核心的第二代中央则把农业提到"根本"的地位。邓小平对此有精辟的论述："农业是根本，不要忘掉。"① "我国百分之八十的人口是农民。农民没有积极性，国家就发展不起来。"② "翻两番，很重要的是这百分之八十的人口能不能达到。"③ "农民没有摆脱贫困，就是我没有摆脱贫困。"④ "农业搞不好，工业就没有希望，吃、穿、用的问题也解决不了。"⑤ "农村不稳定，整个政治局势就不稳定。"⑥ 基于这些认识，"党的十一届三中全会以后，农村实行家庭联产承包为主的责任制，进一步解放了农村生产力，农业和农村经济获得了前所未有的发展。正因为有了农业和农村经济的大发展，才促进整个国民经济上了一个大台阶；正因为农村改革取得了巨大成功，才推动了整个国民经济改革全面进行、深入发展"。⑦ 中国改革也走"农村包围城市"的道路，使党在新时期的第二次创业取得丰硕成果。

以江泽民为核心的党中央同样重视"三农"问题，把它们提到关系改革开放和实现现代化全局的高度。江泽民指出：从长远来看，实现我国经济和社会发展的战略目标，农业和农村始终处于举足轻重的地位。农业基础是否巩固，农村经济是否繁荣，农民生活是否富裕，不仅关系农产品的有效供应，而且关系工业品的销售市场，关系国民经济发展的全局。农业没有更大的发展，农村经济不能登上新台阶，我国现代化建设的第二步和第三步发展目标就不可能顺利实现。

每年的中央一号文件都是关于"三农"问题，这也说明"三农"问题的重要。党的十五届三中全会把党和国家在"三农"问题上的理论和实践推向一个新阶段。全会通过的《中共中央关于农业和农村工作若干重大问题的决定》强调要加强农业立法和执法，支持和保护农业；并指出：没有农村的稳定，就没有全国的稳定；没有农民的小康，就没有全国

---

① 《邓小平文选》第 3 卷，人民出版社 1993 年版，第 23 页。
② 同上书，第 213 页。
③ 同上书，第 78 页。
④ 同上书，第 237 页。
⑤ 《邓小平文选》第 1 卷，人民出版社 1994 年版，第 322 页。
⑥ 《邓小平文选》第 3 卷，人民出版社 1993 年版，第 237 页。
⑦ 《江泽民文选》第 1 卷，人民出版社 1993 年版，第 261 页。

的小康；没有农业的现代化，就没有整个国民经济的现代化。稳住农村这个大头，就有了把握全局的主动权。

以胡锦涛为核心的党中央提出建设社会主义新农村的伟大战略。胡锦涛为核心的党中央领导集体把解决"三农"问题放在首位，开始建设社会主义新农村，从而让所有人都能够分享我国社会经济发展的成果，在全国范围内全面建成小康社会。

改革开放以后特别是党的十六大以来，我们党先后制定了许多具体政策解决农村问题，使农业得到加强、农村得到发展、农民得到实惠，为推动经济社会发展、保持社会稳定创造了重要条件。但必须看到，制约农业和农村发展的深层次矛盾尚未消除，促进农民持续稳定增收的长效机制尚未形成，农村经济社会发展滞后的局面尚未根本改变，全面建设小康社会，实现中国特色社会主义现代化，最艰巨、最繁重、最关键的任务仍然是解决"三农"问题。党的十六届五中全会基于这一基本国情，从中国特色社会主义现代化建设的全局出发把解决"三农"问题作为全党工作的重中之重，明确提出推进社会主义新农村建设的战略任务。

建设社会主义新农村，是我们党从全面建设小康社会全局出发做出的重大决策。它集中体现了我们党在新阶段"三农"工作的新理念、新思路，是对我们党长期以来特别是改革开放以来关于"三农"问题战略思想的继承和发展，是统筹城乡发展的根本措施，是新世纪新阶段解决"三农"问题的重大战略部署，为我国农村的发展绘就了美好蓝图，开辟了广阔道路，是新中国成立以来党对"三农"问题认识的深化。

"三农"问题始终关系党和国家事业发展全局。党的十八大报告明确提出，解决好"三农"问题是全党工作的重中之重，城乡发展一体化是解决"三农"问题的根本途径。党的十八大报告还进一步明确指出了推动城乡发展一体化的基本方向和着力重点，这就是：加大统筹城乡发展力度，增强农村发展活力，逐步缩小城乡差距，促进城乡共同繁荣；坚持工业反哺农业、城市支持农村和多予少取放活方针，加大强农、惠农、富农政策力度，让广大农民平等参与现代化进程、共同分享现代化成果；加快完善城乡发展一体化体制机制，着力在城乡规划、基础设施、公共服务等方面推进一体化，促进城乡要素平等交换和公共资源均衡配置，形成以工促农、以城带乡、工农互惠、城乡一体的新型工农、城乡关系。把城乡发展一体化作为解决"三农"问题的根本途径，这是我们党对解决"三农"

问题思路的新认识、方略的新发展、举措的新突破。

可见,"三农"问题既是经济问题,也是社会问题,还是政治文化生态问题。当前我国正处于改革开放的关键时刻,承受着沉重的压力,经受着历史性的考验,面临着严峻的挑战。这提醒我们更要关心、重视"三农"问题,切不可使之成为"被遗忘的角落"。

应该说,经过新中国成立后的六十多年,特别是改革开放以来三十多年的探索,我党在"三农"问题的认识上已经完全摆脱了传统社会主义理论的局限,形成了科学的理论体系。但是,我们研究新中国成立以来党的历代领导集体对"三农"问题的认识历程,更主要的目的是从中吸取经验教训,从而更好地解决"三农"问题。

新中国成立以来,六十多年过去了,党的历代领导人都非常重视"三农"问题,已经积累了许多这方面的经验,对其进行系统总结,有利于彻底解决"三农"问题。

第一,任何时候都必须解放思想,勇于创新。要克服前进道路上的各种困难,必须坚持党的实事求是的思想路线,以实事求是为基础,解放思想,勇于创新,反对教条式地对待马克思主义的态度。从新中国成立以来,党对"三农"问题的探索历程中我们看到,之所以在改革开放前的探索过程中出现了曲折,一个重要的原因是背离了实事求是的思想路线,没有根据中国国情制定正确的方针政策,没有以实事求是的态度深入调查研究。尤其是"大跃进"和农村人民公社化运动的发动,使"三农"遭受了巨大的挫折和损失。改革开放后在解决"三农"问题上之所以取得了巨大的成效,就在于坚持了实事求是的思想路线,从我国国情出发,深入调查,解放了思想,敢于创新,制定了符合实际的政策,形成了解决"三农"问题的新理念和新思路。

第二,"三农"问题的解决必须以马克思主义中国化理论成果为指导。从1957年开始,党在指导思想上出现了"左"倾错误,尤其是20世纪60年代初至70年代中期,由于林彪、"四人帮"采取种种手法,割裂、歪曲甚至篡改毛泽东思想,对毛泽东思想断章取义,使其教条化、神秘化,使马克思主义中国化的过程出现偏差,酿成了十年"文化大革命"的灾难,同时也使马克思主义中国化的研究进程遭到重创甚至出现短暂的中断,作为马克思主义中国化理论成果的毛泽东思想的指导作用没有得到正确的发挥。党的十一届三中全会后,我国进入了创新中国特色社会主义理论的新时期。中国共产党对"三农"问题的探索与解决，正是在马克思主义中国化理论成果——邓小平理论、"三个代表"重要思想和科学发展观的指导下才取得了丰硕的成果。在新阶段，我们必须坚持以科学发展观为指导建设社会主义新农村，更好地解决"三农"问题。

第三，"三农"问题的解决必须依靠人民群众。"如果哪个党组织严重脱离群众而不能坚决改正，那就丧失了力量的源泉，就一定要失败，就会被人民抛弃。"① 就"三农"问题而言，农民是农村的主体，是农业的主人，从一定程度上说，农业、农村问题都是农民问题。因此，"三农"问题的解决更多地要依靠农民。在解决"三农"问题的实践中，必须坚持以农民为本的价值取向，尊重农民的主体地位，一切为了农民，一切依靠农民，让农民得到切实的利益。改革开放前，党对"三农"问题的探索都是为了让农民得到实惠和提高农民的积极性，但是合作化、农村人民公社化等举措不仅无法解决农民积极性不高的问题，同时也没有让农民真正得到实惠，这是在解决"三农"问题的探索中留给全党最深刻的教训。改革开放以后，农村改革之所以取得巨大成功，很重要的原因就是党把农民利益放在第一位。为此，在新时期，党和政府针对农村的每一项举措都必须遵从农民的意愿，确保农民真正受益，以调动广大农民的积极性和创造性。

第四，必须稳定党关于"三农"的各项政策。党在农村的基本政策，是调动农民积极性和创造性的有力武器。改革开放前，虽然党很重视"三农"问题的解决，但是由于党的一些政策不具有稳定性，如1950年尚未完成了土地改革，1952年又提出要加快农业合作化的步伐，接着1953年又开始对农业进行改造，接下来又是"人民公社化"运动。这些缺乏稳定性的政策无法调动农民的积极性和创造性。在新阶段，必须坚持党在农村的各项政策，保持政策的稳定性和连续性。当前稳定党在农村的基本政策，核心是稳定和完善土地承包关系。如果随意调整农民的承包地，农民没有经营土地的稳定感和安全感，就会影响农业生产，甚至影响农村稳定。

综上所述，新时期解决"三农"问题，必须勇于创新，从农民群众的利益出发，稳定党在农村的基本政策，全面贯彻党的十八大精神，高举

---

① 《邓小平文选》第2卷，人民出版社1994年版，第368页。

中国特色社会主义伟大旗帜,以邓小平理论和"三个代表"重要思想为指导,深入贯彻落实科学发展观,以科学发展观统领社会主义新农村建设。

第二节 "三农"问题现状和特点

中国现代化的根本问题是"三农"问题,农村不实现现代化,整个中国的现代化就不可能实现,没有农村的现代化,就没有中国的现代化。现代化意味着工业化和城市化,在现代化进程中,传统的乡村将面临严峻的挑战。中国"三农"问题,不仅仅是个现实问题,而且也是个历史问题,是长达半个多世纪城乡矛盾积累的结果,它在今天中国现代化进程加快的情况下表现得更为突出和尖锐。总的来看,广大农村基本上仍是农业社会,现代化程度低,发展比城市严重滞后,城乡差别、城乡居民收入差距很大。当前的"三农"问题是多种因素综合作用形成的,有着很深的社会、历史和体制根源,必须对此进行全方位的深入剖析,进而寻求解决"三农"问题的根本措施。

一 "三农"问题现状

"三农"问题具有多重内容,现阶段主要表现为以下三方面。

（一）农业落后

在世界已发展到机械化、社会化大生产的今天,当代中国的农业生产却依然停留在几千年分散落后的小农家庭生产阶段,生产主要靠一家一户的分散人力来生产和经营,这注定了农业的低效和脆弱。

第一,农业效益低。其一,生产落后。今天的中国农业生产,虽非原始的刀耕火种那般落后,但生产主要靠人力来进行是普遍现象。不但在中部平原的农业主产区,主要是靠人力播种、施肥除草,仅收割时才用机器,即使东部发达地区,也是勉强可称为半机械化的农业生产。至于西部偏远的农村和山区,农业从种到收,则完全靠繁重的体力劳动来完成。耗时费力是分散的小农生产的特点,远不如大规模的完全机械化生产节时省力和高效。改革开放后,不仅土地分散条块化耕种,使大型农机和技术无法推行,而且,随着社队集体组织的解散,县乡基层农业技术推广机构也因经费困难而日渐萎缩瘫痪名不副实,出现"线断、网破、人散"的状况，农业生产无法得到良种技术等科技指导和服务，多少年都只能停留在原有的水平上，无大的改进。此外，随着20世纪80年代末打工潮的兴起，农村青壮年劳动力的常年外出流动，很多家庭只能靠留守的老弱来进行农业生产，这再次大大降低了生产效率。据统计，我国机械化水平1991年为794.8千台，是印度的4/5，法国的1/2，日本的2/5，美国的1/6。每万农民拥有科技推广员，德国为13.5人，美国7.2人，日本5人，中国只有1人。科技贡献率，发达国家平均为70%—80%，我国为27%—35%。我国农业劳动生产率1994年农民年均生产量1194千克，只相当于世界平均水平的70%。[1] 另据统计，我国城乡居民收入差距本世纪初已超3倍多，加上城市居民福利待遇等隐性收入，实际城乡居民收入差距应在4—6倍，城市与乡村有20年的发展水平差距，大都市与西部乡村则有50年水平之差，农村的消费水平至少落后于城市10年。[2] 其二，农业效益低。农业是社会的基础产业，但随着社会生产力的发展，人类今天已基本解决了温饱这一最基本的生存问题，不再为吃饭穿衣犯愁，社会进入到对农业的刚性需求阶段，农业比较效益呈递减态势。这在我国尤为明显。自20世纪90年代以来，农民收入增长缓慢。主要原因就是农业比较效益低，尽管国家对主要农产品的价格一提再提，然而化肥、柴油、农药等农资价格上涨更快。

第二，农业脆弱。其一，基础设施落后，生态环境恶化。农业是自然生产和经济社会生产的统一和再生产过程。所以，水土光热等自然条件和环境对农业影响重大，因此，人类不断在改善环境条件，确保农业生产和人类生存的稳固。水利是农业的命脉，农业生产离不开水土等自然资源条件。新中国成立后，党和政府重视农业生态和基础设施的改善，大力兴修水利，改良土壤、植树造林、保护环境等，基本消除了旱涝灾害和盐碱低产田对农业的危害和不利影响，确保了农业的稳定发展方向。但是，改革开放后，我国经济建设取得了巨大成就的同时也付出了沉重的资源环境代价，资源浪费、环境污染严重，农业生产的自然环境和条件在恶化。一是随着集体经济的解散，农业公共基础设施的建设管理部门随之解散，水利

---

[1] 戴雄武：《我国农业生产水平与发达国家比较》，《经济理论与经济管理》1999年第1期。

[2] 颜玉凡：《我国城乡贫富差距的现状、原因及对策》，《政策研究》2010年第1期。

等旧的农业基础设施年久失修、废弃损坏现象严重,基本失去了对农业的旱涝保收功能。新的水利等大型设施工程单靠分散的家庭个人无力兴建和维修。因此,面对近年频发的旱涝等自然灾害,农业生产备受打击,特别是南北方的干旱和洪涝灾害几乎每年同时发生或交错出现,农业生产大受影响。二是随着国家工业化和市场化的加快推进,各种低水平高污染重复建设项目遍地开花,工业三废大量排放,严重污染了大气土壤和水资源。随着林地矿山的市场化改革,各私营企业主甚或国营企业对经济利益最大化的追逐,对森林植被的滥伐毁坏,对矿产资源的滥采滥用达到了惊人程度,这也严重地破坏了农业的资源和生态环境,加之农业多年来化肥农药的过量使用,土壤板结、水污染严重,也使土地功能大大退化,加剧了农业生产的危机。据有关报道,南方某些农村再次陷入连年干旱、人畜用水困难局面,某些地方稻米等农作物含毒害物质成分严重超标。凡此种种,不仅严重影响农业生产,且直接危害到人民的生命健康。长期以来农业和工矿企业的这种短视和掠夺性行为和方式,加剧了自然资源的枯竭和生态的破坏,使我国目前农业生态环境日益恶化,农业生产更加脆弱不堪,岌岌可危。其二,低效益不稳定。农业是农民赖以为生的产业,而农业作为自然再生产和社会再生产相统一的特性,决定了它是先天弱质、后天迟滞的产业。一是农业作为生物的自然再生产过程,要求与之相宜的光热水土等自然条件,而大自然的变幻不定,人无法预测也无力改变,只能通过人的创造性活动来顺应或弥补。这就是所说的"靠天吃饭"的含义。说明了农业先天对自然的极大依赖性及由此决定的脆弱性和不稳定性。我国目前农业水利等基础设施条件的落后,更使农业成为旱涝不保的弱质农业。其二,农业又是通过人对作物、土地等自然生物和资源的利用改造过程,是一个社会经济的再生产过程,它的实现离不开主体人的能动性发挥,是人的体力投入,在我国目前机械化程度不高,主要靠强体力投入的条件下,投入的劳动数量和质量对农业起重要作用,而生老病死是不以人的意志为转移的,这注定了每个农民家庭各自境况的不同和不确定性。三是农业经济效益的大小又受社会环境的影响,即受制于市场因素影响,存在市场风险。农资和生活资料等价格的飞涨、农产品的刚性需求和全社会恩格尔系数的减小趋势决定了农业比较效益的低下,即靠农业很难致富。目前分散的小农生产和经营,又很难应对千变万化的市场,这更增加了农业的低效益和不确定性。所谓20世纪90年代以来农业出现的增产不增收甚至负增长原因就在于此。总之，农业的自然和社会的双重属性决定了农业的低效益和不稳定性，也决定了赖以为生的农民生活的无保障性。

（二）农村衰败

第一，生活设施落后，社会事业贫乏。其一，生活设施落后。由于国家多年对农村实行一味的索取政策，对农村基本生活设施和教育医疗缺乏投资，所以农民除了维持简单的温饱生活外，水、电、道路等基本生活设施普遍缺乏和不完善，农村大部分地区依然没有用上便利卫生的自来水，仍是饮用自家打的老井地下水，既不安全也无保障。在西部偏远的干旱地区，比如贵州、云南等地，更是严重缺水，近年频繁的旱灾，使这些地区不仅农业生产遭受严重损失，而且农村人畜用水异常困难，只能靠存储有限的雨水和当地政府的定时定量供水来解决。生活照明用电问题，在大部分农村虽然解决了，但是生产用电因电价过高，农民负担不起；道路交通问题，平原还未完全实现村村通，山区更是无路可直通外面的世界，农民出行困难，也是影响生产生活的大问题。至于热能、沼气等新能源的利用普及对于广大中西部农村来说，还只是个神话梦想。当电脑、手机在城市已很普及，轿车也走进市民家庭时，农村还没普及彩电、冰箱、洗衣机这些现代化初级家庭用品，很多农民还在为一日三餐的吃水犯愁、为交通通信的阻隔而困苦。其二，医疗、教育、养老等社会事业贫乏。改革开放后，国家不但固守城乡二元体制，且随着集体经济的解散，农民原有的有限的最低社会保障也一同取消了，衣食住行、医疗、教育、养老等一切推向市场，农民被排斥在一切社会保障之外，自生自灭。据统计，占人口70%的农民仅消费5%的医疗产品，而占人口30%的城市却拥有95%的医疗资源，医疗资源80%集中在城市的大医院，9亿农民仅有80多万乡村医生。2005年，农民医疗费户均1516.8元，占户年收入的16.8%，高于城市居民支出费用9.1%。农民看病难、看病贵是近30多年来一直未能解决的老大难问题，是当代农民穷困的标志和根源之一，因病致困返贫现象普遍。有人说，房子是今天城市普通市民的梦。而病不起是当代农民之痛之悲之噩梦。教育文化事业，和医疗情形相似，贫乏且不均衡地呈倒金字塔形，农村缺乏充足而优秀的教育资源，农村校舍拥挤简陋、破旧不堪，教学设备残缺不全，教师队伍学历和素质较低且流失严重，优秀教师资源早已断流。农民孩子辍学率较高。据国家统计局1997年所作的抽样调查显示，农村文盲半文盲占了85%，小学文化占33.9%，初中占

46.2%，高中占 10.19%，大专以上为 1.3%，全国 8000 万文盲中，农民占了 90%。① 虽然目前在农村医疗领域开始推行新农合，在教育上普及九年制义务教育，在农村开始试点养老保障，但是，面对天价的医药费用，农民依然是病不起，因病致贫很是普遍；对于高昂的贵族教育，农民孩子上不起。中小学教育可怜的投入，农民的孩子大多就已输在了起跑线上，大学里农家孩子更是寥寥，据称，北大、清华顶尖学府，农家子弟不到 1% 的比例。面对高等教育的产业化，难怪有人惊呼，寒门还能出贵子吗？在物价高涨的今天，面对国家试点发放的平均每天不到两元的月 50 元左右的养老金，这是对老人的嘲弄还是三公消费年近万亿的政府的自我曝丑？贫困的计划经济时代，尚且对农村鳏寡孤独废疾者给予社会保障，标准虽低，但国家和集体的关照，足可让老人体面地生存下去。如今，已经是世界第二经济大国的中国，农村老人成了农民这个弱势群体中的弱势，老无所依，被视为家庭的包袱和遗弃的对象。

第二，村庄萧条。如今的农村，随着 30 年前集体经济的解散，农村各项社会事业和活动都近于瘫痪。农民成了一个个以家庭为单位的原子，很少再有生产生活中的友好往来、团结合作的欢乐和谐气氛，各个家庭一年四季都在忙于生计。充盈在乡村气氛里的仿佛只有营生发财的追逐，再无别的生活意义和乐趣。再者，随着青壮年农民的常年外出打工，乡村常年由老弱病残留守着，没有了年轻人活跃其中的乡村便失去了曾经的生机和活力，乡村呈现出一派沉寂和寥落景象，只在春节年轻人回家团圆时才会出现短暂的欢闹。而平日里像沉睡的荒原。由于国家对农村缺乏基本建设投资，所以，乡村面貌大都衰败不堪，虽然不少农民打工盖起了楼房，但乡村布局凌乱，绕村的河湖林地无人照料，一个个村庄变得树木稀疏，杂草丛生，河塘干涸，村容村貌颓败萧条，再也看不到昔日的小桥流水、古树下村民们的欢聚闲谈的场景。

改革开放后，我国实行以投资和出口为导向的发展模式，投资建厂、开发区遍及各地，森林、矿产等资源被大规模开采，农村被开发得面目全非，工业废弃物随意排放，平原和山区的农村成了工业化市场化的劫掠对象和污染破坏的重灾区。农民创造的财富绝大部分流向了国内外资本寡头，自己得到的仅是暂时赖以糊口、贴补家用的血汗钱。国家从中所获的

---

① 靳相目：《谈农业弱质性特性及其矫正对策》，《山东农业大学报》1991 年第 1 期。

不足百分之一的利润，也没有拿来用在反哺农业、农村、惠及农民的国民待遇上，而是成了垄断行业部门的红利和城市及其市民的专利。因此，大量供给劳动力和资源的农村并不因此而富有，反而随着宝贵资源的滥采和源源不断地外流，自己日益被掏空，环境污染、生态恶化，出现一个个被重度污染破坏的癌症村、垃圾场。农村作为资源宝地、环境圣地已成为传说。失去了资源、蓝天白云的乡村，那它还有什么呢？只有厄运了。

第三，社会风气下降，文化低俗。随着农村集体经济的瓦解，农民失去了组织依靠和保证，成了一个个看似自由实则无力无助的沙粒，农村近于一盘散沙。随着改革开放，各种思潮自由泛滥，健康的核心价值被严重淡化甚至被抹黑，人们的人生观价值观被名利权势所侵蚀俘获，掉入低俗丑恶的泥淖里难以自拔，人们变得利己、空虚，于是，黑恶势力乘机抬头作恶社会，赌博迷信等不良之风兴起。各种黑恶势力与蜕化变质的党政机关里的官僚腐败分子相勾结，作奸犯科，危害百姓，各种低俗文化又在腐蚀着人们的心灵。这些邪恶丑陋的现象在农村同样存在。主要表现为：其一，黑恶势力渗透地方政府，成为横行一方的新土豪恶霸，祸害百姓，以致近年来农村盗匪猖獗、刑事犯罪增多，成为当今农村农民的一大祸患，百姓称其为黑社会性质的官患或匪患。其二，由于农村农民文化程度较低，农村又缺乏丰富健康的文化娱乐活动，所以，各种黄赌毒和封建迷信活动等沉渣泛起，泛滥成灾，严重败坏着乡村健康淳朴的思想道德之风，破坏着农村的健康发展和稳定。

（三）农民困苦

第一，农民生存艰难。其一，农民人均耕地少，不足以维持生存。我国地域辽阔，陆地面积960万平方千米，占全球陆地面积1/15，居世界第三。但我国也是人口大国，人均耕地面积低于世界近10倍，人均耕地面积少；而在这可利用的有限土地中，耕地仅为23%，瘠薄的盐碱地、风沙干旱地等低产田就占1/3，高产田不足10亿亩，人均约0.8亩。据有关研究证明，人均耕地4亩才可保证生存无忧。目前随着工业化中期的到来和城市化的推进，耕地还在逐年减少，人地矛盾更加突出。据统计，1980—2003年的23年间中国人均土地面积下降23.5%，人均耕地面积减少了23%，耕地面积减少亿亩，人均林地面积减少11.8%，人均草地面积减少23.6%，人均水面减少54%。目前我国耕地面积约占国土总面积的14%，人均耕地不足1.5亩，仅相当于美国人均耕地的1/6，比印度少

40%。随着工业化、城市化步伐的加快、征占耕地数量的增加，失地农民越来越多，成为农民这个弱势群体中的弱势。有人估计在5000万人左右，且每年还在以200多万人的数量增加。有专家认为如把那些违法侵占、突破指标等占用的耕地统计在内，数字应该远不止于此。自20世纪90年代起，中国各地大搞开发区，现在全国各级各类开发区规划总面积达3.6万平方千米，面积超过全国现有城镇建设用地总量，其中国务院批准的仅占6%。按目前城市化步伐，今后每年需征用的土地为250—300万亩，若按照农民人均0.7亩地计算，就意味着每年增加357—429万失地农民，10年后失地农民总数将近1亿。未来5—10年是中国经济和社会发展重要期，耕地占用仍将保持较高需求。据国务院批准实施的《1997—2010年全国土地利用总体规划纲要》，至2010年中国共安排非农耕地1850万亩，其中90%以上为农村集体土地。按目前全国人均耕地水平测算，将新增约1200多万失地农民。国土资源部《21世纪我国耕地资源前景分析及保护对策》预测，即使在严格控制条件，未来20年间将达3600万亩。在市场经济条件下，土地对农民来说，是生产资料，更是农民的生存保障资料。土地的减少，意味着人均耕地的减少，意味着本就不足的生存资料的进一步减少，生存威胁更大，除了仅可存身的住所外，仅次于无产者。而对于失地的农民来说，更是失去了根和家园，完全变成了生存无着、飘忽不定的流浪无产者。其二，农民社会保障差。由于我国至今实行着城乡不平等的二元分配制度，农民除了微薄的耕地外，一无所有，无依无靠。农民享受不到和市民平等的国民待遇，没有失业、养老、就医等生老病死的社会保障，随时都处在自生自灭之中。虽然国家近年提高了农产品价格、加大了对农业的补贴，但生活必需品和化肥农药等农业生产资料价格的飞涨，使农业补贴和农产品提价的惠农政策显得杯水车薪，甚至失去任何意义。风调雨顺年景，土地仅能糊口，其他日常用度，只能来自外出打工等非农收入。生老病死全部市场化的结果是高昂的教育和医疗费用让农民上不起学、看不起病、老无所依。遇有天灾或家庭变故的大额开支，立即会把全家带向贫困和灾难的深渊，足以毁灭他们一生的梦想。这就是自20世纪80年代末90年代初以来汹涌不息的民工潮的原因。农民可怜的土地资料无法维持基本的生存，因此，外出打工成为生存之必须；否则，会和困死家中的那些更为赤贫的孤残病者一样地悲惨，这种悲剧在中西部农村每日每时都在发生，有诸多媒体做过实地采访和报道，也有诸多志愿组织或个人伸出援手去救助。据统计，我国每年有近30多万自杀者，其中农民占了70%左右，而其中孤老病残不能自立者占了绝大多数。这折射出农民无生存保障、无依无靠的焦虑不安、悲观绝望的心理和悲苦现实。这就是当代的中国农民，在他们年富力强的时候，或为眼前养家糊口或为应对年老病残之不时之需，不得不终年奔波在城乡之间挥洒着汗水，没有保障，没有安全。这与随时都在遭受着生存威胁、只能靠出卖劳动力过活的无产者的境况何其相似。

第二，农民工生活无保障。农民工就是在城市和工厂从事二、三产业的打工农民。农民工是随着改革开放后中国出现的一个独特现象，是传统意义上的农民角色和工人阶级成分的新变化，农民亦工亦农，他一方面拥有土地资料的使用权，是小生产者的农民，同时因微薄的生产资料——土地收益低，而不足以维持生计，便不得不在农闲时外出打工，成为低廉的产业工人。这种双重的角色既说明了农民尴尬的身份，又说明他处境的艰难和无奈。其一，农民工是毫无劳动保障的廉价工人。农民来到城市和工厂，成为农民工，从事着最脏、最累、最苦、最危险的工作，但与城市工人相比，他依然是农民工、临时工，无劳动保障也无稳定的工作保障。农民工及其家人无法在城市落户、享受上学、就医、养老等城里人独享的社会保障和待遇，是完全被排斥在社会保障之外的农民。农民工也不享受工作中的各种劳动保障和待遇，与城里人同工不同酬、同命不同价，他拿社会最低的工资，获最廉价的工伤赔偿，他的月工资除了吃饭外，仅有区区数百元上千的余留供家中老小的日常开支。他住简易的工棚或拥挤的宿舍，吃最低廉的食品，不抵城里人养的宠物。他的工作辛苦而险恶，常有工伤、生命危险。有报道，数年前的深圳每年有4万人断肢，富士康每年都发生十几次跳楼事件，至于每年发生的大小矿难更是难以统计，农民工付出的不只是心酸的血泪汗水，还有宝贵的生命。其二，农民工是待遇低的苦工。自改革开放后，中国在以经济建设为中心的路线指引下，经济得到突飞猛进的增长，按GDP计算，中国已是当今世界第二经济大国。然而，由于多年来实行以投资和输出为导向的外向型经济发展方式，经济严重依赖国外，使得国内三大产业链条断裂，完整的国民经济体系不复存在，城乡、地区、行业和群体间不能形成合理分工、协调发展、互利共赢的良性内循环模式，而是割据竞争的失衡状态，富的越富、穷的越穷。这种外向型发展模式，不仅导致了国内经济结构的严重失衡，而且城乡、地区、行业间贫富差距拉大，我国成了当今世界上少有的贫富差距最大国家之一，其中城乡差距是最大的，贡献度为60%左右。而这种模式的最大受害者是农村和农民，农民是世界血汗工厂里的劳动大军，农村是资源廉价供应地和环境污染地。在农村，农民以辛勤的耕作生产着供养全社会的低廉食物；在城市，他受雇于各类业主和财团，穿梭于城市的大街小巷和富人区，为市民建设着美丽的城市和小康乐园；在遍布中国各地的血汗工厂里，他用血泪和生命生产着供全世界富人享用的廉价商品，而他自己得到的只是暂时的温饱和难以挣脱的生存之忧。正如马克思曾描绘的资本主义原始积累阶段工人的生存状况：工人生产的财富越多，他自己就越贫穷，他生产了美丽，留给自己的却是丑陋。这就是既做工又做农的农民何以在改革开放的今天依然不会富裕反而日渐贫困的原因：在农村，农民是廉价农产品生产者，难以致富，仅能糊口；在城市，他是被压榨在最底层的廉价工人，所得寥寥。

总之，当代中国"三农"的主要问题是城乡差距的不断扩大、"三农"的相对贫困严重、农村农民的日益被边缘化、固化和世袭化。

二 现阶段我国"三农"问题的基本特点

我国现阶段的"三农"问题不仅不同于其他国家，而且区别于我国历史上任何一个时期，具有明显的时代特点。

（一）社会主义条件下的"三农"问题

一般而言，在西方国家，"三农"问题主要存在于封建社会和资本主义社会发展的初中期（一般是在工业化的全面实现之前）。但在我国，这个重大问题却只能放在社会主义的今天来解决。正因如此，在西方国家所普遍采取的剥夺农民的手段在我国不能用。但使农民离开土地并逐步转化为其他阶层又是非做不可的事情。这无疑会加大解决问题的难度。

（二）市场经济条件下的"三农"问题

改革开放前，我国实行的是计划经济。在这种体制下，我们实行的分配政策实际上是平均主义。加之经济整体发展较落后，又片面重积累、轻消费，因而在个人收入和生活质量方面，虽有差别，但差别不大，除了个人消费品外，人们几乎没有任何私有财产。在这种情况下，城乡差距其实并不大。目前我国实行的是市场经济，经过改革开放以来的长期快速发展，经济总体规模急剧扩大，人们生活水平迅速提高，差距急剧扩大。长期生活在偏僻农村的农民无论在哪一方面，几乎都没有任何比较优势，对市场经济和现代社会生活一时难以适应，其成为富得最慢、最晚的社会群体便是一种必然结果。

（三）多重转变过程中的"三农"问题

这种多重转变一是指从计划经济到市场经济的转变；二是指从以农业经济为主体向以工业经济为主体的转变；三是指从传统社会向现代社会的转变。多重转变使我国"三农"问题面临着比其他任何国家都复杂的矛盾，其解决难度可想而知。

（四）经济和社会快速发展中的"三农"问题

新中国成立以来，特别是改革开放以来，我国经济和社会发展非常快，成为世界各国社会发展过程中的奇迹。这本应成为解决"三农"问题的必不可少的有利条件。但在我国经济的快速发展中，由于种种原因，我们不仅没有使"三农"问题得到缓解，反而时而表现出激化的倾向。这说明，我们的经济发展政策存在偏差和失误。

第三章 "三农"问题症结分析

"三农"问题始终是中国革命和建设中的突出问题。从1982—1986年，中央就"三农"问题连续出台了5个一号文件，极大地调动了当时广大农民群众的农业生产积极性，为我国国民经济的发展奠定了坚实的基础。对此，人们得出了发展农业"一靠政策、二靠投入"的著名论断。进入21世纪后，农业对我国国民经济发展的制约与瓶颈作用再次凸显，中央自2004年至今又连续出台了11个一号文件，希望能够再次调动广大农民群众的农业生产积极性。然而时过境迁，尽管这些政策发挥了一定的效应，但与预定的目标仍有较大的差距，我国农业比重大，"三农"问题积淀深厚，到目前为止，"三农"问题依然是实现国家现代化的瓶颈。到底"三农"问题出在哪里、症结何在？有什么办法能够解决或缓解它？值得我们去分析。

第一节 "三农"问题的根源

"三农"问题表现在城乡贫富差别继续扩大，农民仍停留在温饱状态，难以向前跃进，难以改变自己的状况，且延及后代、有阶层固化延续之势；农业落后脆弱，生产停滞不前，生产的自然条件和生态环境逐渐恶化；农村经济和社会发展严重滞后，城乡差距持续扩大，乡村衰落凋敝，整个呈现出贫弱愚散。那么，"三农"问题的根源何在？

一 "三农"问题的表现

"三农"问题主要表现在生产要素落后，农业投入不足，导致农业投入效益低下。

（一）生产要素问题

生产要素包括生产工具、劳动对象、劳动力和生产技术等方面。从生产工具和生产技术而言,我国的农业目前仍停留在原始的耕作模式上,农业劳动生产效率低下。就劳动力素质而言,我国农民的素质虽然较新中国成立初期有了很大的改变,但相对于现代农业的发展要求而言仍存在很大差距。就劳动对象而言(主要指土地),我国农业用地面积较新中国成立初期有大幅缩减。就农业基础设施的条件而言,我国农业基础设施服务相对于高效农业发展的要求而言也相去甚远。特别是作为一个拥有几亿农民的国家,人多地少的矛盾正严重制约着农业的快速发展。

(二) 农业投入不足

由于农业的低效率状况,农业发展面貌要发生重大改观需要一个很长的周期,加上政绩考核上的 GDP 观念和城市面貌的影响等多方面因素,导致很多地区把地区发展战略重点放在工业、贸易、金融、科技和城市建设领域,农业问题没有引起足够的重视,农业的投入相对于各地城市建设和扶持工业发展方面明显偏低。

(三) 农业投入效益低下

各级政府在农业投入问题上可以说也花了不少力气,但是效果如何呢?比如说对水利设施的维修管护问题,很多大中型水库都成立了管理局,每年各级财政安排了很多资金用于水利设施的维修管护,但是现在的结果是,水库灌溉能力平均只有水库建成初期的 60% 左右。再比如扶持农业产业化龙头企业问题,政府的初衷是通过扶持龙头企业的发展,带动相关产业的发展,近些年来的农业产业化龙头企业通过政府扶持也确实有了一定的壮大,但是相关的产业并没有带动起来,受益的农民仍然局限在小部分区域内,甚至相当部分的农业产业化龙头企业通过申报项目得到政府支持后,对自身应履行的纳税或还款义务却采取种种拖延或避让的措施。

二 历史根源

众所周知,"三农"问题的主要根源是从 20 世纪 50 年代末就已形成、至今延续并被强化了的不合理城乡二元体制所致,是历史和现实的原因叠加的结果,"三农"的问题主要是制度及其背后的思想原因造成的。从历史和现实两个方面,阐述二元制度及其背后的思想是如何形成并导致"三农"问题出现的。

（一）历史前提

新中国诞生于百年战乱的废墟上，新中国成立之初，面对的不仅是国内的一穷二白、残余敌对势力的捣乱破坏，而且国际上面临着以美帝为首的战争挑衅和经济的全面封锁，新中国处于群狼环伺、内忧外患的风雨飘摇之中。以毛泽东为代表的第一代中国共产党人，以非凡的勇气和胆略仅用三年时间就完成了剿匪反霸、土地改革、恢复经济等一系列巩固新生的人民政权的革命任务，使国家很快转入社会主义改造和建设事业中。

（二）苏联影响

新中国成立初期，我们面对的是一个农业落后、现代工业仅占26.7%、没有大型制造业和现代化国防业的落后国家；此外，在1952年，社会主义和半社会主义性质的经济成分总共占全部国民经济的比重还不到四分之一。为把我国早日建成一个强大的社会主义国家，战胜国内外资本主义的颠覆阴谋，我们必须把落后的农业国变为先进的工业国，将当时五种经济成分并存的多种经济所有制变成国营经济的全民所有制和合作社经济的集体所有制的社会主义成分。为此，我们选择了苏联的优先发展重工业战略。1953年开始社会主义改造，1956年提前完成，生产资料的社会主义公有制在城乡建立起来，尤其是农村社会主义集体所有制的建立，其意义不仅是为防止资本主义复辟，而且也是为配合、支持国家工业化进程而进行的。

（三）自身因素

为了保证国家工业化的进行，在国家没有任何工业积累又无外援的情况下，就只能依靠牺牲"三农"的利益来支援工业的发展，农村不仅供给工业充足的粮食、原料，而且通过剪刀差来为工业积累发展的资金。国家自1951年起至1957年，先后制定劳动保险、就业、城市用工等条例，不仅严格划定了城乡不同户籍所享受的种种待遇的不同，而且对城乡人口流动作了种种限制和严格要求，至1957年出台《关于各单位从农村中招用临时工的暂行规定》，城乡二元体制彻底形成。自此，城市市民享受着免费的医疗、教育、住房、就业等从出生到死亡的全部社会保障，而对农民，这些基本生存保障国家投入较少，主要靠农村集体经济的力量来保障，显然，国家和农村集体经济的力量远不及国家，因此，市民和农民、城市和乡村、工业和农业的差距便在这种体制下形成了。至1978年，城乡居民收入差距为2:1。正是靠这种二元体制，"三农"多年为我国城市和工业的发展提供了充足的原料、粮食和资金，使我国于70年代末建立了完整的工业体系和国民经济体系，社会经济得到稳定快速发展，政治经济文化教育许多领域里，科技水平都跃居世界前列，创造了世界发展史上的又一奇迹。然而，"三农"为此付出了巨大代价，由于自身缺乏积累，所以，农村发展明显滞后于城市，农业机械化还未广泛普及，农民勉强达到温饱。对此，党和国家是清醒的，只是迫于当时国家毫无基础而又面临着国内外的严峻形势，而不得不优先发展工业，不得不靠牺牲"三农"利益、延迟其发展来优先发展工业，然后再反哺"三农"。这就是历史的无奈和必然的选择，是一种权宜之计。但这一不公的二元体制使得"三农"问题初露端倪。

三　现实根源

"三农"问题的现实原因既有二元社会结构，分散的小农经济问题；也有"三农"本身问题；更有长期以来我国实行政策原因。

（一）二元社会结构是"三农"问题的直接原因

我国是一个农业人口占绝大多数的农民大国，城乡之间的差别历来存在。不过，我国城乡之间的差距不只是体现了发展中国家普遍存在的二元经济结构，更关键的在于，新中国成立后通过一系列城乡分割的制度安排而形成的人为的二元社会结构。二元社会结构是当代中国不同于任何发展中国家的显著特征，是有中国特色的"三农"问题的要害和根源。二元社会结构是指新中国成立后通过一系列歧视农民的制度安排而在城乡之间人为构建的城乡隔离的社会结构。在一个主权统一的国家内，人为地把全体公民区分为农业户口和非农业户口，形成农民和市民社会地位完全不同的制度体系。这在当今世界上是绝无仅有的。二元社会结构的概念是农业部原政策研究中心农村工业化城市化课题组于1988年最早提出并详细论述的。通过对"三农"问题的持续关注，认为人为制造的二元社会结构是中国"三农"问题的症结所在。

（二）分散小农经济是间接导致"三农"问题的另一原因

这是由农业的先天弱质特性和后天的较低比较效益、缺乏强力扶持、自身缺乏整合自强等因素共同作用所致。尤其是在缺乏国家强力扶持的情况下，分散的一家一户的单个小农不仅无力对抗自然灾害，也无法实现社会化大生产的规模效益，更是无法预测和应对变幻莫测的市场风险。因此，分散的小农生产经营，效率不高，风险很大，不但不能使农业成长为强大的基础产业、成为农民可以以此安身立命的高效支柱产业，而且分散落后的小农经济异常脆弱，时刻处于自然和市场的双重威胁之中。这是导致"三农"问题的生产经营体制方面的原因。也是被当今学界政界忽视的体制问题。这一最好的例证，就是南街村、华西村等有组织的农业、农村和农民，由于集体经营合作的体制而形成了自身的产业体系，使"三农"有了稳固的内部产业支撑促其不断壮大，且时刻处于强大的集体经济的保护之中。这种体制易于形成内部良性互动的强大经济体系，在内部形成了产业之间的连接，农民之间的分工合作，共存共荣。这就是为什么，同一片蓝天下，同一市场经济环境下，华西、南街等的经济不会轻易被自然灾害、市场竞争所冲垮，而全国数亿的个体分散小农至今徘徊在温饱边缘，难以实现生存无忧的小康生活。皆因不同的生产生活组织形式，有着不同的效果和结局。动物尚且知道团体猎食求生的生存之道，而作为社会关系中的人，更需依靠人类自身的联合才能存续；否则，单个个体的人的生存能力不及动物。这是科学的结论，亦是常识。人的本质特征表现为社会性上，人人处于由具体的社会关系组成的社会团体之中，人不可能游离于社会团体之外而生存；否则，人便失去了社会性这一人之为人的最本质属性。当然，社会性对人有双重作用，既是人的保护伞也可能是人的苦难地。这取决于人处其中的社会关系的性质，先进的社会关系，将增强个体的力量和幸福感，不平等的社会关系，将是人遭受社会束缚的牢笼和苦难的深渊。这就是马克思主义经典作家们所阐述的一个重要思想：社会关系对生产力、对人的发展和社会进步的影响作用。总之，人类利用分工合作的大生产形式，不仅会提高生产率，可以共同抵御自然灾害的挑战，而且可以应对市场的风险。群体的担当就意味着每个个体的被保护。在缺乏政府的强力扶持下，个体分散的农民更需要自己组织起来，共同应对自然和社会的挑战。九亿农民是个巨大的社会群体，若是组织成一个个合作团体，则足以患难与共、共克时艰，否则就是一粒粒随风而逝的沙粒。

（三）"三农"问题也是由农业自身的特点和农民自身的状况决定的

从农业、农村、农民本身的因素看，"三农"问题是由农业自身的特点和农民自身的状况决定的。农业是古老的产业，土地又是非常特殊的要素，它决定农业天然不适应资金密集型、技术密集型乃至劳动密集型的生产方式和经营方式（当然，我们并不是说农业在任何时候、任何条件下都不能采取现代技术和加大资金投入），由此决定了农业始终是一个比较效益低下的产业。因而农民作为这一产业的劳动者，其收入低于其他产业的从业人员是必然的，尤其是在激烈竞争的市场经济条件下更是如此。同时，农业不像工业等其他产业那样产出可以无限扩大，而是一个产出非常有限的产业。因此，只要将大量的农民束缚在土地上，农民的收入和农村的生活状况就很难得到根本改善。况且农民历来是处于社会底层的社会群体；农村是一个闭塞、落后、远离社会先进文化的居民居住地，由此决定了农民的综合素质低于其他社会集团，因而在与其他社会集团的利益博弈中，农民几乎总是受损者，至少是少得者。这样，农业发展缓慢、农村贫穷落后、农民收入低，就是必然结果，而且三者互为前提、互为因果，恶性循环。这既是历史上"三农"问题存在的一般原因，也是现阶段我国"三农"问题的现实原因。

（四）"三农"问题严峻性主要原因在于我国的宏观经济和社会发展目标及其相应的政策

新中国成立伊始，我国内忧外患同在，当务之急就是尽快发展经济，特别是现代工业经济。也就是说，我们必须实行"赶超"战略。在资金非常缺乏的情况下，只能通过价格剪刀差等方式从本来就很落后的农业中积累剩余。而要如此，就要面对以下两个问题：一是将农业剩余转移到工业和城市无疑会因过多损害农民的利益而招致农民的强烈不满；二是如前所述，当时人们不加分析地、笼统地认为，建立在土地私人所有基础上的、家庭分散经营的小农经济就是落后的生产方式，在这种方式下，农业本身不可能有太多的剩余可供转移。如何解决这两个问题？马克思主义经典作家有现成答案；苏联也有"成功"经验。于是便进行了农业的社会主义改造（当然还有其他原因）。农业社会主义改造，从长远看，虽没有极大地解放和发展生产力，但有利于转移农业剩余这却是事实。据统计，从20世纪50年代中期到70年代末的20多年间，农业约有6000多亿元的剩余转移到了工业。[1] 这虽然在较短时期内较快地建立起了比较完整和独立的工业体系与国民经济体系，具有长远的历史意义，但也付出了非常高的代价：农业发展长期落后，人民生活特别是农民的生活较长时期内没

---

[1] 刘克崮、张桂文：《中国"三农"问题的战略思考与对策研究》，《管理世界》2003年第5期。

有得到根本改善,"三农"问题日益严重。问题的严重性还在于,当整个工业经济体系和国民经济体系建立并得到一定发展后,应适时将以农补工的策略调整为以工补农的策略,但我们并没有这样做。特别是改革开放以来,在工业经济迅速发展的情况下,这种错误做法继续延续。据统计,1978—1991年间,工农业产品价格剪刀差绝对额高达1000亿—1900亿元,数倍于改革前的数额。20世纪90年代以来,剪刀差继续扩大,每年绝对额都在1000亿元之上。特别是近些年来的各种征地,从农民手中拿走的收益高达20000亿元。[①]

当然,实行这些政策在当时有客观必然性,它是实行"赶超"战略所必须采取的措施。现在看来,"赶超"战略本身并没有错,即便是在现在,实行"赶超"战略也是非常必要的,因为当今世界各国之间的竞争越来越激烈,只是竞争的内容和方式与以前有所不同。可以这样讲,无论什么国家,无论什么时候,只要是落后,就必须"赶超";否则,就要受制于人,甚至被人欺负。到目前,我国仍是一个落后的大国,虽综合国力较强,但人均GDP和发达国家相比差距甚大,除了"赶超"之外,别无选择,而且是长期选择。问题在于怎样理解"赶超"和如何"赶超"。如果将"赶超"仅仅理解为军事"赶超"、经济"赶超"(当然这是基础的),那么,在资源总量既定和发展潜能有限的情况下,只能靠降低甚至牺牲某些产业的发展和某些社会集团的利益来实现这种重点突破,甚至是片面式"赶超"。而这个首先要做出牺牲的产业和群体最现实的选择无疑是农业、农民和农村。如果将"赶超"理解为全面"赶超",那么唯一的选择就是协调、平衡发展战略。显然,改革前我们是第一种理解,改革后也是这种理解。

30多年前开始的改革之所以首先选择在农村突破,除了农村的经济与社会关系较为简单因而容易成功外,首要的理由就是因为当时"三农"问题成了矛盾的焦点。家庭联产承包责任制的巨大成功以及成功后出现的新问题(如卖粮难等)使人们错误地认为"三农"问题根本解决了,由此导致人们不仅在相当长时期内很少从根本上再关心农业、农村和农民,甚至可以进一步从农业积累更多剩余,以便继续实行"赶超"战略。这

[①] 刘克崮、张桂文:《中国"三农"问题的战略思考与对策研究》,《管理世界》2003年第5期。

样，一方面，工业经济、城市经济、GDP等快速增长，另一方面，农业经济在经历了几年的快速发展后又落入徘徊局面。尤其是和以前不同的是，在改革前，是所有的人都穷，但现在却唯有农民穷（这并不是说农民生活没有改善，而是相对而言），这使"三农"问题不仅更严重，而且内容更全面和复杂。甚至可以这样讲，目前农民在相当程度上被边缘化了，不仅没有和其他社会阶层那样平等、全面地享受改革开放的经济成果，而且在社会生活的各个方面，乃至政治生活方面，也在相当程度上被遗忘了。比如，政府作为公共服务机关，其服务对象应是全体社会公民，但实际上，政府服务的重点是城市市民。在社会生活乃至政治生活方面，我国社会的各个集团都有自己的组织，唯有占人口绝大多数的农民却没有。因此，"三农"问题绝不仅仅是收入低、发展慢、生活苦的经济问题，而是一个全方位的社会问题、政治问题。

四 思想认识根源

思想认识的落后也是"三农"问题的根源之一。

（一）等级歧视陈腐观念的作祟

"三农"问题是中国社会的基本问题，在不同历史时期，"三农"有着不同的境遇，"三农"始终是中国社会的基础和基石。漫长的封建社会，"三农"是社会的主脉和基调，是中国社会的缩影，"三农"兴，社会兴，"三农"衰，国家衰。进入近代，中国的"三农"面临帝、封、官三座大山挤压和盘剥，传统地位、角色受到严重挑战和撼动，无力转换角色和再生，处于混乱崩溃之境。直到1921年中国共产党成立，"三农"才再现重生的希望，再次成为历史舞台的主角，在中国共产党的正确领导下，农民演绎了一部轰轰烈烈的农村革命、农民战争的近现代史剧，建立了自己当家做主的新中国。在之后的社会主义和平年代里，农民作为重要的建设者，为了国家的工业化现代化建设充当了铺路石。到了20世纪80年代，"三农"又是改革开放的先行者。纵观中国历史，农民一直是历史的创造者，战争年代，血染沙场、保家卫国；和平年代，不计名利，默默耕耘、无私奉献。"三农"始终是我们社会的源头和奠基者，工人源自农民，城市兴起于乡村，在这里走出了将军、学者、官员、明星，然而，我们何时回望和眷顾过"三农"呢？"三农"总是被我们有意无意地遗忘着、漠视着。这固然是一种感恩心的缺失，但其后又有着一种对"三农"

的歧视思想在作祟。

对农民的歧视，自古、中外如此，只是程度和表现不同而已。在中国这个"三农"大国，尤其如此。中国古代的官贵民轻思想，源远流长，流布甚广，体现于各个方面，如官民不同列、"刑不上大夫"等的律例，就是赤裸裸的对人民的歧视和不公。还有，"唯上智与下愚不移"、读书做官论等，都是在传播着一种"官贵民轻"的思想，用以误导和麻痹人民，以利于统治者稳固其政权地位。这一官本位思想根深蒂固，影响至今。到了近代，是共产党这个人类史上最先进的阶级代表，带领穷人翻身闹革命，建立了人民政权，几千年来第一次让社会最底层的劳苦大众得到了彻底解放，当家做主，成了社会的主人，人民的思想也第一次得到大的解放，第一次有了平等做人的基本权利和尊严，有了主体意识。然而，旧的等级观念和思想并没有随着旧制度的灭亡而消失，而是潜伏于人的头脑中，以不同形式表现出来。为此，中国共产党自她诞生的那天起，就一直保持着与人民的血肉联系，牢记全心全意为人民服务的宗旨，用整风等多种形式时刻警戒自己不要蜕化为高高在上的官老爷。应该说，中国共产党做到了这一点。但是，由于新中国成立之初迫于严峻的形势和任务，被迫实行工业优先的发展战略，并因此形成了城乡二元投资分配体制，这在主观上并无歧视"三农"之意，但在客观上造成了城乡的差别，渐渐地也使城市优先的思想深入人们的头脑，并固化为一种惯性思维和等级观念，这又反过来使二元制度以惯性形式沿袭下来，直到工业化已经完成，这一制度都未有丝毫改变，并固化和强化为国家的发展战略。如果说，计划时代，是重城轻乡思想的无意识形成，并在其后起着维护二元体制惯性运行的作用，那么，国家于20世纪90年代后进入工业化中期发展阶段后，不仅固化了这种思维，而且由城市优先思想强化为以城市为中心的思想，其表现就是国家对"三农"公共事业投资比重的逐年减少，直到世纪末城市基本步入现代化轨道，而乡村却依然贫困落后，此时，国家才逐年增加对"三农"的投资，但比例仍远低于城市。取消二元体制的呼声虽然很高，但因遭到城市既得利益的强力阻挠而迟迟不能付诸实施，城市中心论不仅深入市民心里，而且成为国家既有战略，如，城市化被许多人看作解决"三农"问题的唯一或最好策略，这就是以城市为中心，继续加大对城市的投入，加快其发展，以此解决农民向城市的转移。而不是相反给"三农""输血"使其获得发展的基础。还有，对于推行全民统一医疗保障等，部分人竟以历史上无此惯例予以反对，此乃歧视人民的封建等级思想的当代翻版。在国家实力已经完全可以普及某些社会保障如医疗和养老问题、以此推进二元体制改革进程时，固守不公制度固然可恨，而背后暴露出的封建落后的等级思想则更为可怕，它是阻碍社会走向和谐发展和进步文明的最大障碍、最顽固的保守势力。

（二）貌似先进的代价论的误导

面对改革开放后社会出现的种种不良现象，诸如黄赌毒黑的兴起、环境资源的恶化、城乡地区间的贫富差距甚至广受诟病的官场腐败、社会道德的滑坡等假恶丑，有人竟以社会发展必付的代价为幌子进行辩解掩饰。面对"三农"问题的凸显，也用这一代价论作解。认为这是中国现代化进程中的必然现象，是"三农"必付的代价。这一荒谬的代价论也是西化论的一种，是对西方罪恶的工业化道路的盲目崇拜和接受。这一论调现已逐渐被社会所唾弃，然而它曾经为我国的失衡的发展模式摇旗呐喊过，振振有词地辩护过，起过极大的误导作用，推迟了我们转向科学发展的时间，并造成了我们社会的严重失衡。城乡的贫富分化就是典型，它使我们曾经漠视"三农"问题的长期存在和严重发展的势头，使"三农"问题变成世纪难题、"三农"之痛。历史事件有相似性，但不可以将历史视为必然的重复性，尤其是社会发展的历史，各国都不可能成为彼此的样板。只有殊途同归，而不是东施效颦。西方的工业化之路所付的代价对其自身来说充满必然与偶然，而对后来者未必就是必经之途、必付的代价；否则，就要陷入历史宿命论。剥夺农民是西方工业化的一种途径，但工业化未必就要靠剥夺农民来实现。的确，社会发展需要付出，但这种付出可以是部分人的付出，也可是全体人的付出，前者是资本主义发家史的秘密和一贯政策，后者则是社会主义国家力图要避免的，只是时代历史的原因，面对国家遭受武装侵略危险的生死关头，苏联和我国的前30年都不得不靠暂时牺牲农民的利益来快速完成国家的工业化，建立确保国家安全的国防事业。这都是历史的无奈和时代必然，但不是当代的必然途径，因为外敌压境的急迫情形不复存在，现在的国力基础也不需要继续让农民做出牺牲、付出同样代价，而且，农民不能总是无止境地付出而等不到反哺的时间表，因此，以代价论来为"三农"问题的出现辩解是不足信的，听任二元体制存在、让"三农"问题继续存在，也是没有理由的。我们的社会发展已到了回报和反哺"三农"的时候了。

总之，二元体制制造的城乡两种身份、两种分配、两种待遇，无论迫于或基于何种原因，都是一种不公的制度。社会发展到今天，却依然固守，就纯粹是一种歧视。

第二节 "三农"问题症结分析

"三农"问题的症结究竟何在？这仍然是一个问题。土地问题是"三农"问题之一；"三农"问题的前提是农业问题；"三农"问题的核心是农民的生存和发展；"三农"问题是中国发展市场经济的必然结果。

一 土地问题是"三农"问题之一

土地问题是"三农"问题之一。土地是农民立命之本，农民和土地的关系是农民问题的根本，从土地改革、农业合作化、人民公社，以及到土地承包制，都是以土地来处理和农民的关系，农民和土地关系处理得好，农业就发展，农民生活就改善，社会关系就和谐；处理得不好，会适得其反。所谓好与不好的标志，是农民与土地的关系是近还是远，近则为好，不近则为不好。[①]

（一）农村土地现状

第一，农村土地的所有制状况。自1982年以来，国家完全承认家庭联产承包责任制是"社会主义集体经济的生产责任制，"并逐渐用法律规范了农村土地集体所有制。其一，土地所有者是集体。我国《宪法》第10条规定"城市土地属于国家所有。农村和城市郊区的土地，除由法律规定属于国家所有的以外，属于集体所有。宅基地、自留地、自留山也属于集体所有"。其二，集体包括三类。《土地管理法》规定"农民集体所有的土地依法属于农民集体所有的，由集体经济组织或者村民委员会经营管理；已经分别属于村内两个以上集体经济组织的农民集体所有的，由村内各该农村集体经济组织或村民小组集体经营、管理；已属于乡镇农民集体所有的，由乡农村集体经济组织经营管理"。其三，集体成员不确定，即只算户口在该集体范围内的成员，而成为其成员的依据只包括新生、娶进、入赘和收养（在实践中，后二者集体一般都不接受），而丧失则会因

---

① 何伟：《"三农"问题症结所在》，《知识产权出版社》2009年版，第3页。

为死亡、嫁出、外出工作等原因。其四，丧失无补偿，取得无代价。即个人丧失集体成员身份后，也丧失了对集体土地的任何权益，而取得身份则取得了相关权益。

第二，农村土地的征用问题。土地征用过程中人员安置矛盾十分突出：在传统计划经济体制下，农村欢迎征占土地，因为所有被占土地上的人口会由国家包下全部就业和福利保障。进入市场经济以后，城市就业和保障体制发生根本变化，土地征占不能再解决农村人口转移和劳动力的安置，各种矛盾甚至演化为直接冲突。一方面，农村人口和劳动力大幅度增加，另一方面，因城市化、工业化的速度不断加快，土地占用越来越多，而农业人口转移却相对减少。

土地征用过程中土地增值收益分配不公：随着工业化、城市化速度的加快，越是发达地区征用土地，越是表现为农村更大土地收益的损失。

由于农民仍然按照当时三项费用补偿，所以根本得不到土地从第一产业向第二、第三产业转移的增值收益。农民的"保命田"被"剥夺"，却没有获得相应的"保命"条件。之所以在土地征占过程中形成大量腐败而且屡禁不止，就是因为在现行制度条件下，土地占有者与权利部门能够以国家的名义，通过设租、寻租获得增值收益，而人口和社会负担却甩给农村。这种不公平和腐败问题逐渐演化成一种社会矛盾，而且矛盾越来越大。中国社会科学院农村发展研究所、国家统计局农村经济调查总队发布的《2005年农村经济绿皮书》披露的比例数字也可以作为旁证。这个比例数字是指农村被征用土地的收益分配格局，即地方政府占20%—30%，企业占40%—50%，村级组织占25%—30%，农民占5%—10%。征地成本与出让价之间的巨额收益，大部分被中间商或地方政府以及腐败的官员所攫取。失地农民中，生活水平较征地前提高的不到10%，而失去收入来源，生活水平降低的失地农民则占到60%。

第三，农村土地的经营权状况。由于我们把土地公有制作为确保社会公平的最重要的手段之一，因此，对其流转问题是相当谨慎的。改革初期严禁流转。但随着市场作用的日益增强，经济水平的不断提高，市场机会的日益增多，如何通过土地的流转提高土地这种稀缺资源的配置效率问题变得越来越突出，土地流转在民间开展，土地流转制度逐渐建立。

1978年，凤阳小岗18户农民搞起了"大包干"，正式揭开了中国农村土地改革的新时期，中国农村土地制度从单纯集体所有向集体所有、家庭经营的两权分离模式转变。1983年中共中央颁发了《关于印发农村经济政策的基本问题的通知》，全国农村开始普遍推行包干到户。到1983年年底，98%的基本核算单位都实行了包干到户，家庭承包经营的土地面积占耕地总面积的97%左右，实现了土地所有权与使用权的分离。这种模式在保证农地集体所有权的基础上保证了农户的独立经营权，并对农村土地的经营收益分配关系进行了调整，"交足国家的，留够集体的，剩下的都是自己的"。

1987年，国务院批准某些沿海发达省市就土地适度规模经营进行试验，使得土地经营权的流转突破了家庭承包经营的限制，中国土地流转制度开始进入新的试验期。1999年的《土地管理法》虽然对于农村土地使用权的自由转让依然有比较多的限制，但2003年实施的《农村土地承包法》却从法律层面体现了对于合法土地承包经营权的保护。该法中规定，通过家庭承包取得的土地承包经营权，可以依法采取转包、出租、互换、转让或者其他方式流转。而这部法律的颁布，被人称作中国土地制度的第三次创新。

由此可见，我国土地的使用制度随着经济的发展而变化，它保护着经济改革的成果，适应着经济的发展。

（二）农村土地存在的问题及其分析

第一，农村土地制度和经营方式的优越性。20世纪70年代末，中国改革了农村人民公社制度，在坚持农地集体所有的前提下，全面推行家庭承包经营责任制，极大地促进了农村经济的发展，实践证明，中国现行的农地集体所有的制度和家庭承包的经营方式基本适合中国人多地少、农业落后、工业化和城镇化进程加速的国情，特别是"三农"的现状，克服了人民公社制度政经不分、统得过多、管得过死、平均主义倾向严重、农民丧失生产经营自主权和积极性、不符合"三农"实际情况、效益低下等缺点，具有许多有利的作用或优点，适合农业生产的现状和特点，保证了耕者有其田，满足了农民对土地经营使用权的要求，使农民拥有了比较充分的生产经营自主权，形成了农地经营得越好农民家庭收入越多的激励机制，极大地调动了农民生产经营的主动性和积极性，有利于农户增加农业短期投入，能够降低生产经营成本，使农业生产适应市场需求，有效地促进了农业生产的发展，基本上保证了城乡农产品的供应，以较低成本满足了工业化和城镇化对土地的基本需求，有力地支持了工业化、城镇化和整个国民经济的发展，同时具备一定的保障功能，给农民提供了最后一条保障线，避免了农村大量"三无农民"（无地、无业、无社会保障的农民）的产生、严重的贫富两极分化和大面积的城市"贫民窟"出现，维护了包括农村在内的社会的基本稳定。

第二，农村土地存在的问题及其分析。其一，农地经营分散，难以形成规模效益。我国农村实行土地集体所有制，无论从法律意义上还是从经济意义上看，每个集体成员天生有权分享集体土地的收益。因此大多数地方根据集体土地的数量和质量，将土地按人口或按劳动力平均分配，地块变得极其零碎分散。随着人口增减变化，许多地区每隔几年就对土地进行大规模调整，这是世界上目前最小的土地经营规模。土地的超小规模经营不利于引进资金和技术，难以形成规模效益，妨碍农业生产的社会化、规模化发展，成为我国传统农业向现代农业转变的主要障碍。由于土地按人口均分，好坏、远近相搭配，造成耕地过于零散，农民经营过于分散。根据典型调查，目前我国每个农民平均只经营0.557公顷（8.35亩）耕地，平均分成9.7块，每块不到1亩。农业生产的机械化是历史发展的必然趋势。但是，土地分散的小规模家庭经营，迫使每个家庭都买拖拉机，致使拖拉机的购买量严重超出实际需要量，农产品成本增加，造成固定资产浪费。规模小导致经济收入少。农户的收入与土地的经营规模成正比。其二，土地流转十分困难，资源配置效率低。一是农民恋土观念严重。当前，尽管有很多农户弃农经商、外出打工，但对土地留恋很深，一边打工挣钱，一边照顾家中责任田的情况普遍存在。二是国家取消农业税，给种粮农户直接补贴，再加上市场粮价上浮因素，有些农户对流转租金要价高，致使开发商流转成本增加，直接抑制投入产出的效益比。三是现有富余劳动力转移途径有限。四是在整片耕地中，只要有少数农户不愿流转，就不能形成连片种养，从而满足不了投资者连片的要求，使投资者放弃流转经营项目，导致影响其他农户的正常流转。

第三，关于土地生产的效率问题。土地效率是指土地的产出率，即在单位面积的土地上可以生产出的农产品数量，也就是通常所说的农产品的单产水平。理论分析和农业经济活动的实践都证明，土地产出率与土地经营规模之间基本上是负相关关系，即在农业经济活动中投入的劳动、资本等其他要素总量不变的情况下，如果土地经营规模小，在单位面积上投入的劳动和资本就多，土地产出率就会提高，此即农业集约式经营；而土地经营规模越大，分摊到单位面积土地上的劳动和资本的数量就会减少，从而土地产出率就低，此即农业粗放式经营。从农业发展的历史来看，其演进过程一般表现为从粗放式向集约式的转变。在人类社会初期，土地辽阔，人地之间的矛盾不突出，为了满足人口增加所产生的对农产品需求总量的增加，往往就选取粗放式经营方式，开垦和耕种更多的土地，广种薄收。当然也可以设想此时通过提高农作物单产水平来增加其总量，但是为此所必需的一个前提条件是农业技术进步，而在20世纪中叶以前人类社会漫长的岁月中，农业技术进步非常缓慢，不足以为提高农作物单产水平提供支持。农业技术进步缓慢的原因则在于它本身也有一个投入与产出的比较，即经济效益问题，农业生产者在决定到底是通过发展农业科技来提高农作物单产水平并最终提高农作物总量，还是通过扩大农作物播种面积来最终提高农作物总量时，往往更倾向于后者，因为此时还有大量荒地可以去开垦，土地的稀缺性还不突出，制约作用还不那么强烈，通过这种方式增加农作物总量似乎更经济、更现实。当荒地减少，土地资源稀缺性日渐突出，制约作用越来越强时，农业经济活动就只能由粗放式向集约式转变，通过在单位面积土地上投入更多的劳动和资本来提高其单产并达到增加总产的目的。根据世界银行对肯尼亚不同规模农场的对比研究，发现规模在0.5公顷以下的农场的单产水平是规模在8公顷以上农场的1.9倍。如果该国农场规模缩小10%，产量就要增加7%。印度、巴西、中国甚至美国的实践都证明了这一点。可见，如果用土地产出率指标来测量农业效率，则小规模的土地经营往往更有利于提高农业效率，大规模的土地经营反倒不利于提高农业效率。

劳动生产率与土地经营规模。劳动是农业经济活动的另一要素，劳动生产率也可以作为测定农业效率的重要指标。农业劳动生产率的表示有两种方法，一是用每个农业劳动力在单位时间内（通常为一年）所生产的农产品数量来表示，二者是正比关系；二是用单位农产品中所包含的劳动时间来表示，二者是反比关系。劳动生产率与土地经营规模之间的关系是：在一定的土地经营规模限度之内，二者是正相关关系，即扩大土地经营规模可以提高劳动生产率，缩小土地经营规模则会降低劳动生产率。但是，超过这个限度之后，土地经营规模的扩大并不能提高劳动生产率，当然也不会导致劳动生产率的下降。这个拐点就是每个劳动力可以耕种的最大面积土地，而它取决于农业科技水平的高低，其中主要是农业机械化水平的高低。当土地经营规模在这个拐点之内时,劳动力与土地两种要素之间的配置比例关系不合理。劳动力作用得不到充分发挥,此时如果扩大土地经营规模,就会改善两种要素之间的配置比例,使劳动力作用得以充分发挥,从而提高劳动生产率。可见,如果用劳动生产率指标来测量农业效率,则它与土地经营规模之间的关系基本上是一种正相关关系。对于每个家庭来说,由于机械化的逐步推广,从事农业生产的劳动量更多地由机械替代,一人在家务农,一人出去打工,劳动力的使用减少了一半,劳动生产率提高了一倍。

第四,关于土地权利的公平问题。现行农村土地制度为了充分体现集体成员平等取得土地使用的权利,采取了按人口平均分配土地的办法。这种人人有份的安排,看起来很公平,但这种公平(由于中国实行的是集体所有土地所有制和只限于本集体成员的土地承包制)事实上只局限于各个集体内部,各个集体之间仍然不公平的。这30多年来,在经济不发达的地区(山区),土地贫瘠,耕种艰难,人们努力耕作才能达到温饱。在经济发达的东部地区,土地平整肥沃,本地人却无意经营,因为从事农业生产的利润较低。这加剧了各个农村集体之间人均土地占有面积的不公平。

(三)农村土地不能私有化的原因

第一,历史证明,土地私有制并非万能。私有制不是万能的包治百病的灵丹妙药,土地私有化不是"三农"的出路。因为中国实行了几千年的土地私有制,农村始终没有改变贫穷落后的面貌,农民始终没有富起来。长期陷入新朝代轻徭薄赋、均田兴农、经济发展、贪污腐败、苛捐杂税、横征暴敛、土地兼并集中、地主残酷剥削、贫富两极分化、民不聊生、农民起义、改朝换代的治乱循环之中。在中国封建社会,名义上是"普天之下,莫非王土;率土之滨,莫非王臣",好像土地全是皇帝所有的,而国家是皇帝的家天下,所以皇帝所有似乎也就是"国家所有",实际上中国封建社会实行的是以封建地主、官僚所有为主要特征的土地私有制,皇家有专门的地产,民间有地契(土地所有权证书),就是证明。土地主要由封建地主、官僚占有的土地私有制,从总体和长期来看,不仅没有让中国农民富裕、农村繁荣,相反,恰恰是中国近代贫穷、落后、挨打的所有制根源。这不仅是共产党领导搞土地革命和土地改革的原因,也是孙中山先生提出的三民主义的平均地权诉求的基本依据。这是谁也不能否定和胜过雄辩的历史事实。

有人认为，几千年的土地私有制始终没有改变农村贫穷落后的面貌、农民始终没有富起来的论断不符合中国几千年灿烂辉煌的文明史。他们反驳说，怎么解释像"清明上河图"所描绘的兴旺繁荣、道不拾遗、夜不闭户的景象。好像实行土地私有制的封建社会曾经经济繁荣、歌舞升平、社会和谐，农民富裕乐生，过着小桥流水、田园牧歌式的幸福生活。如果封建社会真是这么美好，为什么会灭亡，被资本主义社会取而代之呢？封建制度的确比奴隶制先进，更有利于生产力的发展，曾经带来封建时代相当的经济繁荣出现过所谓"太平盛世"的文景之治、贞观之治、康乾盛世。但是，农业经济时代的生产力总体水平低下，封建社会的某些时期出现的所谓繁荣，主要是封建王朝和地主阶级的富裕繁荣，对农民而言至多不过是基本解决温饱问题的繁荣，广大农民是谈不上富裕的。"清明上河图"并不表明农民曾经富裕。这些人没有看到，即使是在"清明上河图"描绘的所谓"太平盛世"中，也可以看到，既有宏伟壮丽的宫殿，又有更多的简陋平房和茅草屋，街上还有武装巡逻人员。从总体上和长期来看，农业经济社会毕竟是比工业经济时代落后贫穷得多的经济形态，最终并没有带来社会经济的发达繁荣，更不谈广大农民的富裕幸福。

还有人提出，"导致王朝倾覆的大规模'民变'起因，除了天灾就是'官逼民反'"，认为中国历代"农民战争"或"民变"、社会动乱主要是政府官僚欺压鱼肉百姓造成的，不是土地兼并引起的，似乎也与土地的地主私有制无关。[①] 这种观点值得商榷。的确，土地兼并有可能主要不是民间土地买卖引起的，而主要是"政治性特权"掠夺造成的，但土地向官僚地主手中集中，难道不是普通农民日子难过、不满的基本原因之一吗？的确，繁多的苛捐杂税、沉重的徭役负担、封建的严刑酷法、横征暴敛、经济统制、穷兵黩武、吏治腐败、官僚地主的残酷剥削压迫是农民起义的主要原因，但这一切产生的根源又是什么呢？难道仅仅只是由于皇帝官僚掌握着政权和滥用权力吗？作为上层建筑的政权的经济基础又是什么呢？难道与封建地主官僚的土地私有制完全无关吗？我们既不能简单地认为土地兼并导致了农民起义，也不能把农民起义简单归结为官僚压迫。

---

① 秦晖：《"优化配置"？"土地福利"？——关于农村土地制度的思考》，《新财经》2001年第9期。

第二，土地私有化可能严重损害农民利益。土地私有化不仅不能保护农民的根本利益，相反可能导致新的贫富两极分化，严重损害农民的根本利益，使得农民的处境甚至可能更悲惨。有人反对这种观点，认为土地私有化会加剧贫富分化，造成社会不稳定，此论似是而非，完全不合经济学逻辑。这种反驳是无力的。

中国人多地少、农村剩余劳动力数量庞大，在农业落后、工业化和城镇化提供的农民转移就业和居住条件有限、社会保障制度不健全的情况下，土地私有化会很快导致农民贫富两极分化，造成"三无农民"大量增加，从而使得农民总体状况的恶化。这种判断绝不是主观臆断、危言耸听！历史上已有先例，新中国成立初期中国土地改革后就出现过这种情况。通过土地改革，无地和少地的农民都分到田地，在中国历史上第一次真正做到了耕者有其田。但在人多地少、农业落后的情况下，农村很快就开始出现了两极分化，天灾人祸、生老病死、劳力缺乏等原因使得不少农民不得不卖地救急求生，重新失去土地，又由于缺乏能力和就业机会而无法进城务工经商，只有再次沦为无地雇农或等待国家救助的穷人。这正是中国农村走向社会主义集体经济道路的重要原因之一。而且，分散的小规模的小农经济无法独立抵御自然风险、市场风险、经营风险和家庭生活风险，难以开展农田水利等基础设施建设。在人多地少、工业化和城市化水平极低的中国，农业合作化、集体化是唯一出路。虽然中国在农村合作化、集体化过程中存在过急、过快、过猛，经营管理体制不合理等严重缺陷，但合作化、集体化的大方向是不能全盘否定的。至于说目前已经存在的"三无农民"，主要是现行土地征用补偿制度不合理、社会保障制度不健全、农地非农化与农民非农化不协调等原因造成的，并不是土地公有制的结果。实行土地私有化只可能增加而不可能减少或消除"三无农民"，解决的办法只能是深化改革，完善土地征用补偿制度和社会保障制度，推进工业化和城镇化，为农村剩余劳动力提供更多就业机会，实现农地非农化与农民非农化的协调。

在基本实现工业化和城镇化，城镇化率达到70%，城乡统一、覆盖全社会的社会保障制度建立起来以后，中国农地私有化是不是就不会导致农民贫富两极分化，造成大量"三无农民"，是否就可以实行农地私有化了呢？我认为依然不行。因为在城镇化率达到70%时，中国人口也将至少达到14亿，也就是说，农村人口仍然还有4.2亿，比现在美国全国的人口还多1亿。2011年中国总人口为13.5亿，15—64岁劳动年龄人口为10.4亿，占总人口的比重是74.4%。① 考虑人口老年化的影响，按照劳动年龄人口占总人口的比重60%计算，基本实现工业化和城镇化后的中国农村劳动力还有2.52亿人。2010年，美国拥有可耕地24.45亿亩，农业就业人口只有284.6万人，从事农业生产经营的劳动力的人均耕地达859亩②。中国按照18亿亩耕地和2.52亿农村劳动力计算，每个农业劳动力平均耕地只有7亩，也就是说美国现在是中国未来的129倍。如果按照美国的农业现代化方式建立以私有制为基础的家庭农场，搞农业规模化、集约化、机械化经营，中国把18亿亩耕地通过私有化、市场化集中到种田能人手中，只需要200多万农业劳动力就可以了，2.5亿农村剩余劳动力将成为无地农民，也不可能到私人农场去打工，因为务农的200多万农业劳动力中已经包含有被雇用的农工，再加上工业化和城镇化已基本实现，城镇也不可能再提供很多的非农就业机会，失地农民也难以大量进城务工经商，成为难以转移的农村剩余劳动力。他们到哪里去？干什么？如何生存？他们很可能无地可去、无事可干，只能靠社会保障。虽然他们不是"三无农民"而是"二无农民"（无地、无业），但数以亿计的"二无农民"长期靠社会保障过日子，社会保障负担得起吗？能够持续吗？又怎样致富？土地私有化将使他们没有出路！我认为，只有坚持和完善土地公有制及其经营方式，建设社会主义新农村，才能解决还要留在农村的数以亿计农民的生存和致富的问题。

　　有人提出：既然资本可以私有化，由企业主掌握资本，工人被雇用进企业做工，不仅解决了工人的就业问题，而且带来了制造业的大发展，合理、合法、有益，为什么就不能让农地私有化，从而使得土地向种田能人手中集聚，再由他们雇用农民种地，进行农业规模经营和集约经营，大大提高农业劳动生产率，实现农村经济繁荣呢？他们认为这是对农民的歧视和不公。③ 问题是实行土地集中大规模集约经营的私人农场或种田能手雇用不了数量庞大的失地农民，更不谈私人农场或种田能手会实行效率更高的农业生产经营的机械化、信息化、自动化、社会化，会大量减少对农业

---

① 资料来源：2012年中国统计年鉴。
② 数据来源：2012年世界银行世界发展指数2012（World Bank World Development Indicators）。
③ 文贯中：《现行土地制度已成中国现代转型的桎梏》，《东方早报》2012年1月18日。

劳动力的使用和需求，卖地或失地的农民哪里去？干什么？怎么安置？私有化解决不了这些问题。而且，资本私有化与农地私有化是不一样的，中国的资本私有化虽然存在通过各种改制等合法或非法途径把部分公有资本转变成私有资本的现象，但是主要不是通过将公有的资本分配给个人实现的，而主要是允许、鼓励民间投资和引进外资而形成的，资本也不是全部私有化了，而是部分私有化，还有相当一部分资本是公有制的，以国有企业为主体的公有制经济仍然处于整个国民经济的主导地位；而农地私有化则只能是将公有制的农地重新分配给农民个人，而且农地必须全部实行私有化，因为农地私有化必须对所有农民一视同仁，必须让集体内的每一个农民都能分配到同样数量的土地。农地私有化将会使得中国农村公有制经济完全变成私有制经济，会造成多重严重的经济社会后果。

第三，土地私有化不能保证耕者有其田。什么是耕者有其田？就是耕者拥有自己的土地，耕种的是自己所有的土地。所谓"自己所有的土地"，可以是耕者个人或家庭拥有的土地，也可以是耕者共同所有的土地。耕者如果耕种的是别人所有的土地，包括租种别人的地或者被雇用到别人的土地上或农场里种地等，就是耕者无其田。土地是农业生产经营最主要的生产资料，是农民的命根子，是农民的根本利益之所在，是农民不受剥削的根本条件，耕者有其田是农民世世代代的追求。几乎所有主张土地私有化的论者都认为只有土地私有化才能做到耕者有其田，但是实际情况恰恰相反，土地私有制不能做到耕者有其田，甚至有可能使土地集中在少数不种地的人的手中，造成耕者无其田，中国几千年封建社会中许多农民少地或无地的历史事实就是明证。即使是通过土地改革把地主的土地私有制转变为农民个人或家庭的土地私有制，也不可能保证耕者有其田，因为农民可能因为自然风险、市场风险、经营失败、人身家庭变故等原因而破产失地。土地地主私有制中的雇农、佃农和以土地私有制为基础的资本主义农场或家庭农场中的农业雇工，都是耕者，都无其田；相反，土地耕者集体所有或共同所有的公有制却能保证耕者有其田，因为耕者耕种的是他们自己共有的土地，除了国家必要的合理的征用和有人非法剥夺的特殊情况之外，农民一般不可能失去共有的土地。

第四，土地私有化不可能使得大部分农民通过卖地致富。实行土地私有化的确使得农民有了完全的土地产权，能够按照自认为最有利的方式自由使用、处置和转让，有人据此认为土地私有化能够保障农民的合法权益，使得农民得不到高额补偿就可以不转让，甚至能够要高价，通过卖地而致富。曾经听有人极不负责任地说："现在只要土地私有化，中国大部分农民都会成为百万富翁！"这是典型的土地私有化产权神话。他们只从神圣的所谓"经济学常识"出发，闭眼不看下面这样的实际情况。农民是弱势群体，分散、组织化程度低，没有政府和制度的保证，即使土地私有化，也缺乏定价权和自由买卖权，土地转让价格不可能由农民说了算，甚至连转不转让都要受制于人，在强力之下有时不想转让也得转让；中国大多数农地远离城市和交通线，不少是穷乡僻壤，难以改变用途，大多数农地并不那么值钱，特别是中国农民人均土地少，大多数农民出售私有土地的收益有限，不足以保证其生存，更谈不上发财致富。所以中国大部分农民都不可能通过土地私有化实现自由买卖和改变农地用途获得巨额土地增值收益，成为百万富翁。

的确，工业化和城镇化能够使得土地大幅度增值，大城市郊区的农地价格可能上涨到上百万元人民币一亩，可能给土地被工业化和城镇化占用的农民带来巨额的土地增值收益，通过拆迁卖地发财。据说深圳市就曾经拆迁出不止一个亿元户。但是，大部分农民不可能卖地致富。因为不是什么土地都存在增值收益，不是大部分农地更不是全部农地都能产生大量增值收益，只有工业化、城镇化已经和将要开发和占用的那部分土地才能有较多的增值收益。即使是由于土地的稀缺性，土地价格可能存在上涨趋势，但这种上涨是长期的、缓慢的、有限的，所以大部分农民不可能通过改变农地用途和卖地致富，获得巨额土地增值收益，成为百万富翁。如果土地私有化真有能使全部或大多数农民变为百万富翁的神奇力量，为什么这么简单灵验、轻而易举的事，我们的政府不去做，反而还费尽心思、伤透脑筋、想方设法去增加农民收入，效果还不理想呢？难道只有少数个别天才精英才能发现这种灵丹妙药，我们各级政府的官员都是傻瓜！

而且，土地增值收益不应也不能完全由失地农民独享。像深圳等大城市那样拆迁出千万富翁、亿元富翁，我认为是不合理、不公平的现象。土地增值收益的分配首先必须考虑土地为什么会大幅度增值？如何兼顾相关利益者的权益？怎样才能更有利于经济社会的发展？工业化和城镇化占用的土地之所以能大幅度增值，主要是因为国家和其他投资者大量投资进行了"七通一平"（通路、通水、通电、通气、通邮、通信、通航，平整土地）等基础设施建设和城市及工商业项目的建设，推进了工业化和城镇化进程，工业化和城镇化既增加了土地的需求又改变了土地的用途，而工商用地的经济效率远远高于农业用地，土地因此而大幅度增值，地价因此而大幅度上涨，主要不是由于失地农民改良了原来占用的土地或改变了土地的地理区位而增值的。所以，土地增值收益必须在国家、相关投资者和土地被征用的农民之间合理分配。首先当然要保证处于弱势地位的失地农民的合理权益，而且也要给国家和相关投资者必要的补偿或回报，使国家更有能力、投资者有积极性进行基础设施和城镇及工商项目的建设。目前在征地拆迁方面最突出的问题是土地增值收益国家和开发商拿到的太多，失地农民获得的太少，严重影响发展和稳定。造成这种状况的主要原因不是土地公有制，而是其他相关制度和管理存在缺陷，特别是征地制度和补偿制度不合理、不完善。解决的办法不是土地私有化，而应该是深化改革，完善相关制度法规和严格执法，加强监督和管理，确定土地增值收益分配的合理原则和比例，真正保障失地农民得到应有的补偿。什么是失地农民应得的合理补偿呢？我认为合理补偿应该是以保证失地农民的就业和基本生活无忧为最低标准。

第五，土地私有化会使农民丧失最后一条保障线。在城乡统一的社会保障制度还没有建立起来的条件下，土地是农民的最后一条保障线，土地私有化和自由转让有可能使农民丧失最后一条保障线。因为天灾人祸、生老病死、妇幼伤残、务工经商和农业经营失败、丧失生产能力，使得农民都有可能卖地救急，丧失最后一条保障线，由此会造成严重后果。而保持农地的公有制，农民一般不会丧失土地这一条最后保障线，使得农民在城镇务工经商失败以后，还有一条退路——回家种田。2008 年美国和世界金融危机和经济危机发生时，数以千万计的农民工回流，若无地、无退路，后果将不堪设想！当时国外媒体就预言中国要发生大动荡，结果基本平安无事。

有人认为，土地私有化会使中国农民丧失最后一条保障线。在全社会统一、合理、完善的社会保障制度建立健全之前，人们还得主要依靠自己和家庭保障，农民还得以自己拥有或共有的土地作保障。社会保障制度建立起来以后，就不一定需要土地保障了。说在全社会统一、合理、完善的社会保障制度建立健全之前，土地还是中国农民的"最后一条保障线"。

的确，农民在改革开放前后都为新中国的工业化、城镇化和经济发展做出过巨大贡献和牺牲，现在"三农"问题突出、农业还比较落后、农民收入低而且增加困难、农村比较贫穷，在这种情况下，建立农民的社会保障制度主要应该是政府的责任，不能长期靠土地、靠农民自己保障。但是中国有8亿农民（包括2亿多农民工），需要的农民基本社会保障基金是一个庞大的数字，这是短期内难以筹集起来的，更何况现在政府财力仍然有限，所以在全面建设小康社会阶段，农民在相当程度上还得依靠土地保障。土地私有化则使得农民有可能丧失这条不能没有的保障线，可能带来严重的不良后果。

第六，土地私有化不一定能消除土地抛荒。中国现在存在土地抛荒现象，虽然与农地的公有制和不能自由买卖有一定关系，但主要原因不是农地的公有制和不能自由买卖，而是种田的比较收益太低。外出务工经商收入一般比种地高而且比种地轻松。把承包地租给别人的租金太少或租不出去。即使是土地私有化了，虽然土地可以自由买卖，如果卖价太低，农民一般会等待涨价而不卖；假若要价太高，又会没人买；如果还是种田的比较收益太低，外出务工经商收入比种地高而且轻松，把私有的土地租给别人的租金太少或租不出去，一样也会出现土地抛荒。

自改革开放以来，中国农村不少地方之所以农田水利基础设施退化，不仅年久失修而且新建很少，靠吃改革开放前30年农田水利基础设施建设的老本，近年来不得不由国家加大这方面的投入，其主要原因在于实行家庭承包经营制和分田单干以后，集体经济实力大大削弱，往往无人也无力关心负责公共基础设施建设了。[①] 如果土地私有化，这种现象只会更严重！虽然土地私有化和自由买卖能够促进资本下乡，实行土地兼并，有利于土地向种田能手集中，有助于实现农业规模经营和机械化，有实力和动机开展农田水利基础设施建设，但这样会在提高农业劳动生产率的同时减少农业对劳动力的需求，造成大量农民失地、失业。如果种田的比较收益依然太低、农民卖地要价太高或待价而沽，农地同样分散在大量小农户手中，不能实现集中规模经营，仍然会出现土地抛荒现象。实际上，在中国农民数量庞大、人多地少、土地极其分散在数量巨大的小农户手中的情况下，土地公有制更有利于在集体内部实现土地连片规模经营和集中力量进行农田水利等基础设施建设，中国现在像华西村、刘庄、南街村等先进的

[①] 贺雪峰：《地权的逻辑——中国农村土地制度向何处去》，中国政法大学出版社2010年版，第132、331页。

农村都是这样做的;相反,实行土地私有制在这方面只会更困难。

有人指出,"世界上仅有不超过10个大农场国家,能够有条件实现土地规模经济、产生农业规模收益,它们几乎全部是在殖民化进程中大规模杀戮当地土著、开疆拓土的产物。除此之外,老欧洲那些发达国家虽然市场化了几百年,却都没有实现教科书中才有的'规模经济',至今还是以小农场为主,而且2/3的农业经营者还是兼业化的";"即使实现土地规模经济的美国,其农业也没有完全按照自由市场的教条化理论运作。众所周知,美国大农场得到的政府补贴,比任何一个发展中国家都多得多"。①

第七,土地私有化不能完全消除与土地有关的腐败现象。虽然土地私有化可以让农民获得完全的土地产权,使得各方面各种侵犯农民土地权宜的行为更加困难,有助于从根本上避免农村干部利用权力在集体土地征用、流转和分配使用中牟取私利,但是土地私有化不能完全消除与土地有关的腐败现象。土地是一种关系人口生存而又不可再生的有限的具有空间垄断性、不可流动性和地理区位不可替代性的基本资源,其用途不可能完全市场化,许多国家包括西方发达国家对土地的使用都会有程度和内容不同的管理和限制,为了公共利益也要征地。② 只要有征用、管理和限制,就可能产生官僚主义,出现行贿受贿、寻租腐败现象,即使是实行土地私有制和多党议会民主制的国家也不可避免,有的甚至很严重。

第八,土地私有化提高工业化和城镇化的成本。土地私有化和自由买卖不仅可能导致土地向少数人手中集聚,产生土地食利阶层,还可能发生漫天要价与贱卖轻甩的现象。③ 贱卖轻甩会造成土地资源的浪费,损害农民的利益;漫天要价则会提高土地转让价格,使土地所有者获得不应该得到的土地增值的全部收益,从而加大工业化和城镇化的成本,难以合理获得工业化和城镇化必要的土地,不利于提高土地配置效率(因为土地的工业化和城镇化利用的效率远远高于农用),无益于工业化和城镇化的推进,因而也有碍于"三农"问题的有效解决,因为推进工业化和城镇化是解决"三农"问题的根本途径之一。土地私有化还可能像印度等国那

---

① 温铁军:《我国为什么不能实行农村土地私有化》,《红旗文稿》2009年第2期。
② 秦晖:《关于农村土地制度的思考》,《经济观察报》2004年11月13日。
③ 秦晖:《农民地权六论》,《社会科学论坛》2007年第9期。

样，形成真正的"钉子户"，使得必要合理的征地拆迁搞不成，严重妨碍国家的基础设施和城市建设。不能把农地非农化都称之为不合理的"圈地运动"。只有利用特权和暴力，强行剥夺或低价大量征收、圈占农民土地的行为，才是所谓"圈地运动"。必要的合理合法的、给失地农民合理补偿的又不闲置浪费的征地，是在保护了农民利益的前提下有利于推进工业化、城镇化和经济社会发展的行为。

第九，土地私有化可能导致城市贫民窟化。土地私有化的确可以起到逼农民进城、加快城镇化的步伐，因为土地出卖以后，他们在农村已无立足之地，再加上土地集中、机械化耕种、农业规模化集约化经营，只需要很少的劳动力，大量失地农民只能迁移到城镇谋生。但是这种方式不是工业化和经济发展带来的水到渠成的城镇化，只可能是过度城镇化、病态城镇化，会像印度、拉美国家那样，在城市形成大面积的贫民窟，成为所谓"城市贫民窟化"。有人指出，"如果任由土地私有化和自由买卖，结果非但不是快速、低成本地实现工业化和农业现代化，反而一方面农村凋敝，小农破产，无地则反；另一方面，失地农民大批涌进城市而难以就业，实现的不是城市化而是城市贫民窟化"。[①]

第十，"三农"问题存在的根本原因不是土地公有制，出路也不是土地私有化。目前中国存在的严重的"三农"问题的根源不在土地公有制，农业分散、小规模经营、土地抛荒、难以合理流转、土地征用和补偿不合理、部分"三无农民"出现、各种涉农腐败问题的产生、农民利益受损害等现象。产生的原因也不是土地没有私有化，这些问题存在的主要原因是土地使用、流转、征用、补偿的制度有缺陷，经营管理有问题，户籍制度、就业制度等改革的任务还没有完成，城乡统一的社会保障制度还没有建立；最根本的还是工业化和城镇化还没有实现，能够转移的农村剩余劳动力还有相当部分没有转移，农业也还没有实现现代化，社会主义新农村还在建设之中。这些问题及其原因并不是土地公有制的必然，也不是不可克服的。因此，中国"三农"问题的根本出路不是土地私有化。"三农"问题不是土地私有化而能一化了之的。那可是太简单、太天真、太幼稚了。

如何实现土地合理规模经营、农业现代化，提高土地利用效率，有效

[①] 温铁军：《我国为什么不能实行农村土地私有化》，《红旗文稿》2009年第2期。

保护农民的利益，让农民分享改革发展的成果和土地增值的收益，从根本上解决"三农"问题呢？我认为，解决"三农"问题的基本途径应该是"三化一新加反哺"，即推进工业化、城镇化、农业现代化（即农业的产业化、机械化、信息化、特色化、绿色化、优质化、多业化、高效化）和社会主义新农村建设，实行工业反哺农业、城市支持农村。在制度上，主要是坚持和完善农村集体所有制及其经营方式，改进和完善家庭承包经营制，建立和健全农地合理流转、占用、补偿制度，进一步改革户籍制度和劳动就业工资制度，尽快建立城乡统一的社会保障制度。

第十一，土地私有化不利于保障国家的粮食安全。有人认为，"当今全球粮食安全的最大威胁恰好就是自给自足的政策。相反依靠贸易和交换（国内的和国际的）才能保证粮食供给的安全"。① 也就是市场完全可以解决粮食问题，依靠国际市场更安全，在经济全球化和市场化条件下，粮食短缺必然引起粮价上涨，刺激世界各国扩大粮食生产，依靠国际市场完全可以满足中国的粮食需求，根本不用担心。但是，他们没有看到，中国有13亿人，粮食需求巨大。2010年中国全年粮食总产量达到54641万吨，2010年全世界粮食出口总量为27554.5万吨。② 由此可见，即使把世界各国出口的粮食全部卖给中国，也远远不能满足13亿人的需求。中国粮食需求的满足依靠任何别的国家或世界市场都是没有保证、不可持续的，而且吃饭的问题依靠别人是非常危险的事情，只能主要依靠自给。即使土地的工业化和城镇化利用的效率远远高于农用，也要合理保护耕地特别是种粮用地。而土地私有化让农民获得完全自由使用、转让、改变用途的权利，使得政府难以调控土地的使用，有效实行严格的耕地保护，从而影响粮食安全的保障。

第十二，土地私有化不利于维护社会稳定和坚持社会主义方向。

土地私有化可能产生多重危害：会使中国农民丧失最后一条保障线，导致土地向少数人手中集聚，加剧农村贫富两极分化；大量增加"三无农民"，无法待在农村，必然涌向大中城市，引起过度城市化，造成大面积"贫民窟"，以及城市环境的脏乱差和治安恶化，严重危害社会稳定；增加合理农地非农化的成本和困难，不利于工业化和城镇化的有效推进；

---

① 茅于轼：《为什么市场能够保障粮食安全?》，《中国发展观察》2010年第7期。
② 刘忠涛、刘合光：《世界粮食贸易现状与趋势》，《农业展望》2011年第5期。

造成农村公共基础设施的退化和建设困难；加剧中国粮食风险；无益于社会主义新农村的建设和"三农"问题的最终解决。

世界经济发展史表明，在工业化和城镇化快速推进和经济社会发生巨大变革的时期，往往会发生激烈的社会矛盾冲突和剧烈的社会动荡。改革开放以来，在工业化、城镇化、经济市场化、全球化大规模加速推进，经济社会发生巨大变革和转型的情况下，在工农、城乡、地区、收入差别扩大、农村剩余劳动力数量特别庞大的条件下，中国之所以保持了社会的基本稳定，没有出现严重的过度城镇化和大面积的城市"贫民窟"，没有发生剧烈的社会动荡，一个重要原因是没有实行土地私有化，给全体农民保留了最后一条保障线。基本保持农地的公有制性质和不能自由转让的制度安排功不可没！土地非私有化是中国现阶段发展、改革、稳定的重要条件。

虽然不能说土地私有化一无是处、一点作用也没有，土地私有化可以让农民获得完全的土地产权，使得各方面各种侵犯农民土地权宜的行为更加困难，有助于从根本上避免农村干部利用权力在集体土地征用、流转和分配使用中牟取私利，可能有利于资本下乡、土地资本化，刺激农民增加农业投入、实行土地集中规模经营，但弊大大地多于利，会造成上述许多严重后果。有人认为，中国之所以反对土地私有化，完全是出于政治制度和意识形态的需要考虑，其实不然。经济决定政治，之所以中国土地不能私有化、农地必须坚持集体所有制，首先是从根本上维护农民利益，解决"三农"问题，实现农业现代化，促进工业化和城镇化，防止农村贫富两极分化，最终走向共同富裕的经济需要；其次才是坚持社会主义和共产党领导，维持社会稳定的政治要求。如果土地私有化，再加上国有企业私有化，社会主义、共同富裕和共产党领导将失去其存在的所有制基础。

（四）农村土地改革——集体所有制土地充分流转基础上实现国有制下的合同租赁经营

中国既然不能实行土地私有化，现行的农地集体所有的制度和家庭承包的经营方式又不健全完善，存在种种缺陷和问题，仅靠这种制度和方式还不能从根本上解决"三农"问题，成功实现农业现代化，让农民富裕、农村繁荣起来，那么中国土地制度和农村经济的组织形式、经营方式演进的趋势是什么，或者说深化中国农村改革的任务、方向和途径应该是什么呢？

由于农村土地集体所有制存在着巨大的外部利润，各地农村根据实际情况的不同，在不触动土地集体所有的前提下，自发地进行了一系列的诱致性土地制度变迁。比如，两田制、土地股份合作制、反租倒包和"四荒"拍卖等。20世纪80年代中期以来，理论界从不同的角度对中国农村土地集体所有权制度进行了全面深入的考察和研究，并提出了一系列富有见地的改革思路：取消集体土地所有权，实行土地国有化。

农地国有化我国政府是最容易接受的。制度变迁必须顾及这个社会的主流意识形态和政治现实。我国是社会主义国家，必须坚持社会主义制度就是一个最大的政治现实。由于绝大数农民一直都认为农村土地是属于国家的，所以对他们来说接受土地国有化更是毫无困难，不会造成任何冲击和少数学者想当然的被"剥夺感"。农地国有化既不会给农民利益造成损失也不会影响国家的工业化和城镇化的推进。

实际上，我国现行的农村土地集体所有制就是准国家所有制。其一，尽管中国现行法律规定中国农村土地属于村民集体所有。但是事实上法律没有规定村民作为所有权者应该有的权利。中国的土地承包期是由国家统一规定的，由国家宣布土地承包期本身就是说明国家是以土地所有者的身份来规定经营者的使用期限。其二，根据中国的土地征收的相关法律规定，村集体所有的土地不能够直接卖给土地开发商或者其他用地单位，而是首先由国家买进，进行所谓的土地征收，然后再由国家拍卖给土地开发商或者其他使用单位。这种做法理论上否认了村作为集体所有权者的地位。其三，严格来说，中国农村土地制度也不能定义为社区土地所有制。社区所有制的特点是土地属于社区公有，社区按照社区的规定决定社区内部个人土地的使用的方式和期限。这里的社区具有真正的原始自治特点，没有国家统一规定的土地使用期限，也不存在行政管理。上述理论分析证明，中国农民问题的根源是农民没有土地所有权，法律意义上的土地所有权仍然掌握在国家手里。

二 "三农"问题的前提是农业问题

全面认识和正确对待农业问题，是解决"三农"问题的前提。只有具备这个前提，才能解决农村和农民问题。

（一）重视农业的价值是新农村建设和健康城市化的核心环节

第一，充分发挥农业的多种功能，重建农业与农民和农村的联系。长期以来，人们往往只看重农业的经济产业功能，即强调农业生产粮食、蔬菜、花卉、水果等经济作物的功能，农业的其他功能如生态环境功能、物种多样性功能、农民生活和就业功能、社会稳定与社会调节功能、国家主权安全功能、文化教育和医疗休闲功能等却被严重忽视了。如果按照全要素价值来计算农产品价格，就应当包括生态价格、物种多样性价格、国家安全价格、文化传承与教育价格等在内的至少八大价格。但是我们目前拒绝支付除经济价格之外的七大价格。农业提供了如此众多的功能，却没有获得合理的价格支付。由此，农业产值占 GDP 份额很低，农业无法和二、三产业站在公平的竞争位置上。更重要的是，如果一直单方面强调农业的经济产业功能，不仅会带来其他功能的剥蚀，还会带来巨大的负外部性。比如，对农业生态功能、就业功能和文化功能的忽视，导致目前农村人口大量外流、农村发展缓慢、农业污染占据了全部环境污染的一半。而市场机制根本无法解决外部性问题，更不能解决远比经济因素复杂和重要的政治、社会、文化、生态环境问题。因此，需要重新评估农业的价值，通过政策干预引导农业生产方式的转型。今后，各级政府应尽早转变政策导向，站在生态文明建设的战略高度，把对化学农业的补贴改为对农民有机生产的高额补贴，考虑建立公共财政为主的生态价值补偿机制，使农民从农业生产和经营中获益，吸引更多的优秀人才和资金回流农业和农村。如果农业能够较好地解决农民的就业和生活问题，农民就有积极性从事农业生产；就有积极性建设家园、热爱农村。建立在健康、低碳农业基础上的农村，是真正的农村、美丽的农村。

第二，转变农业生产方式，重新把握农业发展与劳动力配置及城市化的关系。走生态文明建设的发展道路，继承中国农耕文化的优良传统，采用绿色有机的生态农业技术，抛弃依赖化肥、农药、转基因种子的粗放经营的农业生产方式，把农业改造成一个劳动密集型的高效益农业，是我国农业发展的健康方向。只有坚定不移地坚持这个正确的方向，才能保证农业生产的每一道环节需要大量的劳动力，才能最大程度地开发和利用农村的劳动力资源；才能使农村的畜禽粪便等生态资源得到最大程度的利用，形成生态经济、循环经济；才能振兴作为世界文化遗产的中国手工业并带动原汁原味的乡村旅游业的发展，也才能从根本上保证农业满足就业的同时释放出"真正"的"农村剩余劳动力"，使工业和城市的发展建立在坚实的基础上。

(二)围绕农业生产方式的转型，卓有成效地进行一系列制度变革

第一，强化村委会职能，发挥双层经营体制的组织功效，提高农民集体行动的能力。农业生产是需要组织力量的。许多带有公共物品性质的农业生产环节如抗旱防汛、农田改造、道路维修、农技服务与推广等往往需要有一个超越单个农户规模的组织来应对和承担。立足于现有的政治体制，能够为普通农民提供社会化的公共服务，能够为农业生产方式的转型提供足够组织力量支撑的仍首推村民委员会。目前的困难是，取消农业税后，村委会不再协助县、乡政府收取税费，也不愿介入农户的生产生活，农民与村干部的关系日益疏远，国家的各种支农补助下达基层或者通过银行系统直补到农户，村委干部仅仅扮演着协助政府部门落实各种支农政策的"助手"角色，以此领取一点微薄的补贴。在村庄集体经济微弱或没有集体财产的条件下，村委会发展生产、提供村庄公共物品的动力和资源相当匮乏。因此，在取消农业税和建设社会主义新农村的背景下，恢复和提高村委会发展经济、服务农村的综合功能，使其重新担负起土地集体所有制基础上的合作生产组织职能，显得尤为重要和迫切。这个判断符合邓小平1993年3月所说的"两次飞跃"论述——重回集体所有制和集体经济为主导的"统分结合双层经营体制"，不再是纯粹的"分田单干"，不再是分散的农户作为农业生产的唯一组织单位。强化村民委员会的农业生产职能，将不仅使农业生产获得农田水利基本建设和新技术推广等方面的支撑，而且也是农民有效参与村庄政治和完善村民自治制度的需要。

第二，改革农村和农业的经济社会政策，使农业成为亮丽的经济增长点。转变农业生产方式、改变农村人、财、物快速流向城镇的不利格局，关键是要改革农村和农业方面的经济社会政策，使农业产业变成希望产业、富民产业。具体的政策措施有：一是加大农民的培训力度，对农民参加技术培训予以大幅度补贴，提升农村社会的人力资本。积极培训农民在继承传统农耕优良传统的基础上，掌握生态农业技术，改造传统农业。二是借鉴日、韩及我国台湾地区发展农业和农村的经验，扶持真正的农民专业合作社，限制城市资本下乡，支持村集体和农民合作组织在农产品加工、营销及生产资料的供应等领域享有充分的收益权。三是改变目前粮食直补到户的政策，变粮食直补到户改为直补到真正的粮食生产者。四是搞好村民自治的经济基础，国家应把相当部分的财政经费转移到村集体，通过村庄民主的方式使村委会承担起提供农村公共物品的责任，大幅增加水

利建设投入、重建农业生产的技术服务体系。五是动员社会资源，构建新型的城乡"公平贸易"框架，拓宽健康农产品的营销渠道，把农产品加工、流通环节的利润在生产者和消费者之间重新分配，形成消费者—生产者—环境保护之间的良性循环机制。六是增加农地的财产性收入，保证国家粮食安全。在村民共同体（村委会或农民组织）的主导下，对村庄土地进行整理和改良，同时改良更多的荒地、盐碱地，并实施"非转农"，国家在现有的"土地增减挂钩政策"框架内，对农民和村民集体"非转农"的土地给予高额补贴。这既是增加农业生产的吸引力，也是增加农民财产性收入，还是保障粮食安全的一举三得、利国利民的方法。这个方法的实施，需要保护土地，需要巩固和提高村集体的行动能力，而不是去土地集体所有制和削弱村民自治的经济基础。

第三，减缓城市化步伐，慎重实施"村庄撤并"，保护更多的村落和农田。随着城市建设速度和规模的扩大，各种招商引资和项目开发中的农地征用越来越多。在城市土地资源越来越紧张的情况下，又试图利用"土地增减挂钩政策"撤并村庄，通过增加农村耕地的面积来增加城市的土地供应。但村庄撤并从根本上改变了农村的原生态，改变了农民对农业前途和村庄生活的预期，促使农村社区更快地向城市演变。在"城市病"愈演愈烈的同时，农业生产和村庄生活面临着新的考验。

三 "三农"问题的核心是农民的生存和发展

农村经济社会发展中出现了一系列需要关注和亟待解决的问题。例如，有农民收入问题、劳动力转移问题、土地市场制度问题、农村金融制度问题、粮食流通体制问题，还有农村市场消费、乡村基础设施建设、社会基本保障制度以及农民自组织等问题。乍一看，怎么会冒出这么多问题来，使人觉得无从下手。其实，当前农业、农村暴露出的一系列问题，并不是近期才产生的，有许多问题早在20世纪80年代就已出现了，不过那时问题还没有累积到现在这种严重程度。另外，从这些问题之间的关系分析，在农业、农村和农民中的诸多问题并不是并列关系，也不是在同一时期发生的，其中有许多问题是相互关联，存在着衍生关系。比如，农民收入问题、劳动力转移、土地市场、金融制度就有着直接关系，同时也与粮食流通体制、农村市场消费等密切相关。因此，在陈述"三农"问题时，不能简单地罗列问题，应该找出事关农业、农村经济社会发展的重大问题和核心问题来，分析其形成原因，并对症下药。

当前"三农"问题主要集中反映在三个方面：一是农民收入问题，二是农村市场消费问题，三是农村劳动力转移问题，其他问题要么是由这三个问题引发出来，要么与其紧密相联。目前的"三农"问题已经和过去的"三农"问题发生了本质的变化。假如说过去有"三农"问题，在80年代中期以前，表现在宏观层面上仅仅是一个产量问题，或者说是食品安全问题；现在"三农"问题已经从食品安全问题演变成一个以收入、消费和就业为中心的经济和社会问题。

在现阶段，归结起来，"三农"问题的核心是农民的生存权和发展权与城市居民的差距越来越大。20世纪90年代以来，中国经济的繁荣主要集中表现在城市方面，农村经济发展要相对落后。同城市相比，农村发展落后首先体现在投资严重不足，基础设施供给明显滞后。自1998年中央实施积极财政政策以后，虽然中央和各级地方政府向农业和农村投入了许多资金，明显改善了农村基础设施的落后状况。但是，在利用财政资金改善城乡基础设施建设上，国家向城市投资多而对农村投资偏少。例如，1998—2002年国家连续发行建设国债6600多亿元，其中用于农业和农村的资金约为1897亿元，占28.7%。就是这1897亿元，还包括了大江大河工程治理、生态环境保护和建设投资等，而这些投资直接受益的是全社会，对拉动农村经济发展的直接作用并不十分明显。在国家集中大量资金投向城市基础设施建设后，使得城市公共品的供给和现代化水平上了好几个台阶。和国外比较，目前我国的城市特别是大中城市的现代化水平并不比发达国家差，甚至还超过一些国家。可是，由于农村投资少，乡村道路、人畜饮水、医疗卫生、文化教育和社会保障等公益性事业发展严重落后，同城市的差距越拉越大。这里，如果仅以基础设施供给状况衡量城乡发展水平，那么当你进入中国的大中城市就好像到了发达国家，相反当你进入中国的农村又好像到了发展中国家。这种城乡反差既存在于东部沿海地区，也存在于中西部地区。城乡投资差距不仅反映在基础设施建设方面，而且还反映在民间投资方面。在20世纪90年代里，农村集体和个人投资增长也远远落后于城市。从1990—2001年，城市集体和个人名义投资增长了8.8倍，而农村集体和个人投资仅增长了4.4倍，城市比农村增长速度快一倍。农村投资增长慢，经济发展速度必然也慢，进而农民收入的增长也不会快。1990—2002年，农民人均纯收入增长了69.7%，年均增长4.45%,比20世纪80年代增长速度几乎慢了一倍。而同期内,城市居民人均可支配收入增长由慢变快,12年里居民收入增长了138.3%,年均增长7.5%,增速是20世纪80年代的2.5倍。在这种情况下,城市居民的收入越来越高,与农民的收入差距越来越大。比如,1985年城市居民的可支配收入是农民的1.86倍,1990年为2.2倍,1995年上升到2.71倍,到2002年高达3.1倍。受收入增长的制约,农民的消费增长也极其缓慢,同城市居民的差距也在拉大。从1993年到2002年,城市社会消费品零售总额名义上增长了2.58倍,而县及县以下仅增长了1.87倍。到2002年农民人均年消费支出水平是城市居民的1/3,消费差距比20世纪80年代扩大了40%以上。由于农民消费增长缓慢,农村市场需求明显偏冷,导致其在全社会中的市场消费份额出现了萎缩的趋势。例如,在1990年农村市场消费在全社会中的份额是53.2%,1995年降到40%,2002年进一步降到36.7%。当前,农村投资不足,农民消费增长缓慢,已严重影响了国民经济的发展。因为,在13亿人口中,有8亿左右农民在紧缩投资和压缩消费,势必会给启动内需拉动经济增长带来巨大的困难。可以肯定地讲,在通货紧缩的情况下,要想启动内需首先必须将占全国2/3人口的农民的积极性调动起来,鼓励他们投资,刺激他们消费,只有这样中国的经济增长才会有动力。面对城乡发展差距,有人提出,目前中国的农村状况比过去恶化了,农民的生活水平越来越差。这种说法有些偏激,甚至对农村缺乏起码的了解。从实际情况看,当前农民的收入水平、生活状况都比过去大大进步了。但是为什么"三农"问题又突然变尖锐了呢?关键是农民的生存权和发展权与城市人差距扩大到了某种限度,给人的感官视角造成了异常刺激,引起了社会部分群体的心理失衡,危及社会经济的进一步发展。

四 "三农"问题是市场经济在中国展开的必然结果

必须指出,这种论述是建立在两个前提之上的:其一,市场经济对中国农村的侵蚀作用逐渐增强;其二,小农经济仍然是中国农民的基本存在形式。[1]

---

[1] 赵磊:《"三农问题"的症结究竟何在》,《农业经济问题(月刊)》2005年第6期,第12—14页。

（一）农民收入问题

在现实的产业结构、经济全球化的背景下，如果增加收入的途径是"市场"（如提高农产品价格），那么这种增加就必然存在着"市场局限"（比如与国际现代化的农产品价格相比，我国小农生产的农产品价格已是天花板价格）；如果增加收入的途径是"行政"（比如"直接补贴"、"转移支付"），那么这种增加不仅存在着"财力局限"，且也不可能过分偏离市场经济的要求。如果没有现代农业的"规模经营"支撑，在小农经济的基础上来增加农民收入只能是杯水车薪。因此，小农经济收入的增加与市场经济的发展是负相关的。

（二）农民负担问题

减轻农民负担很有必要，但是这并不能从根本上解决小农经济收入过低的问题。在我国的 GDP 中，农业产值已不到15%，可是在总人口中，农民却有8亿。从市场经济的发展趋势来看，农业产值的比重只会减少不会增加；如果以小农形式存在的农业人口没有大的减少，平均到农民人头的农业产值就难以增加。可见，在分子（农业产值）减少而分母（小农人口）不变的情形下，即使把农民的各种税费全部取消，靠农业来增加农民收入也难有很大的作为。换言之，经济结构的变迁必然减少可供小农经济分配的产值，单纯的削减税费改变不了农民的命运。

（三）撤消乡级政府

政府机构日益膨胀（乡级政府），正税无力支撑，结果必然是各种名目的收费泛滥成灾。此问题不解决，减轻农民负担的各种举措就只能是扬汤止沸，即使暂时减下来，也会反弹。因此，撤消乡级政府应当是釜底抽薪之举。但是，政府退出后的权力真空由什么填补，如果出现"南霸天"、"西霸天"等的"恶人治村"又当如何？或曰寄希望于农民自治，问题在于"自治"的诉求与分散、孤立且不合群的小农经济如何整合？如果小农经济的本性要求自治，那么就意味着现代政府的管理方式与小农经济的生存方式发生了冲突——因为现代政府的科层制（科层制又称理性官僚制或官僚制。它是由德国社会学家马克斯·韦伯提出的，建立在其组织社会学的基础之上，体现了德国式的社会科学与美国式的工业主义的结合。按照通行的解释，官僚制指的是一种权力依职能和职位进行分工和分层，以规则为管理主体的组织体系和管理方式，也就是说，它既是一种组织结构，又是一种管理方式。）管理与小农经济的"自给自足"是不相容的。或许，小农经济的"自治"诉求就是"不需要现代政府"的自治，那么也就意味着在小农经济面前，现代政府的"失灵"是必然的。因此，问题就不再是政府机构的"十恶不赦"，而是小农经济本身的特征决定了现代政府机构的多余。小农经济的生产方式没有为现代化的政府（即使是形式上的现代科层制）提供著名历史学家黄仁宇所提出的"用数目字管理"的条件。然而，市场经济的发展内在地要求"数目字的管理"，于是，一旦这种管理向农村延伸，小农经济的经济基础必然扭曲作为上层建筑的政府管理，并通过机构膨胀、税费加重等所谓的"政府失灵"表现出来。学术界一致认为当代中国的财政供养人员比例过高，在 1:30 左右；但与当代美国的财政供养人员比例 1:15 相较，显然要低得多[①]。由此我们不难理解，所谓农村基层政府的膨胀，并不是单纯的人员过多的问题，而是相对于汪洋大海的小农经济而言，"用数目字管理"的现代政府未免太奢侈了。

（四）让农民享有公民权利

必须强调的是，公民权利绝不可能在小农经济的土壤中生长出来，而只能以小农经济的解体为前提。可见，学术界所谓"中国农民权利的缺乏"本质上是小农身份与现代农民权利的矛盾。如果人们所说的农民的"公民权利"就是今日中国 8 亿农民作为小农经济的生存权利，那么市场经济要消灭的正是这种权利。在小农经济的基础上谈农民的权利，没有任何实际意义。比如，不少人以为只要取消了户籍制度，给予农民以"选择的自由权利"，就能解决"三农"问题。这种看法隐含着一个假定前提就是：农民"被用暴力的手段束缚在土地上，他们不能按照自己的意愿追求自己的幸福"。然而，这种主张似乎忘了，进城打工其实并非小农的自愿选择，而是一种迫不得已的无奈之举。在市场经济的冲击下，面临解体的小农除了进城打工一途，他们能有别的选择自由吗？正如吕新雨所说："农民背井离乡是农业严重凋落后无法生存的被迫选择，出外打工其实是唯一出路……否则就无法解释他们为什么要'选择'到充满污染和危险的工厂和矿井去忍受歧视、伤残与死亡。"[②] 诚然，风雨飘摇的户籍制度的消亡已经指日可待，但是它的消亡的积极意

---

① 唐亚林：《当今中国财政供养人员比例的真相》，《天涯》2004 年第 6 期。
② 吕新雨：《"民工潮"的问题意识》，《读书》2003 年第 10 期。

义并不意味着小农从此有了选择的"自由",而是对于小农经济不得不走向解体的一种法律追认。换言之,户籍制度的消亡并不是小农经济从此具有合法生存权利的证明,而是小农经济生存权利已经丧失的必然结果。在小农经济广泛存在的中国呼吁农民的权利,或许不无道义上的优势,对于抑制资本的过度压迫也不无积极意义。但是,这个权利必须以真实的经济权利为基础,没有经济权利的话语权利不过是画饼充饥,说说而已,当不得真。在市场经济下,这个经济权利就是非农就业的出路和切实的社会保障,而不仅仅是自由主义精英挂在嘴上的择业、迁徙的自由。高尚的道德诉求必须靠"形而下"的就业出路和社会保障来落实,否则,享有了择业和迁徙"自由"的破产小农就"不过是从农村贫民窟迁到了城市贫民窟而已"。

(五) 转移农村剩余劳动力

转移农村剩余劳动力的一个基本假设是"农民过多",这个假设在经验上和实证上都已经得到了"证实",但遗憾的是该假设在理论上却是含混不清的。古代农业社会的农民多不多?为什么没有今天意义上的"三农"问题?其实,真正"剩余"的并非"现代意义上"的农民,而是以"小农经济身份"存在着的农民。澄清这一区别并不是玩文字游戏,因为被市场经济"精减"掉的农民只能是"小农",而绝不可能是现代化的农民,现代化农民是市场经济的社会基础。换言之,"农民过多"是相对于市场经济而言的"过多",只要小农经济存在于市场经济之中就必然出现"农民过多"的问题。因此,所谓"农民过多"的真实含义是"小农经济过多",而并非笼统的"农民过多"。

由此可见,今日中国之"三农"问题,本质上就是小农经济与市场经济的冲突和矛盾,这个矛盾才是"三农"问题的症结所在。不难理解,"三农"问题所引发的社会危机其实是内在于现代市场经济发展的逻辑之中的;农民的破产、农业的凋敝、农村的衰落是市场经济在中国展开的必然结果。在土地承包制复活了小农经济三十多年后的今天,中国农业生产已越来越成为负效益的事实即是明证。对于小农经济与市场经济这种"不共戴天"的紧张关系,马克思曾有过十分深刻的认识。在马克思看来,导致小农经济消亡的直接因素在于:大工业的发展破坏了农村家庭手工业;土地逐渐贫瘠和枯竭;公有地被大土地所有者所霸占;资本主义大农业加入了竞争等[①]。显然，在这些因素的背后我们都可以找到市场经济这只"看不见的手"。因此，对"三农"问题的认识和把握必须以小农经济与市场经济的矛盾为基本前提，任何离开这个矛盾来观察"三农"问题的视阈都是幼稚的、肤浅的。正因为看不到"三农"问题的本质所在，所以学术界不少人在分析"三农"问题的原因时总是在现象层面上纠缠不清，不得要领。

五 "三农"问题的症结分析

"三农"问题集中反映在收入、消费和劳动力转移方面，核心体现在生存和发展上。那么是什么原因引起"三农"问题呢？从根本上说是由制度和结构造成的，是由我们的制度设计缺陷和结构转换偏差引起的。当然也有生产要素、农业投入不足和农业投入效益低下等问题。

（一）制度设计缺陷

从制度看，改革开放以前，国家用计划经济、依靠行政力量造就了一个城乡二元体制（结构），改革开放以后尽管我们对这种制度进行了改革，但是在改革进程和制度安排上偏废了农村。主要表现在两个方面：

第一，80年代中期以后，我们把主要改革精力从农村转移到城市，集中在宏观经济体制和国有经济体制改革方面，对农业、农村的体制改革重视不够，造成了许多问题积重难返。

第二，农村制度的变迁受到了抑制。比如，一是土地不能市场化。城市扩张、修筑公路和开发区建设侵占了大量农村土地，这些土地都是以低价强制性从农民手中收购的，造成巨额土地收益流失。二是民间金融机构发展受到限制，基金会撤销，民间借贷不合法，造成农村金融从资金总量和机构双重供给不足。三是粮食流通体制市场化改革滞后，限制非国有的市场主体进入粮食收购领域。四是城乡财税体制改革滞后，形成财权和事权不对称，造成越是基层政府财权越小、事权越大，这引起基层政府向企业和农民乱收费，加重农民负担。

（二）人地紧张的国情矛盾

据《元丰九域志》记载，早在13世纪初叶的宋朝，中国人口就已突破1亿，那时人地关系就有些紧张。到1840年鸦片战争时，中国人口已

[①] 《资本论》第3卷，人民出版社1975年版，第909—910页。

超过3亿。① 其后百余年人口数量稳居世界第一。1949年新中国成立时人口已经超过5亿，虽然也通过垦荒造田，一度使耕地面积增加，但20世纪50—60年代由于政策失误造成人口超过7亿，庞大的人口基数导致人口增加的绝对值越来越大，人均耕地面积下降的趋势已经不可能根本扭转。在全国普遍推行大包干之后的1984年，农村劳均耕地面积约为0.3公顷，人均只有约0.1公顷土地。到全国落实"延包政策"的1998年，农村劳均耕地面积继续下降，约为0.27公顷，人均只有约0.08公顷土地。目前，我国已经有1/3的省人均耕地面积少于1亩，有666个县低于联合国确立的人均0.8亩的警戒线，463个县低于人均0.5亩的危险线。② 这就是说，在我国1/3的农村，由于人多地少，已经使土地连维持农民生存也不足了。对农民而言，土地所承担的生存（社会保障）功能，已经重于生产功能。而土地既然成为社会保障的基础，就很难再完全体现市场经济的原则。

（三）结构转换偏差

结构转换是一个国家经济发展的根本，经济发展到一定阶段之后，结构转换会刺激经济增长，但是国家在90年代以后的结构转换对农业、农村和农民是不利的。为什么？一方面，工业的过度扩张，导致了非农产业在大量抽取农业、农村资源的同时，排斥大量劳动力进入，造成农民占有的资源和财富份额下降。另一方面，受结构转换的影响，财富过度向城市集中，强化了城乡二元结构矛盾。因此，当前我国城乡居民在生存权和发展权方面的差距扩大趋势，既是由市场经济变化引起的，也是由于一些宏观政策不当和制度安排偏差造成的。

（四）生产要素问题

从根本上解决生产要素问题，对生产工具和生产技术而言，必须推广农业科技应用和农业机械化生产，从而提高劳动生产效率。

对劳动对象和劳动力而言，一是必须加大土壤改良和耕地保护措施改善农业生产条件。二是要通过技术培训提高劳动者素质，并通过农村富余劳动力向第二、第三产业转移，实现农业资源的相对集中，达到规模化、

---

① 袁钺：《人地矛盾化解：农村土地制度创新的关键》，《贵州财经学院报》2007年第2期。

② 温铁军：《农民社会保障与土地制度改革》，《农业经济导刊》2007年第3期。

集约化经营。

但是按以上思路解决生产要素问题也面临着一些现实困难。例如推广农业科技应用和农业机械化生产，需要现有的农田具备集中连片、农田平整等机械化操作的条件，但目前，从农民整体的劳动技能和生产条件而言都无法达到。又如关于农村劳动力转移问题，农村劳动力转移从理论上来说，可以促进土地的相对集中，但是，我们国家农村劳动力转移必须有充足的就业机会提供给这些农村劳动力，而这些就业机会并不是凭主观的愿望就能立即产生的。再如户籍待遇问题、农民工子女接受教育问题、农民工医疗问题等，现在很多城市对农民工进城务工依然实行多项政策性歧视，这些问题实际上限制了农村劳动力转移，造成许多农民离土不离乡，农民身份无法向产业工人转变，土地流转受到了约束。从另一个角度分析，现在各地都在举办农民务工转移就业培训，但这种方法并不能促进农村劳动力更大规模的转移。理由很简单，农村劳动力要转移，关键不在于这些农民有多少技术，而在于现在的就业机会中有多少可以分配给农民。农民参加就业培训，这项工程对于提高农村劳动力的整体素质将产生积极重大的影响。就个体而言，可以增加其转移到城市务工或其他产业的就业机会；但对于农民整体而言，并不能创造出更多的就业机会。

（五）小生产和大市场的结构矛盾

在中国人地关系高度紧张的资源约束条件下，土地成为农民赖以生存的基本生产资料，平均分配土地成为历代农民的理想追求。从历代农民起义提出"均田制"，到中国共产党领导的以"耕者有其田"为目标的土地革命，无不体现农民的这种诉求。我们现在搞的家庭承包制度，其实际内容在农村也被农民搞成只不过是按照村内人口平均分地。其结果使广大农区尤其是大多数传统农区，一个农户占有三五块、十几块，甚至几十块"远近高低各不同"的耕地成为普遍现象。其后随人口增长，土地还要不断调整，由此客观上造成土地无限细分的问题，小农经济的规模日渐细小。

与此同时，在农村经济活动过程中，产品与商品、成本与利润的矛盾日益突出，尤其是以户为单元的分散的小生产与逐步健全的市场经济矛盾更加突出。这表面上看是因为农产品市场价格低迷，深层次原因则是经营规模过小，生产成本和交易费用太高，农业生产组织化程度太低。我国加入世贸组织后这种矛盾表现得更加突出。随着农业市场化程度的提高，特别是农业作为产业,科技投入的不断增加,使土地的生产操作不可能再局限于家庭人口的范围,家庭作坊式小而全的生产方式以及过小的耕地经营规模显然难以适应瞬息万变的市场形势。这种不适应主要表现在分散的农户生产出来的农产品能否顺利地卖出去,或个别劳动能否转化为社会劳动从而能否获利的不确定性。这是市场经济条件下农民小生产者面临的首要的最大的风险。一是市场供求状况千变万化,各种市场信息浩如烟海,农民对市场信息的掌握十分有限。加之市场信号只能反映市场的余缺,不能准确反映市场量的规定性,即余多少,缺多少,分散的、成千上万的农业生产经营者被市场牵着鼻子走,盲目生产,往往形成周期性"卖难"。二是市场反映的是即时信息,即当时的市场供求状况,而农业生产具有周期性,从获得市场信息到生产出新的产品时间较长,这期间市场变化很大,按照"今年瓜情好,明年多种瓜"的思维模式进行生产,是不可能适应市场变化的。三是不少地方的农村调整种植业结构主要是发展蔬菜、瓜果、花卉等经济作物,其保质期短,不易储藏,且市场对此类产品要求新鲜、应时,市场风险相对较大。

(六)观念亟须改善

其一,把"三农"问题片面理解为农民增收,农村社会稳定。因此,很多地区把农民增收幅度作为解决"三农"问题的最重要指标。农民增收确实是"三农"问题的一个重要方面,但不是"三农"问题的根本。"三农"问题的根本是如何优化、合理使用农村的各项资源,如何通过农村各项制度的改革,实现农业生产模式的更新,农民与城市居民一样享受相应的社会资源。其二,把解决"三农"问题的根本,理解为政治责任问题。其实"三农"问题并不是政府发善心去救济农民的问题,而是解决国民经济持续发展、实现和谐发展的根本问题。农村经济的发展,不仅是农民受益,农村需求能力的增加和农业环境的优化,对于整个国民经济的增长都将带来巨大的潜力。因此,对于解决"三农"问题,不能停留在做姿态上,而应该根据政府财力,切切实实加大投入力度。并且强化资金的使用管理,建立起吸引社会资金投入到农业发展上来的相应机制。

(七)投入方式的选择

现在农业投入模式一个突出的特点就是多头投入,多头管理。多头投入能够有效增加农业投入总量,但缺点是在投入方向上没有统一规划,往往存在一个项目多头重复投入,多头管理,造成项目管理交叉混乱,无法实施严格的项目监控。这种投入方式的形成主要有两点原因：一是基于资金分配权限上的部门分割，部门之间在安排资金时，缺少沟通，各自为战；二是资金投入没有一个基本规划，即各级政府对近阶段和长远的农业发展目标没有一个具体化的方案，资金的使用方向缺少一个科学规划。

第四章　统筹城乡经济社会发展

统筹城乡经济社会发展是科学发展观中五个统筹（统筹区域发展；统筹城乡发展；统筹经济社会发展；统筹人和自然和谐发展；统筹国内发展与对外开放。）其中的一项内容。就是要更加注重农村的发展，解决好"三农"问题，坚决贯彻工业反哺农业、城市支持农村的方针，逐步改变城乡二元经济结构，逐步缩小城乡发展差距，实现农村经济社会全面发展，实行以城带乡、以工促农、城乡互动、协调发展，实现农业和农村经济的可持续发展。党的十六大提出，"统筹城乡经济社会发展，建设现代农业，发展农村经济，增加农民收入，是全面建设小康社会的重大任务"。这是党中央根据新世纪我国经济社会发展的时代特征和主要矛盾，致力于突破城乡二元结构，破解"三农"难题，全面建设小康社会所做出的重大战略决策。党的十八大报告进一步指出：解决好农业农村农民问题是全党工作重中之重，城乡发展一体化是解决"三农"问题的根本途径。十八大报告提出的"城乡发展一体化"，有别于原来"城乡一体化"的提法。加上"发展"二字是有深刻含义的。这是在总结过去处理城乡关系经验教训基础上，对未来城乡关系提出的新要求，是在城乡共同发展前提下的一体化。这一提法，既是十六大以来"三农"政策的延续，保持政策的连贯性，同时在城乡一体化机制和发展方式上具有创新性。"解决三农问题"被提及多年，但"三农"本身解决不了"三农"问题。历史证明，农村发展滞后、农民收入与城市居民收入差距拉大，根本原因是城乡二元体制造成的。因此"三农"问题本质上是如何正确处理城乡关系问题。解决"三农"问题，离不开城市问题、离不开城乡一体来考虑。报告提出，通过"城乡发展一体化"解决"三农"问题，指明了未来的正确方向。

第一节 统筹城乡经济社会发展的时代背景和思路

党的十六大报告提出要"统筹城乡经济社会发展",这是对我国经济社会发展进入新世纪、新阶段提出的新要求,具有重要的现实意义和深远的战略意义。

一 统筹城乡发展的时代背景

21世纪初期,我国已进入工业化中期阶段,具备了统筹城乡发展的条件;从国民经济整体发展出发,也必须统筹城乡经济社会发展。

(一)从经济发展的阶段看,我国已具备统筹城乡发展的现实条件

城乡关系一般是与工业化进程密切相关的。工业化通常经过三个阶段,即依靠农业积累建立工业化基础的初期阶段,工农业协调发展的中期阶段,以及工业支持农业发展的实现阶段。工业化进入中期阶段后,国民经济的主导产业由农业转变为非农产业,经济增长的动力机制主要来自非农产业,不再需要从农业吸纳资本等要素。农业应获得与工业平等发展的机会与权利,并逐步成为接受"补助"、"补偿"的部门。这个阶段就是二元经济结构向一元经济结构转换过渡,工农、城乡关系开始改善,由城乡分割走向城乡协调发展的关键阶段。有关统计指标显示,目前我国已进入工业化中期阶段。未来二十年,如果发展战略和政策选择得当,工业化和城镇化的快速发展将为解决中国"三农"问题提供难得的机遇;如果继续将农民排斥在工业化和城镇化进程之外,中国经济的结构性矛盾将更加突出化和尖锐化,也会使解决"三农"问题的难度陡然增大。因此,在这一关键时期,党中央、国务院提出统筹城乡发展,既与这一阶段我国城乡关系的基本特征相适应,又具有重要的战略意义。

(二)从解决"三农"问题的思路看,我国必须统筹城乡经济社会发展

长期以来,我国政府一直重视"三农"问题,党的十一届三中全会就提出了我们党对待农民的基本准则:要在经济上保障农民的物质利益,要在政治上尊重农民的民主权利。改革以来各级政府致力于农村改革和社会发展,但目前中国城乡差距仍过分悬殊和不断扩大,"三农"问题依然是制约中国全面建设小康、实现现代化的难题。主要原因是,过去解决

"三农"问题的思路更多地注重于在农村内部考虑农业、农村和农民问题。这种思路的根本缺陷是割裂了农业、农村、农民问题与社会其他单元的有机关联，把"三农"问题作为一个孤立的系统单独加以研究，因而实现不了农业与工业、农村与城市、农民与市民之间的良性转换与互动。"三农"问题表面上看是农村问题，实际上这一问题的解决，不能单靠农村自身，必须在城市与农村的互动中逐步解决，可以说没有城市的积极参与和支持，农民的小康难以顺利实现。只有按照党的十六大提出的统筹城乡发展的战略思路，创新城乡发展战略，才能有效解决"三农"问题，加速全面小康社会的建成步伐。因此，党中央国务院提出要用统筹城乡发展的思路和战略解决中国的农业、农村和农民问题，就是要在发展战略、经济体制、政策措施和工作机制上有一个大的转变：跳出"就三农论三农，就三农抓三农"、"以农言农"的传统思路，统筹考虑工业和农业、城市和农村，通过城乡资源共享、人力互助、市场互动、产业互补，通过城市带动农村、工业带动农业，建立城乡互动、良性循环、共同发展的一体化体制。统筹城乡发展是解决我国"三农"问题的总体思路和战略选择，是加快我国农村全面建设小康社会步伐的重大战略举措。

二 统筹城乡发展的基本含义

统筹城乡发展的思想早已有之，但是作为一个明确的术语，统筹城乡发展是2002年党的十六大首次提出。统筹城乡发展的基本含义是城乡平等、协调、共同发展。统筹城乡发展，就是要使城市和农村紧密地联系起来，改变过去长期实施的"重工轻农、城乡分治"经济社会发展战略，把农村经济社会发展纳入整个国民经济社会发展的全局中通盘考虑，统一规划，缩小城乡产业、居民收入和社会发展的巨大差距，实现城乡经济社会一体化发展，逐步消除二元经济社会结构，实现城市和乡村地位平等，相互兼顾，协调发展，共同进步，建立社会主义市场经济体制下平等和谐的城乡关系。

理解统筹城乡发展的基本含义应当包含以下要点：

（一）统筹城乡发展不是城乡孰先孰后。统筹城乡发展要从根本上改变过去"重工轻农"的城市偏好，但并不是反过来片面强调优先发展农业和农村，而是把城乡作为一个整体，建立城乡平等制度平台，统筹配置全社会资源，实现城乡协调和均衡发展。

（二）统筹城乡发展不是城乡同步同等发展。城乡差距不是短期内形成的，也不可能在短期内完全消除，要承认城乡发展能力的不平衡，允许和鼓励城市继续利用和发挥自身优势在公平竞争中率先发展。

（三）统筹城乡发展必须注重以工促农、以城带乡。鉴于累积"三农"问题的严重性和复杂性，统筹城乡发展要有区别、有重点、有选择地配置资源，重点投向解决"三农"问题的切入点或突破口，既推动"三农"发展，又有效地缩小城乡差距。

三　城乡差距的现实表现

在工业化过程中，城乡发展上的差距不可避免。但是如果差距过分悬殊，就会阻碍生产力进一步提高，导致社会失衡。因此必须把缩小城乡差距、促进城乡协调发展作为经济社会发展的重要目标，推动城乡从对立走向融合。

（一）收入差距

城乡居民之间的收入差距近几年逐渐扩大，如加上城市居民所享有的医疗、住房等补贴因素，实际差距更大。

（二）生活差距

城乡居民收入差距的扩大直接导致了消费水平差距的不断扩大。农村居民收入相对较低，且其纯收入中有一部分要用作再生产投资，不能完全转化为即期消费，从而直接降低了农村居民的购买力。

（三）教育差距

九年制义务教育在城市已基本普及，90%以上的初中毕业生可升入高中或职校，教育质量也明显高于农村，接受高等教育的机会远远多于农家子弟，而在农村有不少优秀学子即使考上大学也难以承受巨额学费的重负，有一半以上的初中生没有机会上高中，甚至有些学生因家境贫困而失学。这种日益扩大的城乡教育差距，将影响今后城乡经济社会协调发展。

（四）社会保障差距

中国城市失业保险覆盖率已达71%，而农村几乎无社会保障。城市最低生活保障已基本实现应保尽保，而农村除部分省市外，尚未建立低保制度。城市除部分个体户和灵活就业人员外，养老保险已基本实现全覆盖，而农村除了"五保户"外，基本没有养老保险。

（五）公共品供应差距

公共品的投资主体是政府。无论是城市公共品还是农村公共品，政府都要承担应有的责任。目前我国城市公共品提供体系相对完善,而农村公共品提供体系则相对滞后,导致农民行路难、通信难、就医难、上学难等。一些农民被迫自掏腰包建基础设施,这无形中又减少了农民的收入,降低了他们的消费能力。

四 统筹城乡发展的基本原则

统筹城乡发展要坚持以下基本原则:

(一) 政府是统筹主体

统筹城乡发展,谁来统筹?统筹城乡发展不能由市场来决定。我国的"三农"问题不完全是市场机制作用的结果,长期奉行"重工轻农、城乡分治"的经济社会发展战略是我国"三农"问题愈演愈烈的根源。统筹城乡发展治理"三农"问题是生产"公平"公共产品,而市场生产公共产品是低效的,存在"市场失灵",所以,统筹城乡发展政府是主体。政府在统筹城乡发展中居于主导地位,从根本上说是由政府是全社会利益的代表的功能和职责所决定。一个社会存在各种各样的利益群体和团体,统筹城乡发展不能由这些不同的利益群体或团体来实行,而必须由代表全社会共同利益的政府来实行。统筹城乡发展是利益再分配,统筹城乡发展并不意味短期内社会利益矛盾消除,协调和消除新产生的社会利益矛盾必须依靠政府。

(二) 发展是第一要义

党中央一再强调,必须坚持把发展作为党执政兴国的第一要务。统筹城乡发展,发展也是第一要义,发展才能前进。统筹城乡发展,城乡都要把经济与社会发展放在第一位,既要根本改变过去"重工轻农"的城市发展偏好,也不是反过来片面强调发展农业和农村,而是把城乡作为一个整体,统筹配置全社会资源,实现城乡协调、均衡、共同发展。

(三) 城乡统筹兼顾

统筹城乡发展,核心是城乡统筹兼顾,实现城乡地位平等、优势互补、协调发展,形成城乡经济社会发展一体化新格局。所谓城乡地位平等是指城乡关系平等,城市居民与农村居民同是我国的公民,应当平等享受公民"国民待遇",拥有平等的权利、义务和发展机会。所谓城乡优势互补是指城乡相互促进,改变城乡分割的发展模式,发挥城乡各自的特点和优势,相互取长补短。所谓城乡协调发展是指城乡相互兼顾,城乡都能从自身条件出发，合理分工，共同发展。

（四）以人为本

统筹城乡发展，以人为本是立足点和着眼点。以人为本，就是把人作为社会主体和中心，在社会发展中以满足人的需要、提升人的素质、实现人的发展为终极目标。城乡二元经济制度的本质是设置并按照社会等级决定发展的先后顺序。统筹城乡发展解决"三农"问题，必须消除这种人为设置的社会等级壁垒，使城乡人民平等共享改革开放的发展成果。

（五）可持续发展

可持续发展强调人类在追求健康而富有生产成果的生活权利时，保持人与自然界的和谐关系；强调当代人在创造和追求当前的发展和消费时，应努力使自己的机会与后代人的机会平等。可持续发展是人类经济和社会发展最基本的指导思想。统筹城乡发展，也必须实现可持续发展。要将经济增长与环境保护结合起来，将资源开发与资源永续利用结合起来，走出一条科技含量高、经济效益好、资源消耗低、环境污染少、人力资源优势得到充分发挥的新型路子，使城乡经济建设与生态、环境、资源相协调，实现城乡的可持续发展。

五　统筹城乡发展的战略思路

统筹城乡经济社会发展，是相对于城乡分割的"二元经济社会结构"而言的，它要求把农村经济与社会发展纳入整个国民经济与社会发展全局之中进行通盘筹划，综合考虑，以城乡经济社会一体化发展为最终目标，统筹城乡物质文明、政治文明、精神文明和生态环境建设，统筹解决城市和农村经济社会发展中出现的各种问题，打破城乡界线，优化资源配置，把解决好"三农"问题放在优先位置，更多地支持农业，关注农村，关心农民，实现城乡共同繁荣。统筹城乡经济社会发展的实质是给城乡居民平等的发展机会，通过城乡布局规划、政策调整、国民收入分配等手段，促进城乡各种资源要素的合理流动和优化配置，不断增强城市对农村的带动作用和农村对城市的促进作用，缩小城乡差距、工农差距和地区差距，使城乡经济社会实现均衡、持续、协调发展，促进城乡分割的传统"二元经济社会结构"向城乡一体化的现代"一元经济社会结构"转变。统筹城乡发展，需要观念、机制和体制的诸多变革，是一个长期、艰巨而又复杂的系统工程，涉及社会经济生活的各个方面，其中核心是要在改变城乡二元结构、建立平等和谐的城乡关系方面取得重大突破。为此，有必要建立六大体系。

（一）建立城乡统筹的利益分配体系

建立城乡统筹的利益分配体系，进一步调整国民收入分配结构和财政支出结构，加大对农业的支持和保护力度。统筹城乡经济社会发展，首先必须进一步完善政府的农业投入政策。总的思路是：努力增加政府财政支农资金投入总量，形成支农资金的稳定投入渠道；按照建立公共财政体制的要求，调整财政支农资金的使用方向；改进政府农业投资管理体制，提高政府支农资金的使用效益。具体来说，一是继续加大对农业基本建设的投资力度。可考虑与财力增长相适应，进一步调整国民收入分配格局，逐年增加一部分预算内投资，重点用于农业建设，确保农业基建投资保持在较高水平。二是尽快改变中小型农业和农村基础设施主要依靠农民群众投资投劳的做法，逐步把县以下的中小型基础设施建设纳入各级政府基本建设的投资范围。三是充分利用世贸组织的"绿箱"政策，增加农业科研和推广、质量安全和检验检测、农产品流通设施、农民培训等方面的投入。四是逐步减少对流通环节的补贴，建立对农民收入的直接补贴制度。逐步将主要农产品市场风险基金（如粮食风险基金）转为对农民收入的直接补贴，在重点产区建立对农民使用先进技术的直接补贴制度。五是整合财政支农投入，完善政府财政支农资金管理体制。对于目前由不同渠道管理的农业投入，尤其是用于农业基础设施建设的财政资金投入，要加强统筹协调和统一安排，使有限资金发挥出最大的效益。

（二）建立城乡统筹的产业发展体系

建立城乡统筹的产业发展体系，调整农村工业布局和发展战略，实现城乡工业一体化。改革开放以来，我国乡镇企业异军突起，不仅吸纳了大量农村劳动力，增强了农村的经济实力，而且已成为推动城乡关系转变的重要力量。但是，农村工业与城市工业在行业和产品结构上表现出高度的同构现象，在产业布局上呈现过度分散化的现象。这一方面使生产要素得不到合理配置，造成产品生产上的简单重复和土地资源的过度占用；另一方面也加剧了低水平的市场竞争，使消费品市场结构性过剩不断加剧。随着短缺经济时代的结束，这种城乡双重工业体系的局限性和消极影响将会更加突出地显现出来。统筹城乡经济社会发展，要求在合理分工的基础上，形成城乡工业一体化的发展格局。为此，必须进一步明确农村工业的发展方向，加大扶持力度，促进其健康发展。要鼓励其继续把劳动密集型产业作为主要发展方向；要大力发展农村服务业，完善农村的社会化服务体系；把农产品加工业和运销业作为农业产业化经营和乡镇企业发展的重点；要大力发展有地区资源优势、传统工艺和特定市场优势的特色产业；要在城镇化的过程中，合理规划非农用地，严格控制园区规模，节约土地资源；要加大农村工业布局的调整力度，引导乡镇企业向重点城镇合理集聚。

（三）建立城乡统筹的社会就业体系

建立城乡统筹的社会就业体系，公平对待农民工，逐步实现城乡劳动力与就业市场的一体化。近年来，农民纯收入之所以保持较快的增长速度，主要原因是得益于农民来自非农收入的持续增长，而在农民的非农收入中外出打工或从事二、三产业经营的收入占了相当高的比重。农民在非农产业和城镇就业已成为当前农民增收最直接、最有效的途径。逐步实现城乡就业和劳动力市场一体化，不仅是增加农民收入的重要途径，也是发育要素市场和促进城乡经济协调发展的必然要求。尽管与过去相比，现行的城镇户籍制度和就业制度已有了较大的改进，但当前农村劳动力进入城镇就业仍受到很多不合理的限制。要将农民就业问题纳入整个社会的就业体系中，政府不仅应公布城镇失业率，而且也应经常性地公布农村居民的就业状况和农业劳动力的就业程度或过剩状况；要进一步完善和规范对劳动力市场的管理，清理对农民进城务工的不合理限制政策和乱收费，改变重收费、轻服务的做法。当前，还要切实解决拖欠、克扣农民工工资，农民工劳动条件恶劣，工伤事故频繁发生等突出问题；要把农民工及其所携家属在城镇的计划生育、子女教育、劳动就业、妇幼保健、卫生防病和治安管理等工作列入各有关部门和相关社区的管理责任范围，并将相应的管理经费纳入财政预算。

（四）建立城乡统筹的城镇化体系

建立城乡统筹的城镇化体系，加大户籍制度和征地制度的改革力度，使广大农民成为城市化进程的受益者。从根本上解决"三农"问题，必须积极推进城镇化，逐步减少农民。我国的国情决定了城镇化必须走多元发展的路子，大中小城市和小城镇并举，形成分工合理、各具特色的城镇体系。必须将农民流动进城就业和发展小城镇作为推动城镇化的两个同等重要的支点，使农民真正成为城镇化的受益者。从有利于解决农民迁移、就业问题的角度看，在科学规划的基础上，积极发展中小城市是一条适合实际的城镇化道路。促进城镇化健康发展，关键是要彻底消除体制和政策障碍，要加大户籍制度的改革力度，进一步放宽农民进城落户的条件。从长期看，应实行统一的居民身份管理，允许农民自由流动和自主选择身份，这样有利于解决城乡居民就业和待遇不平等问题，有利于城乡经济的协调发展。此外，要对现行农村征地制度进行改革，要引入市场机制和立法，切实解决好失地农民的就业和生活保障问题。

（五）建立城乡统筹的社会教育和社会保障体系

建立城乡统筹的社会教育和社会保障体系，加快建立公共财政体制，推动农村全面进步。随着农村税费制度改革的深入和农村居民对教育和健康要求的不断提高，解决农村教育、医疗卫生等发展滞后问题已日趋紧迫。要解决好这一问题，关键是要建立和完善公共财政体制，并加大公共财政向农村基础教育和公共卫生服务等的转移支付力度。农村基础教育是最为典型的公共产品，要实现将农村义务教育的主要责任从农民转移到政府，关键是要调整农村义务教育的管理体制和投入机制，进一步加大中央和省级政府对农村基础教育的投入。就农村医疗体制与条件而言，目前农村的合作医疗还没有全覆盖，一些农民缺乏基本的医疗保险制度保障，农民健康问题和因病致贫问题已经成为制约农村发展的瓶颈之一。农村公共卫生服务是政府的职能，应通过建立农村卫生专项转移支付制度，保证农村，尤其是欠发达乡镇的农村公共卫生服务投入。

（六）建立城乡统筹的政府管理体系

建立城乡统筹的政府管理体系，不断提高政府统筹城乡经济社会发展的水平与能力。政府应该在城乡经济社会统筹发展中发挥重要作用，这并不是要用政府代替市场，而是要发挥政府在协调城乡经济社会关系和建立相关制度方面的作用。为此，首先要建立有利于统筹城乡经济社会发展的政府管理体系，改变政府重城市、轻农村，重工业、轻农业，重市民、轻农民的形象。就目前的政府纵向管理体制和财政体制而言，有必要将市管县体制改为省直接管县与市的体制。其次，要进一步加快政府职能的转变和机构调整，加强政府对经济社会发展规划、公共产品供给、转移支付、制度建设等方面的职能与功能。此外，要明确各级政府在统筹城乡经济社会发展中的职责分工，以避免职责不清、相互推诿、互为冲突和效率低下。

第二节　国内外统筹城乡发展的经验模式

统筹城乡发展在国外和沿海地区已经形成一些特色模式。发达国家如美国、日本等，发展中国家如韩国、巴西等统筹城乡发展的做法给我国提供很多有益的经验，对于我国稳步推进城乡统筹协调发展，具有颇多启发意义。我国也逐步形成了统筹城乡四种典型的发展模式：上海"城乡统筹规划"的城乡一体化模式，北京的"工农协作、城乡结合"发展模式，珠江三角洲的"以城带乡"发展模式和以乡镇企业发展带动城乡一体化的苏南模式。

一　国外城乡统筹发展的做法与经验

（一）西方城乡统筹发展理论的演进

西方城乡统筹发展理论最早可以见诸于空想社会主义理论和早期城市规划理论。空想社会主义思想家们的一些代表性主张，如圣西门的城乡社会平等观、傅立叶的"法郎吉"与"和谐社会"、欧文的"理性的社会制度"与"共产主义新村"等，都体现了对城乡协调发展的思考。早期城市规划理论研究者也注意到城乡统筹发展的必要，比如霍华德"田园城市"、赖特的"区域统一体"等，都主张城乡发展应采取整体的、有机的、协调的发展模式。恩格斯也提出了"城乡融合"的观点，强调通过消除旧的分工，进行生产教育、变换工种、共同享受大家创造出来的福利，以及城乡的融合，使全体成员的才能得到全面的发展。

进入20世纪50年代后，对城乡发展关系有了一系列较深入的探讨。如，"刘易斯——拉尼斯——费景汉"模型，认为经济增长和现代化，需要"城市——工业"加速的增长和向以城市社会为基础的社会转化，需要将剩余劳动力从农村农业部门转移到城市工业部门，因而城市掠夺农村的资源、资金和劳动力应理所当然。托达罗模型则指出发展中国家农业发展相对落后的主要原因是由于对农业部门的忽视，片面强调对城市工业部门的投资。增长极理论则倡导发展中国家可以通过加大在大城市和地区中心发展资本密集型工业的投资力度来刺激当地经济增长，然后这种增长再通过"涓滴效应"扩散到乡村地区。

20世纪70年代后，利普顿对城乡发展关系理论进行批判，认为发展中国家城乡关系的实质就在于城市人利用自己的政治权力,通过"城市偏向"政策使社会的资源不合理地流入自己利益所在地区,而资源的这种流向很不利于乡村的发展,其结果不仅使穷人更穷,而且还引起农村地区内部的不平等。Corbridge 认为"城市偏向"的症结,在于低廉的粮食价格以及其他一系列不利于农村的价格政策,偏向于城市工业的投资战略及由此引起的农村地区技术的缺乏,农村地区普遍存在的医疗、教育等基础设施的落后。"城市偏向"理论的提出引发了对自下而上城乡发展战略的探索。弗里德曼和道格拉斯首次提出了乡村城市发展战略,并主张通过在地方层面上与城市发展相关联,乡村的发展才可能取得最好的效果。

20 世纪 80 年代后,统筹城乡发展思想出现了根本性的分化,各种理论流派也纷纷涌出。施特尔和泰勒提出了"选择性空间封闭"发展理论。他们反对"自上而下"的发展模式,而提倡"自下而上"的发展模式,即发展劳动密集的、小规模的、以农业为中心的产业,重视适当的而不是最高技术产业的发展。朗迪勒里提出了"次级城市发展战略",认为发展中国家政府要获得社会和区域两方面的全面发展,必须分散投资,建立一个完整、分散的次级城市体系,以支持经济活动和行政功能在城乡间进行必不可少的传播,进而促进城乡之间的平衡发展。20 世纪 80 年代后期,Unwin 提出"城乡间的相互作用、联系、流"的分析框架,强调从城乡联系角度探寻影响城乡均衡发展的规律。

20 世纪 90 年代以来,经济的全球化与科技的发展也使得城市规模得到空前扩张,处于城市边缘的乡村被逐步吞噬直至消失,对于城乡发展的差异和统筹也引起更多关注。麦基在研究亚洲的许多核心城市边缘时发现,这种"城市与乡村界限日渐模糊,农业活动与非农业活动紧密联系,城市用地与乡村用地相互混杂的"空间形态代表了一种特殊的城市化类型,他称之"desakota"模式。道格拉斯从城乡相互依赖角度提出了区域网络发展模型,认为"网络(network)"概念是基于许多聚落的簇群(clustering),每一个都有它自己的特征和地方化的内部关联,而不是努力为一个巨大的地区选定单个的大城市作为综合性中心。他还认为乡村的结构变化和发展通过一系列"流"与城市的功能和作用相联系,他划分了五种"流":人、生产、商品、资金和信息,每一种都有多重要素和效果,它们还体现出不同的空间联系模式和多样的利益趋向特点。为确保均衡发展目标的实现,"流"必须导向一种"城乡联系的良性循环"。

进入21世纪，与过去城乡分割的发展理论不同，新的发展理论更加关注"网络"和"流"，关于城乡间的"联系"和"流"的城乡相互作用理论探讨也因此发展起来。新的理论更注重城乡之间的联系和统筹发展，而非片面强调其差距。

（二）发达国家城乡统筹发展的做法与经验

美国。美国是工业发展比较早的国家，也是在解决二元经济及城乡统筹问题上比较成功的国家。美国的主要做法有以下几个方面：一是通过建立完善农业保护政策体系来促进农业发展。美国始终重视强化农业作为第一产业的地位，并通过种种措施由政府直接进行扶持。如通过保护性收购政策和目标价格支持相结合的做法来稳定和提高农民收入，通过所谓生产灵活性合同和反周期补贴等形式给予农民直接收入支付。另外，在美国联邦财政补贴项目拨款上，也要求当地政府拿出一定比例的配套资金。二是加强农村基础设施建设和社会事业建设。美国自20世纪30年代以来，一直重视农村的道路、水电、排灌、市场等基础设施及教育、文化、卫生等社会事业建设，目前大部分乡村的基础设施和公共服务与城市相差无几。如，2000年美国农村公路里程300万千米，占公路总里程的一半，虽然承担的运输强度不大，但在经济和社会发展方面具有重要作用。三是开展多元化的农民职业技术教育，如"工读课程计划"就收到了很好的效果。四是健全推进城乡统筹协调发展的法律体系。美国从20世纪50年代后期起，政府制定了一系列优惠的郊区税收政策，鼓励工厂和居民从都市迁往郊区。

日本。为消除城乡经济社会发展中逐步显现的差距，日本政府自1961年起开始采取了一系列措施。比如1961年制定了《农业基本法》，把缩减工农之间收入差距作为基本法的目标之一。1967年日本政府又制订了"经济社会发展计划"，出台了一整套政策措施来解决产业均衡发展、缩小城乡差距的问题。一是保护农村工商业的发展。自20世纪60年代起制定了《新全国综合开发计划》、《农村地区引进工业促进法》、《工业重新配制促进法》，促使工业由大都市向地方城市和农村转移，不同类型的工厂在农村的存在和发展，以推动农村工业化。二是加强农村基础设施建设。政府运用公共财政加大用于农业生产基础设施整治、农村生活环境整治以及农村地区的保护与管理等农业基础设施建设的投资，加强城乡之间的物质和信息联系，促进农业生产率的提高。三是推进农村土地规模经营。1961年制定了《农业基本法》，1962年和1970年又先后两次修改，1975年制定了《关于农业振兴区域条件整备问题的法律》，这些制度改革促进了以土地买卖和土地租借为主要形式的土地流动，为土地规模经营提供了基础。四是发展农村基础教育和职业教育。除了义务教育普及了高中教育外，还特别重视农村职业技术教育，不仅为农业、工业和服务业产业效率提高夯实基础，也促进农民顺利城市化。五是建立与城市一体化的社会保障体系。通过1946年的《生活保护法》、1959年的《国民健康保险法》和《国民年金法》的颁布执行，日本农村基本上建立起了以医疗保险和养老保险为主的农村社会保障体系，形成了城乡一体化的国民公共医疗和养老保险体系。六是大力发展各类农业协会。几乎每个市町村都设有农业协会，农协提供的服务已经涉及农户生产生活的各方面，很多地方取代政府承担了提供公共服务的功能，为发展农业劳动生产率、提高农民生活质量发挥了积极作用。

法国。法国促进乡村地区发展、缩小城乡差距的措施主要有以下几个方面：一是通过立法来调控产业布局。法国从1995年开始不准在巴黎市中心区内新上工业项目，20世纪60年代开始在巴黎市中心区征收"拥挤税"，对从巴黎区搬到郊区的占地500平方米以上的工厂，政府给予60%的搬迁补偿费。二是完善支持乡村发展的资金渠道。法国政府在支持落后地区时签署的国家与地方经济发展计划合同，除60%的合同投资由中央政府财政承担外，其余的则由地方财政负担。三是注重为农村居民提供与城市居民大致相等的公共服务和发展机会。比如，通过"农业社会互助金"形式，完善对于农村人口的社会保险制度。四是在乡村地区建立新城，带动乡村发展。在20世纪60年代中期，法国巴黎确定了"保护旧市区，重建副中心，发展新城镇，爱护自然村"的方针，建立了由农业区、林业区、自然保护区和中小城镇组成乡村绿化带。这些政策的出台，使得国家对于农业、农村发展的支持更为集中，效果更为显著，为实现城乡统筹发展提供了良好平台。

挪威。第二次世界大战后，挪威城乡发展不平衡问题开始显现，社会结构性失业严重，资源浪费巨大，农村人口持续下降。为解决这些问题，为使人口不断流失的农村地区获得比其他地区更快的发展速度，缩小城乡差距，促进城乡、区域之间的协调发展，挪威政府相继采取了一系列政策措施。包括以下几个方面：一是中央政府制定支持农村发展的中长期发展规划。比如，1960年提出的"地区发展计划"、1972年提出的"北挪威发展计划"、1975年提出的"道级发展计划"等，均是针对城乡失衡问题所做出的全面调整计划。二是政府不断加大对农业农村投资力度和财政转移支付的规模。自1973年起每年对农业的投资额均是其他产业投资额的2—3倍，1977年最高时达到4倍，这还不包括公共建设投资对农村地区的倾斜。三是建立公共产品和服务向农村地区倾斜的长效机制。依据1967年制定了《全民社会保障法》，积极引导公共产业和服务向农村倾斜，使得挪威农村地区在20世纪70年代和80年代公共服务部门的就业岗位不断增长。四是增强农民在国家社会发展和公共事务中的话语权。挪威农民起初组织了"农民党"，成为农民利益和农村发展的重要代言人，后来改名为"中央党"，是挪威政坛实力最大的4个政党之一，农民党代表的社会利益群体（农、林、渔就业人口）只占全国总人口的3.7%，但每次大选后农民党在议会中席位都在15%以上。五是强化对农业"多功能"性的认识。挪威城市区域发展研究所的主流观点认为，农业不仅仅是为人们提供粮食，而且在环境保护、维护生态平衡、保持自然风景、保护人类文明遗产等方面都有十分明显的外部性，政府绝不应该像对待私人产品那样将其完全市场化，必须进行规划和大力扶持，唯有如此，才能遏止城乡差距继续扩大的势头。

（三）发展中国家城乡统筹发展的做法与经验

韩国。"二战"后，韩国是传统的农业国家。在产业民族化的方针下，韩国政府大力扶持工业尤其是重工业的发展，并取得了相当大的成效。针对工农失衡的困境，韩国政府于1970年启动了"新村运动"，走出了一条由政府推进主导的、扩散型的农村工业化道路。主要包括以下三个方面：一是促进农村社会发展。改善环境与农村排污系统、修建卫生供水系统、公共澡堂、公用水井及洗衣房；进行房屋屋顶改造、房屋维修和村庄重建工作。二是加快农村经济发展。增加农业生产基础设施的建设，主要包括道路兴修与扩展、修筑小规模灌溉工程和水坝、水塘和排灌渠；增加农民收入的主要措施有推广经济作物、发展专业化生产区以及建立各种新村工厂等。三是实施农村工业区计划。目的在于推进农村工厂规模化，将农村工业区建在农村人口密集区，避免把工厂扩散到广大农村地区，使农村的非农产业集中发展，从而实现农村工厂的外部规模经济，推动城乡均衡发展。增加公共设施建设投资，如大力发展农村电网、设置公用电话等。

巴西。自20世纪60年代以来，巴西摒弃了先前那种"先工业、后农业"，"先城市、后农村"的传统工业化道路，开始城乡统筹发展的新探索。主要措施有：一是增加政府投入，改善农业生产软硬环境。巴西政府在1965—1985年用于农业的政策资金累计约2191亿美元，其中310亿用于农业补贴，其他用于投资和市场政策。二是完善城市与农村的联系机制。为了加速边远农村的开发，巴西政府在远离海岸1000千米的亚马孙大森林中的马瑙斯建立增长极以带动整个亚马孙地区的发展，1974年后，在这个增长极的辐射下，亚马孙地区又建立了17个次增长极，形成了带动整个区域开发的发展网络。使城市和农村的互相支持辐射功能不断增强。经济增长由中心城市向外围扩展城市的带动作用不断增强。同时，在一些农村地区，以边远资源开发地区或者以进行"绿色革命"的地区为新城建设点，形成新的增长极。另外，农村地区小城镇的兴起，在广大的农村地区形成多个经济增长点。三是统筹城乡社会组织发展。为进一步推进城乡的融合，巴西把原来由政府承担的培训、信息、宣传等工作转交民间组织承担，政府的工作重点加强国民伦理道德建设，提升农村居民的共同体意识，强化农村民主与法制教育，等等。实践证明，这一改革有助于推进农村经济、文化发展的组织机构，如农业科技推广和培训组织、农村教育机构、农协、物资的流通和农村综合开发等组织和机构应运而生，作用也越来越大。

（四）发达与发展中国家城乡统筹发展的共同经验

通过对发达与发展中国家城乡统筹发展经验的梳理，可以发现各国的做法有不少共同之处，对于稳步推进城乡统筹协调发展，具有颇多启发意义。第一，建立完善的法律法规体系，夯实统筹城乡发展的基础。支持乡村发展，如果仅靠制订方案、规划和计划的方法，往往会由于不具有法律效力而在实践中难以得到有效执行。国家的区域政策和促进城乡统筹发展的措施必须有法律作为保障，相应的有专门组织管理机构执行，保证战略计划的有效实现。第二，要加大政府对农村经济社会发展和公共基础设施建设的转移支付力度。适时加大政府干预力度，有利于加快乡村经济发展和社会稳定，政治上、社会上和经济上效益显著。我国应随着社会经济的不断发展和国家财力的不断增长，将国家公共事业投入向乡村倾斜，提高农村基础设施建设水平，增强农村自我发展能力。第三，在农村城市化过程中，要更加注意保护农民的合法权益。第四，要因地制宜，形成各具特色的区域发展格局。不同国家、不同地区乡村重建的道路是不一样的。我国不可能完全照搬发达国家完全依赖政府强大财政供给或者农村剩余劳动力全部转移的路子，同时也应尽量避免部分拉美国家城市贫困和农村衰败同时并存的局面。我国各地区城市化水平和经济差异较大，村镇建设将会出现多种模式。应该因地制宜，分区进行将是我国村镇建设的一个基本特点。第五，注重发挥社会力量作用。充分调动地方及民间力量参与中央与地方财政相结合，共同促进落后地区和农村发展，是各国常用的办法。动员各种社会力量和农民一起参与新农村建设，是克服城乡垂直布局弊端，促进城乡统筹协调发展的基础。第六，村镇建设的主体和关键还是农民本身。转变农民观念，促进农民就业，改善农民福利，使得农民与城镇居民真正对等，能适应集中生产生活才是村镇建设可以持续发展的途径。实施乡村教育计划，提高农民素质是我国彻底解决农村问题的核心与基本点。第七，必须建立稳定财政支农支出增长机制，是支持农村经济社会加快发展的基础。要积极采取贴息、配套、补助、奖励等形式，鼓励和引导工商资本、金融资本、民间资本和外资直接开发农业，形成以政府投资为引导、社会投资为主体、利用外资为补充的市场化农业投资机制。

二 国内统筹城乡四种典型的发展模式

统筹城乡发展在沿海地区已经形成一些特色模式。上海统筹城乡发展战略是以城乡为整体，统筹规划城乡建设，合理调整城乡产业结构。彻底打破城乡封闭体制，优化城乡生产要素配置。北京则针对大城市、小郊区的实际，以城市工业支援农村为基础，以带动乡镇企业发展为重点，推动郊区社会的经济、文化及城镇建设等的发展，走上了"工农协作、城乡结合"的城乡统筹发展道路。珠三角地区以推进农业生产现代化、农村经济工业化、基础设施配套化、交通通信网络化等"十化标准"为重点，走的是大、中、小城市及镇、村协同发展道路。苏、锡、常地区则抓住农村率先改革的发展契机，靠乡村工业和集体经济的大发展，以农村工业化为动力，走出一条苏南特色的"乡镇企业发展带动"统筹城乡发展模式。

(1) 上海"城乡统筹规划"的城乡一体化模式

上海从1984年开始探索城乡经济一体化。1986年，上海市正式把城乡经济一体化作为全市经济和社会发展的战略思想和指导方针。上海城乡经济一体化的发展战略就是以上海城乡为整体，以提高城乡综合劳动生产率和社会经济效益为中心，统筹规划城乡建设，合理调整城乡产业结构，彻底打破城乡封闭体制，优化城乡生产要素配置，促进城乡资源综合开发，加速城乡各项社会事业的共同发展，保证上海城乡经济持续、快速、健康发展。

第一，城乡统筹规划。近几年来，上海在城乡一体化发展上，采取规划先行的思路。对郊区城镇在人口规模、产业发展、住宅建设、交通设施、生态环境、信息网络以及社会公共服务设施等方面进行统一规划，以促进上海郊区逐步形成城乡一体、协调发展的城镇布局。在上海城市规划的四级体系结构中，除中心城区外，新城、中心镇和一般镇均位于郊区。以规划和建设组团式城镇结构为核心，着力建设新城、中心镇等卫星城镇。目前已基本建成布局结构合理、功能齐全、多心多层，组团式的都市城镇体系。郊区未来城镇体系将由中心城、新城、中心镇、集镇构成。中心城区向外环线延伸，外环线以外将形成116个与城市化规划相衔接，具有一定人口规模和产业支撑的中心镇、集镇。与此同时并以发达的市域高速公路网、轨道、交通网、光纤通信网体系将市中心和卫星城镇连为一体，形成一市多城、众星拱月的城镇网络结构。目前基本建成高等级、综合性、枢纽型，与国内外大交通连接的现代化交通网。与在郊区建设的500千米高速公路网、轻轨交通相结合，加速形成高速公路接口联动效应和郊区环线立体网络效能，扩大轨道交通的涵盖区域，并启动崇明越江隧道建设，成为延伸市区、贯通城乡、辐射江浙、扩散全国的郊区现代高速交通网。在郊区产业结构规划中以第二产业为主，在一定区域范围内合理布局工业区，彻底改变"乡乡办厂、村村冒烟"的分散状况。为了推进郊区产业的积聚发展和城镇的组团式建设，在郊区乡镇调整合并的基础上，进一步打破现有乡镇行政区划界限，在一定区域范围内，若干乡镇联合编制区域性规划，促进区域经济的协调发展。

第二，打破城乡隔离。为了加快城乡一体化进程，加快了撤县建区，村镇合并的工作。目前，郊区原来的10个县有9个已经撤县建区，312个乡镇已经合并为131个，3000多个村撤并为2002个村。并且通盘考虑，加快社会真正一体化的步伐。近年来，上海加快把一些大学、医院等公共服务设施向郊区转移，改善郊区的人文环境，加快发展教育、文化、卫生、体育等事业，逐步缩小城乡之间社会事业的差距。根据农民、市民和移民各种不同对象，制定不同的政策发展卫星城镇。放宽农民进镇落户和居住准入条件，创造就业岗位，鼓励农民进镇。提升郊区社会事业水平，优化环境质量，构建城乡交通快速通道，拓展就业空间，吸引市民进镇。制定放宽人口导入政策，吸引投资移民和智力移民，开放移民进镇。为了加快郊区经济非农化和农村剩余劳动力的转移，建立了城乡统一的劳动力市场，实现了市、区县和乡镇就业服务机构信息联网。近几年来，通过大力发展二、三产业吸纳就业，组织劳务输出拓宽就业，创造保洁，保绿，保安等服务事业提供就业，每年新增非农就业岗位6—7万个。近年来，通过开辟"上海农业网"、"上海农业热线"、"郊区远程教育网"，加强郊区职业教育和培训，使郊区农民适应现代农业发展的需要，并增强在非农领域市场就业的竞争能力。根据上海郊区经济发展的不同情况，建立和完善农村基本社会保障制度。通过实行"三级政府分级托底办法"，建立了农村低收入家庭保障制度，确保郊区低收入农民家庭人均年收入达到2240元；完善了农村合作医疗制度，实行大病保险，巩固了农民合作医疗投保率，提高了农民医疗保障的能力。

第三，推进农业向规模经营集中。其一，推进粮田向规模经营集中，鼓励建立农村合作社，增强农业的抗风险能力和市场竞争力。上海市粮食规模经营面积占粮食总面积的45.9%；蔬菜规模经营面积比重达到90%。为进一步推进粮田向规模经营集中，2005年，对粮田经营规模在2公顷以上的专业粮农或粮田经营规模在20公顷以上的专业合作社，经营期限在5年以上的，其粮食生产直接补贴提高到100元，农机作为服务补贴每亩50元，施用有机肥每吨补贴250元。其二，通过建设现代农业园区推进农业规模化生产，目前12个市级现代农业园区，已建立农副产品标准化生产基地7.3万亩，共引进产业开发项目306个，已推出20个有影响力的农副产品品牌，吸引资金达25.6亿元，有力地推进了农业的规模化生产、企业化经营。通过发展"公司+基地"型（以加工实体为龙头，实行区域化布局，社会化服务，产供销一体）、"公司+农户"型（通过与农户签订订单形式，将企业和农户联为一体，向农户提供市场信息和技术指导，带动农户增收）、"市场+企业+农户"（以农副产品市场为龙头，与农副产品配送中心、加工企业、农户形成"产业链"，提高农业市场竞争力。）龙头企业，拉动农业产业化经营。上海目前有产加销一体化的龙头企业350家，其中国家级龙头企业8家，市级龙头企业19家。这些龙头企业在带动30多万户农户和60万亩生产基地的同时,还把分散的农户组织起来,提高了农业的组织化程度,有效地推进了标准化生产和产业化经营。其三,进一步强化农业服务功能,为全国农业提供物流、会展、科技、信息、质量认证平台。通过开办农业网,开通"上海农科热线",着力推进农业信息化,加快形成档案农业信息系统,带动食品安全生产体系建设。通过建立农产品质量认证体系,建立农产品生产、加工、流通企业以及园艺场、养殖场的信用管理和服务系统,加强企业信用档案管理,促进农业行业诚信体系建设,使市民能够食用到安全、优质、卫生的农产品。

第四,推进工业向园区集中。进入新世纪,上海加快重点产业布局向郊区转移,推进了工业向园区集中,为提升郊区的实力和水平创造了条件。在实施过程中,一是与城市化相结合。工业园区的布局调整,注重与轨道交通、高速公路等现代交通规划相吻合,以重点城镇、节点城镇为依托,促进城镇建设与工业发展良性互动,既加速产业集聚,又支撑城镇发展。二是与科技化相结合。工业园区的开发建设,坚持科技领先,推动工业园区向"拥有技术优势"、"形成规模效益"、"实现垂直分工"的方向发展,形成核心工业竞争力。三是与非农化相结合。工业园区化立足于发展劳动密集型与科技密集型相结合的产业,为人们创造更广阔的就业空间,为农民非农就业提供更多的岗位,形成以节点城镇为依托的特色工业园区。目前,上海正在形成以制造业为中心的郊区三个层面的工业布局:第一层面是以高新技术和支柱产业为支撑的核心工业区,主要包括微电子产业带、国际汽车城、化学工业区以及精品钢材组成的四大产业基地,临港综合经济开发区,松江、青浦、嘉定三个试点园区,以及四个出口加工区。第二层面是以"一业特强,多业发展"为标志的重点工业区,主要有闵行、奉贤、金山等市级工业园区和配套工业区。第三层面是以郊区中心镇等节点城镇为支撑的特色工业园区。通过三个层面的协调配合,有力地促进了郊区招商引资和工业经济的发展,增强了郊区综合实力。2002年,郊区的GDP已达1680亿元,占全市的1/3;工业总产值已达4200亿元,占全市的1/2;财政收入已达377亿元,占全市的1/5;合同利用外资已达70亿美元,占全市的2/3。在郊区的整体经济实力得到大幅提升的同时,个体、私营经济也快速发展。截至2002年年底,郊区累计注册私营企业17.73万户,全年实现销售收入3176.96亿元,同比增长52%,

在提供100多万劳动力就业的同时,还缴纳税金141.26亿元,为加快城乡一体化的步伐,打下了一定的经济基础。①

第五,上海城乡一体化过程中呈现的问题。其一,传统的农民仍然是典型的低收入人群,城乡居民的收入仍然存在明显的差距。近几年来,郊区增加值和工业总产值年均增长15%以上和30%以上,而农民收入年均增长徘徊不前,城乡居民收入差距拉大。根据抽样调查,2004年上海城市居民人均可支配收入达到16683元,而农村居民人均可支配收入为7337元,城乡居民收入之比为2.3:1。其中,10%的纯农户人均可支配收入在3000元以下。2005年,上海城市居民人均可支配收入为18000多元,农村居民人均可支配收入为8342元,城乡差距为2.23:1。而且近几年还呈现城乡差距扩大的趋势。② 其二,农民的文化技术素质与农民市民化的要求不相适应。农村劳动力就业能力相对不足,收入生活水平难以提高。据统计,目前上海农业从业人员中,平均受教育程度只有7.34年,文盲率达12%,其中以妇女、中老年人、体弱者居多,农民实现非农就业转移难。由此可见,农业仍然是弱势产业,农民仍然是弱势群体。其三,工业化、城市化进程所带来的土地升值利益,再分配中农民利益处于受损地位。现行的农村土地集体所有制,农民只享有土地的使用权,单个农家很难分享到升值的利益。真正获得利益分配权的实际是领导"集体"的基层政府。土地升值的利益进一步在各级政府间进行分配。农民在参与土地升值利益分配的各方中,实际属于弱势群体,他们得到的只是补偿费,而不是等量资产的报酬,其实际资产已经缩水。其四,公共资源更多向城市集中,城乡社会事业发展差距过大。20世纪90年代以来,由于上海经济增长的源泉主要来自各个国家级、市级开发区和中心城区,因此公共资源的分配也明显倾向于那些重要的开发区和中心城区。同时为了大力改善公共设施条件,确保城镇居民的收入与社会福利,上海的公共资源分配进一步向城市倾斜;从城市公用事业的大规模改造到教育、卫生设施的新建扩建;以及各类公益性的服务机构设置;等等。虽然郊区城镇的基础设施建设也取得了很大进展,但广大农村的基础设施投入明显不足,特别是社会福利、环保建设、卫生事业、公益设施、公共服务等方面的投入更

---

① 冯国勤:《城乡一体化发展解决郊区三农问题》,《上海农村经济》2003年第10期。
② 上海市统计局编:《上海统计年鉴》,中国统计出版社,2006年版。

少，与市区形成强烈反差。2004年上海市财政用于全市文教、卫生、科研的人均投入为1729元，而郊区为794元，低于全市平均水平935元，因此郊区城镇难以形成城市化的功能。目前，村级集体经济用于社会公共事业建设的矛盾也日渐突出。据调查，一般一个村一年少则支出50—60万元，多则支出几百万元。而村级收入渠道越来越少，难以支撑。其五，在郊区城市化进程中，大量外地农村劳动力流入形成了新的二元结构。现在一方面有越来越多的郊区农村人口转为城镇人口，而另一方面却有越来越多的外地农民流动到郊区就业，成为一支庞大的人群。一边是比较富裕稳定的城市人口，一边是相对流动的低收入的外来人口，两类人群在就业、社会保障以及文化与生活方式等方面存在很大的差距。改善这一社会群体的就业和社会福利，将是一个更大的难题，而且涉及整个国家的相关政策与制度。

（二）北京的"工农协作、城乡结合"发展模式

北京针对大城市、小郊区的实际，以城市工业支援农村为基础，以带动乡镇企业发展为重点推动郊区社会的经济、文化及城镇建设等走上了"工农协作、城乡结合"的城乡一体化发展道路。"工农协作"是指城乡工业开展多层次、多渠道的横向经济联合。通过合资经营、合股经营等形式兴办工农联营企业，形成经济协作网络。其具体方式是由城市工业提供设备、资金、技术、管理人员等，由县、乡、村提供厂房和劳动力。联营双方实行利润分成、按股分红，共同承担市场风险。"城乡结合"多属于纵向经济联合，诸如定点支农、来料加工、工艺性协作、产品下放、零部件专业化协作等。① 城市工业通过各种方式向郊区扩散。城乡经济呈现出城乡协作、优势互补的局面。

第一，工农协作、互相促进。1978年到1985年是工农协作发展战略实施的第一阶段。在工业发展的基础上，发挥工业对农业的反哺作用，利用乡镇企业积累的资金来支持农业的发展，提高农业劳动生产率。乡镇企业以纯利润用于补农，通过对农田基础设施、水利设施、道路及其他公用设施的投资，为农业增收创造了条件。

1986—1990年，工农协作发展战略进入实施的第二阶段。在这一阶段里开始进入城市工业合理分工、统筹规划、广泛联合、联营、互相支

---

① 冯雷：《中国城乡一体化的理论与实践》，《中国农村经济》1999年第1期。

持、共同发展。1988 年，占农村劳动力总数 46.8% 的企业职工，创造了 66.5% 的农村经济总收入；乡镇工业的产值已占全市工业产值的 20.1%；区县财政收入的 58% 和农民收入的 43.2% 来自乡镇企业。到 1988 年年底，乡镇企业与城市联营和为城市协作的产值达 35.6 亿元，占乡镇工业产值的 37%。

1991—1995 年，工农协作发展战略实施的第三阶段。各区、县根据本地的具体情况进行了区域布局，农业开始向集体化、集约化的方向发展。乡镇企业继续深化改革、转换机制，实行和完善了承包责任制，试行了股份合作制，进一步强化和完善了企业的体制建设。一些有产品优势或产业优势的骨干乡镇企业为了扩大企业规模，增强企业的竞争力，组成了企业集团。通过扩大开放、扩大出口、引进外资，有力地促进了乡镇企业的进一步发展。1996 年至今，工农协作走的是农业产业化道路。围绕大型加工龙头企业建立农产品基地，形成龙头带动基地、基地带动农户、产加销一条龙、贸工农一体化的产业格局。

第二，城乡结合协调发展。1980 年，北京市扩大了工业支农队，加大了城市工业向城郊转移的力度。组织城市工业把一些初级、民用产品转给郊区的乡镇企业生产，同时把原材料供应和产品销售渠道以及生产设备都带过去，帮助乡镇企业发展生产；城市工业则腾出厂房、场地开发新产品。其中 500 多家城市工业企业派出 1400 多人到农村企业，进行帮设备、帮技术、帮管理、帮培训的"四援"活动，对乡镇企业的发展起到了积极推动作用。北京洗衣机厂从 1979 年开始，按照专业化协作的原则逐步把 98% 的"白兰"洗衣机零部件扩散出去，由 50 个乡镇企业与该厂协作。[1] 与此同时，汽车系统也在郊区建立了 280 个协作点，外贸部门也建立了一批服装、针织、工艺品的出口供货基地。随着改革开放的不断深入，城乡联合企业发展迅速，吸引了外商投资，出现了城、乡、外商三方合资的企业。城乡联营的企业不但带来了城市工业比较先进的技术、设备和管理经验，并且加快了城乡剩余劳动力的转移，加速了城乡融合。

在资源配置方面，更加注重城乡均衡发展，并将城市优质资源向农村倾斜。2004 年，北京市投资的增量全部投入了远郊区县。2005 年全市完成 340 多千米通油路工程，所有行政村实现了村村通柏油路。北京农村基

---

[1] 邵继华：《北京郊区经济城乡一体化的发展历程》，《北京党史》1997 年第 5 期。

本实现了广播电视村村通，为困难农民配备了电视机。在农村污水治理、垃圾无害化处理等方面投资也较大。并且市教委组织了 103 所城市学校与 103 所农村学校对口帮扶，市科委组织近 400 名科技指导员入村进户，培训农民。从而使农村与城市的差距逐渐缩小。

第三，北京城乡一体化面临的问题。其一，农村未形成优势产业，对城市的依赖性仍较强。近十几年来，北京城区的工业企业向郊区搬迁，确实推动了郊区的经济发展和城区的人口疏散。但也必须看到，其牵动作用是有限的。因为首都的城市性质决定了北京的主要产业是围绕"两个中心"的功能定位展开的。而体现首都特点、具有很强的带动作用的主导产业，如以政府机关为主要对象的各类服务业和与文化中心相关的教育、科研、文化产业却难以向郊区转移。因此，虽然发展小城镇和郊区化对城乡一体化起到了很大作用，但是郊区产业基础和就业机会仍然显得不足。郊区经济总体实力比较薄弱，郊区 GDP 只相当于全市的 22%，各产业的劳动生产率与全市水平差距明显，不足以通过农村经济的积累为城市化迅速发展提供充分的经济保障。与此同时，随着郊区外来人口的急剧增加，城乡非农产业对当地农村劳动力转移的吸纳能力大大降低。经济增长所创造的大量就业机会，被外来人口更快的进入所抵消。因此由于郊区城市空间发展缓慢，缺乏足够的吸引力，又促使人口和产业继续向市区集聚，从而进一步影响了郊区的城市化进程。其二，城市功能结构不合理，向郊区延伸缓慢。北京是中国的首都，长期以来形成的单中心城市结构使政府、金融、教育、医疗、商业等服务部门基本都集中在城区，随之聚集到城区的大量人流、物流、车流大大超出了基础设施的承载能力。城市中心区功能的扩散受到通勤方式、基础设施、生活设施（医疗、商业、教育、娱乐等配套设施）、工作场所等因素的限制。城市建设存在缺乏整体规划的"摊大饼"现象，而且北京郊区卫星城及乡镇在首都功能中的定位，始终没有被明确。这在一定程度上，造成了郊区发展相对滞后、城乡差距不断扩大的状况。例如，在市中心区，城市发展过度密集，旧城保护困难重重，城市交通难以为继，降低了城市发展的综合效益；在市中心区以外，城市发展过于缓慢，边缘集团和远郊城镇普遍规模不足，功能不全及设施落后，无法满足当地居民对人居环境的质量要求。其三，城乡二元结构造成的制度性障碍。城乡二元结构还没有根本性突破，城乡之间在城市建设和管理体制等方面仍处于分隔状态，难以实现相互协调和支持。在基础设施建设方面，城乡建设分家，投资主体单一，城市化资源没有得到充分利用；在解决农民问题方面，对现行户籍、就业、社保等政策的调整跟不上城市化发展的需要，制约着农村剩余劳动力放弃土地经营以及向城镇迁移，制约着已经进入非农就业、进入城镇的户籍农业人口难于融入城镇社会服务体系。在经济管理和行政管理方面，农村经济组织改革滞后，基础设施建设投资体制、城镇管理职能、行政审批等方面不适应城市化要求，各部门的职能难以向郊区延伸并统一安排城乡建设。

（三）珠江三角洲的"以城带乡"发展模式

珠江三角洲位于广东省中南部，是东江、西江、北江和南海合力打造的平原。从行政区域上看，它包括广州、深圳、珠海、佛山、江门、东莞、中山、惠州市区、惠阳县、惠东县、博罗县、肇庆市区、高要市和四会市14个市县，面积41698平方千米。[①] 珠江三角洲地区的城乡经济一体化首先是通过发展商品农业，走产业化经营道路，从而提高农业劳动生产率，为农村剩余劳动力转移创造条件。随后进入农村工业化阶段，重点是以农村工业化带动农村城市化。最后在农村经济实力增强的前提下，完善基础设施建设，按现代化城市要求，构筑现代化城市的框架。经过几十年的发展，珠江三角洲已发展成为具有现代文明的城市群体，形成村中有城、城中有村、城乡一体的新格局。目前，珠江三角洲拥有100万以上人口的城市2座；10万—40万人口的城市6座；2万—10万人口的城市24座；建制镇432座，全区每60平方千米就有一座城镇。近几年来，珠江三角洲又探索、总结出实现城乡一体化的10条标准，即农业生产现代化，农村经济工业化，基础设施配套化，交通通信网络化，市场经营商品化，文明卫生标准化，群众生活小康化，服务体系社会化，行政管理法律化，环境净化美化。这"十化标准"的实现，将标志着珠江三角洲地区可以达到中等发达国家的现代化标准。

第一，提高农业生产效率。在珠三角，农业发展经历了三个阶段。第一个阶段是1992—1997年。这个阶段的特点是发展高产、高质、高效农业。由于商品农业的迅速发展，带动农业专业化水平不断提高。各地初步建立了以"三高"农业为主体的支柱产业和主导产品，建立了一批具有较强实力的农业商品生产基地和龙头企业。第二个阶段，1998—2003年。

[①] 陈鸿宇、周立彩：《珠江三角洲地区城市化发展模式分析》，《岭南学刊》2002年第1期。

这个阶段主要是通过建立现代农业示范园推进农业产业化经营，发展机械农业。随着农业生产、流通专业化程度的提高，社会化服务体系不断健全，为农业提供多种服务。第三个阶段，2004年至今。这一阶段的显著特点是全面推进现代农业建设，农村二、三产业发展迅猛，珠三角转移到工、商、副业上去的农业劳动力，比重越来越大。随着农业劳动力的转移，一些乡、镇在稳定联产承包制的基础上，推行以土地承包权入股为主的农村股份合作制改革，推行改分包为投包，改无偿承包为有偿承包，改分散承包为连片集中承包。从而促进了规模经营的发展。并且加快建设农产品流通市场，强化社区集体经济组织功能，支持农民专业合作社，扶持专业农产品协会，提高了农业组织化程度，促进了农业经营形式的升级。

第二，发展外向型经济转移农村剩余劳动力。珠江三角洲发挥紧靠港澳地区和与海外联系紧密的优势，发展外向型经济，大力引进外资企业。在外资企业的组织形式中，"三来一补"企业占有重要地位，这是珠江三角洲乡镇企业发展的重要特色，也是"珠江模式"的突出表现之一。在我国香港产业迅速北移时，港资利用本区劳动力、水电等价格偏低和改革开放的优惠政策，合理利用比较优势理论，把一些工序转移到本区。1985—1992年，利用外资不断增加。根据统计，1985—1990年，珠江三角洲地区外资每年递增26.3%，同期每年经济增长速度14.2%。1992年至今，为外资高速成长时期，广东省大部分基础设施是这一阶段开建或投产，广深高速公路、广汕高速公路等都是这一时期的成就。外资进入的领域扩大，方式增多，与外资配套的本地工业有新的发展。一大批村镇企业和个体私营企业发展壮大，大量转移不发达地区的农村劳动力。进而加快发展农村工业化和城镇化，加强基础设施建设，形成村中有城、城中有村的格局。

第三，在空间发展模式上，以中心带动外围，发挥城市的扩散效应。在空间发展模式上，处于内圈层的城市依托空间拓展，以郊区化模式（倚重大城市向外扩散的推进力，不仅接纳大城市的扩散产业、扩散人流，并往往在功能上与大城市形成互补）和城市区域化模式（工业化积极推动了小城镇的发展，使实际城镇人口的比重大大提升，城市的内涵或功能已扩散至广大的乡村地区，城市文明和城市生活方式也渗入到广大乡村地区）为特点，外圈层则以内聚（主要指通过不断充实城市的实力、完善城市的功能、提升城市的地位、增强城市的吸引力，使城市不断发展和壮大)为主,通过中心带动外围。中心区域的辐射和带动,促进城乡一体化的进程。珠三角目前已经初步形成了深圳——东莞——广州——佛山的城镇连绵区,各城市的市区与"郊区"城镇工业用地和居住用地连绵成片,相互间已经没有明显的自然界限。这一模式给我们的启示在于:建设城乡一体化,不仅可以在一个中心城市及其周围城镇、农村进行,而且可以在一个更大范围的地区来实行,不应该受地域或行政区划的限制。决定的条件应是经济发展的程度和利益,由经济发展的规律起支配作用。而且城镇化建设是可以走农村包围城市的道路的。

第四,珠江三角洲城乡一体化面临的主要问题。其一,城乡统筹规划水平不高,城市发展成本大幅增加。市区规划与农村规划分割,各自发展。城市总体规划与各区、镇、村规划不相协调,规划注重城区和近郊,农村各镇和行政村的规划相对滞后。轨道交通规划偏重于经济发达地区,而对边远地区的产业辐射带动效应考虑较少;农民住房存在自发性和随意性,由于规划特别是农村规划思路缺乏整体统筹和可持续发展理念,交通、市政、环卫、工业、商业、环保等专业规划和各区、县级市、各镇、村规划互相协调不够,规划超前意识不强,造成规划思路多变,建设成本增大,社会资源浪费和产业及地区发展特色不突出等问题。这种状况,未能充分发挥自然资源、人文资源和经济资源的优势,严重制约了经济社会的协调发展,影响了城市和农村现代化进程,也为今后的治理改造和社会管理增加了难度和成本。其二,城乡管理体制不完善。珠江三角洲多数城镇设市时间不长,大多在十几年前才撤县改市,撤乡改镇,虽然建设成就有目共睹,但城镇管理工作仍然跟不上发展的形势,城建管理机构尚不完善,城乡居民素质亟待进一步提高。随着城市的不断扩大,原来城市边缘一些村落逐渐成为城中村,它们在地域上与城市已密不可分,但迟迟未能纳入城镇统一管理范畴,环境质量日益恶化,社会治安隐患突出,成为城市脏乱差的重灾区。在一些农村地区,其建设外观和生活水平上与城市已没有区别,但当地居民的文化素质和观念行为还不适应城市社会要求,教育、文化、科技建设急需加强。其三,相关制度安排不适应城乡一体化发展的要求。社会经济运行仍受到旧的城乡分割的体制性障碍束缚。如外来打工人员已占到珠江三角洲总人口的45%左右,但原有的户籍制度较大限制了人口的合理流动;土地管理制度不利于土地资源的合理利用,农民既不愿意放弃建房收租、土地分红所获取的巨大利益,又很难凭借放弃土地使用权得到的收益迁入城市安家立业；资本市场发育不良制约了城镇规模扩大和城镇综合服务功能完善，很多城镇建设资金缺乏，综合公共服务设施不足；行政区划缺乏整合度，一些城镇的发展建设已高度关联，但行政体制却各自独立，矛盾错综复杂；管理体制改革滞后，区域协调机制不健全，也制约了珠江三角洲各城镇自身的发展和整体优势的发挥。阻碍了城乡产业结构升级和经济要素集聚的相关制度安排，造成了一系列结构性、体制性和政策性失衡，阻碍了城乡交流与融合。

（四）以乡镇企业发展带动城乡一体化的苏南模式

苏南原是特指苏、锡、常三市，而今扩大为泛指江苏长江以南五市。"苏南模式"是学术界对江苏苏、锡、常地区自1980年代以来经济和社会发展道路的概括和总结。苏南模式也在于地缘优势，其与珠三角的相异之处在于苏南地区乡村集体利用靠近大城市上海、南京之便，通过挖掘自身潜力来发展乡镇企业，从而推动农村城镇化。苏南模式特别是今天的新苏南模式，从理论研究而言，它是顺应市场经济改革要求，在宏观调控下充分发挥市场机制对资源配置的基础性作用，以城市为依托、统筹城乡的开放型区域经济社会发展模式，它反映了在大中城市的辐射和带动下，乡镇企业异军突起，小城镇迅速发展，剩余劳动力转移得以实现，农村经济和国民经济总量大幅度增长，其示范效应曾惠及全国农村经济制度和经济结构转变。苏南的城乡一体化道路与北京、上海有很大的差别，它一开始就是从"三农"发展的需要出发而非从中心城市发展的需要出发的。苏、锡、常地区抓住农村率先改革的发展契机，靠乡村工业和集体经济的大发展，以农村工业化为动力，走出了一条苏南特色的"乡镇企业发展带动"的城乡一体化模式。苏南的乡镇企业已成为地区经济的支柱，乡镇企业的不断发展壮大，使得苏南可以采取以工补农、以工建农的措施来协调工农关系，稳定农业生产。通过建立优质、高效的农业生产基地，推动了农业机械化、良种化、水利化和服务社会化，促进了一、二、三产业的协调发展。农村经济的发展，打破了传统的二元结构，引起了农村经济社会结构的深刻变化。一大批小城镇脱颖而出，成为联结城乡的枢纽，改善了农民的生产、生活条件和质量，加快了农村产业结构调整优化和城市化进程。

第一，苏南乡镇企业崛起。苏南人多地少，农村家庭承包制实行后释放了大量的剩余劳动力，从而具有发展商业的内在动力。由社区政府出面提供生产要素，由乡、镇、村办或农民组办、联户办的，以创造收入、增加就业、保障社区福利和支农义务为目标的社区企业应运而生，统称为乡镇企业。乡镇企业早期的飞速发展，成为政府推进工业化的新动力和苏南农村小城镇化的产业基础。乡镇企业的发展为农村发展奠定了物质基础，在集体经济组织的体制框架内，集中使用乡镇企业的上缴利润加上按一定比例提取的企业利润，采取"以工补农"、"以工建农"的形式和制度协调农工利益关系，使农业社会服务体系建立起来，促进了农业快速发展，有利于城乡协调发展。从某种意义上说，正是乡镇企业的崛起，冲破了城乡二元经济格局的一统天下，自此，城市和乡村因优势的互补而建立了日益紧密的互动关系。以至乡镇企业在苏南的工业总产值中占到"半壁江山"，甚至是"三分天下有其二"，说它形成了农村推动城市的新格局是恰如其分的。其重点是带动农村人口素质的提高，转移农村富余劳动力，实现劳动力转移促农；乡镇企业兴办农产品加工业，推进农产品加工和产业化经营，使农民分享加工流通环节的利润，得到更多的收益，实现加工促农；将乡镇企业上交税收更多地投到农业和农村社会事业中去，实现反哺促农；小城镇建设与乡镇企业发展相互促进实现以城带乡促农。

第二，苏南农村小城镇化。乡镇企业在聚集机制作用下，向小城镇集中发展，带动了苏南地区小城镇的兴起和繁荣。受小城镇聚集经济吸引，许多乡镇企业依傍小城镇建厂，农村工业向小城镇集中。在农村工业化背景下，生产领域的结构变化促使作为乡镇企业空间载体的小城镇迅速成长，小城镇位于城乡结合部，是大中城市与农村联系的纽带；小城镇也坐落于农村地区，与农业关系密切，是农村地区政治、经济、文化中心，城市功能显著。由于乡镇工业带动，小城镇对劳动力需求快速增长，吸收和消化了大量农村剩余劳动力。苏南小城镇化实践不仅合理使用了农村劳动力，而且大大减轻了大中城市的人口压力，在带动苏南城乡经济蓬勃发展的同时，开辟了中国城乡二元格局下城市化发展的新路。进入20世纪90年代，以园区为载体的开放型经济的发展使城乡壁垒逐渐被打破，出现了工业向园区集中、人口向城市集中、住宅向社区集中的"三集中"趋势。本世纪初以来，随着中心城市现代化改造步伐的加快，苏南地区通过开发区建设、行政区划调整、都市圈规划等战略措施，逐步迈进以大中城市为主导、以小城镇为纽带的城市现代化、城乡一体化的崭新时代。这不仅有助于工业化、城市化水平的同步提升，而且有力地促进了工业与农业、城市与乡村的协调发展。

第三，"新苏南模式"城乡一体协调发展道路。所谓"新苏南发展模式"是指在经济国际化背景下、在原有的"苏南模式"基础上，经过创新、演进所形成的新型区域经济和社会发展模式。其基本内涵是：以"两个率先"为目标，以园区经济为载体，以打造现代国际制造业基地为引擎，坚持快速发展、科学发展、协调发展，在工业化、城市化、信息化、国际化互动并进的过程中，实现城乡经济和社会一体化。随着乡镇企业制度改革的展开，也随着城市（镇）化进程的加快推进和外向型经济的蓬勃发展，从20世纪90年代开始，苏、锡、常地区逐步走出了以城镇（包括高新园区）为载体的城乡工业联动发展的新路。也就是说，苏、锡、常突破了就农村内部协调农工矛盾的局限性，开始了以城市为依托，协调农工矛盾，探索建立新型城乡关系的新时期。在所有制结构上突破了传统的以镇村集体为主的所有制结构，形成了多种所有制经济共同发展的新格局；在经济结构上突破了单一的以发展工业为主的传统结构，形成了以乡镇工业为主体、农村经济全面协调发展的新结构。这一阶段最主要的特征是统筹城乡经济社会发展。通过城乡一体、优势互补、资源整合、集约发展，促进农业和非农产业协调发展、农民与城市居民共同富裕、农村与城市全面繁荣。主要通过"四项统筹"来实现城乡协调发展。即统筹城镇规划布局，努力构建城乡融合的网络型复合生态城市；统筹城乡产业发展，支持城区的相关企业有序地向农村特色工业园区迁移集聚，调整优化工业布局；统筹城乡政策接轨，包括加快户籍制度、教育制度、保障制度、就业制度等接轨，努力促进全市政策的统一性、规范性；统筹城乡建设管理，调整财政支出结构，加大对农村基础设施的建设。

第四，苏南城乡一体化模式存在的主要问题。其一，城乡统筹规划相对滞后，中心城市辐射带动能力不强。苏南的城乡一体化的进程是建立在乡镇企业发展，农村城镇化的基础之上，走的是一条农村包围城市的道路，缺乏城乡统筹规划。以至于小城镇布局分散，土地浪费现象严重。苏南各具特色、竞相争雄的县（市）域经济进一步发展的同时，也日益凸现出中心城市辐射、带动能力不足，第三产业不发达。从而制约了城乡经济的进一步发展，导致了城乡连接不紧密，各自分散发展的矛盾。事实上，现代城市是区域经济和社会发展的主导力量，尤其是在苏南地区城市化发展到一定规模，小城镇分散布局的现状下，更需要一个强大的中心以强化它的积聚和扩散效应。因此从苏南来看，必须在大力推进苏南中心城市现代化的基础上,强化中心城市的辐射、带动功能,将其建设成为接轨国际、辐射县(市)域城乡经济的商流中心、物流中心、资金流中心、信息流中心、人才集散中心、研发中心和技术扩散中心。其二,生态污染严重。苏南经济的高增长是与高投资、高消耗、高污染、低质量、低效益相并存的,苏南地区乡镇企业发达,但是技术落后,污水排放量大,造成太湖流域大面积污染、富营养化。地表水资源的恶化和紧缺迫使人们大量开采地下水,导致区域性地面不均匀下降,严重威胁到城市及重大工程建设,苏州、无锡和常州成为水质型缺水城市。城市化使土地失去真正意义上的土壤资源,城市生活、工业活动加重周边农地的污染负荷,直接进入土地的污染物使土地的生态质量下降,适宜性变差,影响土地的生态承载力。

第三节 统筹城乡发展的主要内容和战略意义

统筹城乡发展的主要内容有统筹城乡资源配置、统筹城乡产业发展和统筹城乡国民待遇,以上诸项具有重要的战略意义。

一 统筹城乡经济社会发展的主要内容

统筹城乡经济社会发展的主要内容有统筹城乡资源配置,统筹城乡产业发展和统筹城乡国民待遇。

(一)统筹城乡资源配置

一个社会的主要经济资源包括土地、资金和劳动要素。在特定的时间和空间条件下,一个社会的经济资源是既定和稀缺的。统筹城乡发展,就要统筹城乡资源配置,建立城乡统一的土地、资金和劳动要素配置机制,使其在城乡之间自由流动,实现优化配置,促进城乡协调和共同发展。

第一,统筹城乡土地要素。土地是一个社会的重要经济资源,是城乡人民的共同财富。一方面,土地是农业最基本的生产要素,是农民生产和生活的载体,是农村最重要的资本财富。另一方面,在工业化和城市化进程中,大量农地非农化,为城市的经济和社会发展提供货币积累和空间载体。城乡是一个国家经济与社会发展的机制。土地征用权作为国家的一个重要的公权力,为社会承认和接受;但是,国家应当保证公权公用,只是为了公共利益的需要才能征用农村土地。

在我国，自新中国成立以来，在"重工轻农、城乡分治"的经济社会发展战略框架下，国家征用农地往往忽视甚至牺牲农民利益。改革开放以后，市场经济机制对资源配置的影响越来越大，而国家征地制度改革严重滞后，国家继续以行政机制垄断土地市场，一些征地越出公共利益需要，农地资源流失严重，大量农民失去土地。保守估计1987—2001年我国有4000万—5000万农民完全或基本失去土地，占全国农村人口的5%—6%[①]。一方面，政府征地价格背离市场机制，对失地农民补偿偏低。另一方面，政府高价出让土地使用权获取垄断利润，这些资金几乎全部用于城市建设，国家垄断低价征地与垄断高价出让土地使用权之间的"价格剪刀差"已经成为改革开放以后农业、农村、农民"纳贡"的主要形式。由于国家征地规模过大，补偿偏低，失地农民的土地权益受到严重侵害。加之征地补偿费分配混乱，层层截留，农民实得甚少。此外，城乡分割的二元经济和社会管理体制改革滞后，农民失去赖以生存的土地后却不能与城市社会保障制度衔接，面临严峻的生活、就业、养老等民生问题，种田无地，上班无岗，低保无份，多数生活困难，成为社会弱势群体。近年来，由农民失地而导致的社会矛盾尖锐频繁，成为我国最严重的经济社会问题之一。

统筹城乡发展，必须建立统筹城乡土地资源配置的制度和机制。只有统筹城乡土地要素配置，才能既保证国家工业化、城市化和社会公共事业发展对土地的需求，又严格控制征地规模，保护耕地，保护农业和农民的生存空间，保护失地农民的土地权益。统筹城乡土地要素配置要使稀缺的土地资源真正成为城乡人民的共同财富。具体操作是：改革征地制度，引入市场机制，规范政府行为，控制征地规模，区分征地用途，提高补偿标准，完善补偿方式。

第二，统筹城乡资金要素。资金是经济发展的血液。国家统筹城乡资金要素的重要制度和机制是财政分配制度、税收制度和金融信贷制度。在特定的时间和空间条件下，一个社会的资金要素也是既定和稀缺的。在工业化初期阶段，农业、农村、农民承担着向城市和工业输出资金支持工业化城市化发展的任务。在工业化中期阶段，农业、农村、农民向城市和工业输出资金任务逐渐结束，转而实行工业反哺农业、城市支持农村。

---

① 王梦奎：《关于统筹城乡发展和统筹区域发展》，《管理世界》2004年第4期。

在我国，在"重工轻农、城乡分治"的经济社会发展战略框架下，农业、农村、农民长期承担向城市和工业输出资金的任务，国家财政分配制度对农业长期"多取、少予"，农村资金大量流入城市，而财政农业投入严重不足。据有关研究，在改革前1950—1978年的29年中，政府通过工农产品剪刀差大约取得5100亿元收入，同期农业税收978亿元，财政支农支出1577亿元，政府通过农村征收制度提取农业剩余净额4500亿元，平均每年从农业部门流出的资金净额在155亿元。在改革后1979—1994年的16年间，政府通过工农产品剪刀差从农民那里占有了大约15000亿元收入，同期农业税收总额1755亿元，各项支农支出3769亿元，政府通过农村税费制度提取农业剩余约12986亿元，平均每年从农业部门流向城市工业部门的资金高达811亿元①。改革开放以后，虽然国家财政农业投入的绝对数量有很大增加，但相对比重则在下降。统计资料显示，1978年国家财政用于农业的支出占全部财政支出的13.43%，1990年下降到9.98%，2000年下降到7.75%，2003年只有7.12%，2004年提高到8.28%，2005年又下降到7.2%。我国金融机构对农业和农村贷款严重不足。2000年全国金融机构各项贷款余额99371亿元，而用于农业和乡镇企业的仅占10%，农业和乡镇企业从国家银行系统获得贷款额度在最高的年份也没有达到17%，而且从1995年以来一直呈下降趋势。1978—2001年，农业各税和乡镇企业税金由54亿元增加到2594亿元；加上各商业银行和邮政储蓄，农村每年流出的资金在6000亿—7000亿元②。农村资金严重短缺，农村经济与社会发展处于资金"贫血"的状态。

统筹城乡发展，必须建立统筹城乡资金要素配置的制度和机制。目前，我国已经进入工业化中期阶段，资金要素配置要实施工业反哺农业，城市支持农村。具体操作是：一是提高国家财政农业投入的总体水平，农业财政支出占国家财政总支出的比例应当与农业在国内生产总值中的比例相适应，每年财政对农业总投入的增长幅度不得低于国家财政经常性收入的增长幅度。二是改善农业投入结构，加大支持农村基础设施建设、农业

---

① 《农业投入》总课题组：《农业保护：现状、依据和政策建议》，《中国社会科学》1996年第1期。
② 刘奇、王飞：《论统筹城乡经济社会发展》，《中国农村经济》2003年第9期。

科研和技术推广以及农村教育、文化、卫生、社会保障等公共产品的投入力度，加大对生产环节农民直接补贴的力度，适当缩减农业事业费的支出比例，将政府财政农业支出用于人员供养及行政开支部分压缩在合理限度内。三是健全农业支持补贴制度。加大粮食直补力度，各地用于种粮农民直接补贴的资金要达到粮食风险基金的50%以上。加大良种补贴力度，扩大补贴范围和品种。扩大农机具购置补贴规模、补贴机型和范围。加大农业生产资料综合补贴力度。中央财政要加大对产粮大县的奖励力度，增加对财政困难县乡增收节支的补助。继续对重点地区、重点粮食品种实行最低收购价政策，并逐步完善办法、健全制度。四是创新农村金融制度。进一步发挥中国农业银行、中国农业发展银行在农村金融中的骨干和支柱作用，继续深化农村信用社改革，尽快明确县域内各金融机构新增存款投放当地的比例，引导邮政储蓄等资金返还农村，大力发展农村小额贷款，在贫困地区先行开展农村多种所有制金融组织的试点，实现政策性金融、商业性金融、合作性金融并存与互补的格局。五是统筹城乡税制。2006年，我国已经全面取消农业税。农业税的取消虽然减轻了农民的直接税收负担，但是，城乡居民平等税负的平台并未建立，农村居民仍承担着大量的税外负担，如农村公共产品负担。深化改革要建立公共财政制度，逐渐统一城乡税制，将农村居民的税收和其他负担纳入城乡平等的现代公共财政和税收制度。

第三，统筹城乡劳动要素。劳动是财富之父。劳动者是生产力中的人的因素，劳动者与必要数量的生产资料结合，才能成为现实的生产力。世界上绝大多数国家城乡居民可以自由迁徙自主就业，市场机制是配置劳动要素的基本机制。我国是世界上少有的实行城乡分割人口管理和就业制度的国家。计划经济时期，国家通过户籍制度把城乡居民划分为农村户口和城市户口，严格限制农村户口转变为城市户口，城市居民在城市就业，农村居民只能在农村（农业）就业。户籍制度阻碍了生产要素在城乡之间的自由流动，妨碍了劳动要素的合理配置，农村土地承载的人口和劳动力太多，农业经营规模过小，农业劳动力剩余严重，农业生产力水平难以提高，农民生活难以改善。改革开放后，农村劳动要素流向城市的约束逐渐放松。但是，城乡二元户籍制度和就业制度改革滞后使农村剩余劳动力转移面临严重的制度障碍，农村剩余劳动力进城就业难，就业后同工同酬难，成为真正的城市市民更难。目前，我国农业在国内生产总值中比重约占15%，但农业依然承载全社会50%的劳动力。农业剩余劳动力转移困难制约了农业现代化建设，也延缓了城市化和现代化的进程。

统筹城乡发展，必须建立统筹城乡劳动要素配置的制度和机制。要改革城乡分割的户籍制度和就业制度，构建城乡公平的劳动就业市场，按照市场经济的要求，使城乡劳动力在全社会合理流动，加速农村剩余劳动力转移。要完善劳动市场管理，维护劳动市场秩序，实现城乡劳动力公平竞争就业，同工同酬。要统筹城乡劳动就业培训，发展技术和职业教育，提高城乡劳动者的文化素质和生产技能，尤其是提高农村剩余劳动力的求职能力。

（二）统筹城乡产业发展

产业是城乡经济活动的载体。一般而言，城乡产业分工是城市从事工商业，农村从事农业。城乡产业分工并不意味城乡产业分割，而是相互联系、相互支持，形成平等的伙伴关系。一个国家统筹城乡产业发展的制度和机制是产业政策、资金政策和信贷政策。在工业化初期阶段，国家的产业政策、资金政策和信贷政策围绕发展工业，并从农业吸取剩余支持城市工业。在工业化中期阶段，农业支持工业的使命逐渐结束，国家的产业政策、资金政策和信贷政策转而实行工业反哺农业。统筹城乡产业发展，就要打破城乡产业分割，增强城乡产业关联，促进城乡产业优势互补，加快城乡产业融合。

第一，工农业协调发展。工农业是国民经济最重要的产业，工农业协调发展是国民经济健康、稳定、持续发展的基础。由于长期实行"重工轻农、城乡分治"的经济社会发展战略，我国城市工业的生产手段和产业组织方式已经实现了相当程度的现代化，农村农业的生产手段和组织方式还相当传统落后，距离农业现代化有很大的差距，很多地方的农业处于弱质地位，城乡二元经济的格局凝固。统筹城乡产业发展，实现工农业协调发展，国家的产业政策、资金政策和信贷政策要转向建立以工哺农、以城带乡的长效机制，加大力度改造传统农业，尤其是加强农业基础设施建设，提高农业生产的现代化程度，全面提高农业综合生产能力。

第二，城乡工业协调发展。改革开放以来，中国经济发展的一个重要特色是农村工业异军突起，在城市工业之外构筑了"第二工业体系"。农村工业既转移吸纳大量的农业剩余劳动力，增加农民就业和收入，带动了农村经济和社会发展，也推动了整个国家工业化和城市化的进程。但是，我国农村工业在产业布局上过度分散，与城市工业在行业和产品结构上表现出高度的同构性，造成产品生产的简单重复和土地资源的过度占用，也加剧了低水平的市场竞争。统筹城乡产业发展，必须构建城乡工业协调发展、优势互补的机制。城乡工业要根据资源要素禀赋，发展具有比较优势分工又能互补的行业。城市工业应当利用资金、技术、人才等集聚优势，着重发展高技术含量的产业门类和产品，那些占地面积大、单位占地面积创造价值低的劳动密集型制造业要逐步退出城市。乡村工业要调整产业方向，发挥地区资源优势、传统工艺特色和特定市场优势，把劳动密集型产业作为主要发展方向，把农产品加工业作为农村工业发展的重点。要加强城乡关联产业的发展，如食品工业、农用生产资料工业、农产品深加工业以及为农村经济社会服务的产业的发展。通过增强城乡产业的关联度，促进城乡产业一体化发展。

第三，城乡第三产业协调发展。第三产业是工业化和城市化中后期阶段的重要"后续"动力。目前，我国城市第三产业门类齐全、发展迅速，而农村第三产业发展严重滞后，农村需要的科技、文化、教育、卫生、生产服务等供给严重不足。统筹城乡第三产业发展，要大力鼓励和引导城市第三产业下乡开拓农村市场，同时大力发展农村第三产业，重点是完善农村社会化服务体系。

（三）统筹城乡国民待遇

城乡居民同是国家的公民，具有宪法赋予的平等权利和义务。然而，在我国，在"重工轻农、城乡分治"的经济社会发展战略框架下，城乡居民的权利和义务并不平等，农村居民沦为"二等公民"。统筹城乡发展，必须统筹城乡居民的国民待遇，改革城乡歧视的政策和制度安排，使城乡居民拥有平等的发展权利和义务。

第一，城乡平等的迁徙和居住权。平等的迁徙和居住权是一国公民的基本权利。然而，在我国，在计划经济时期，为了保证工业优先发展，我国实行城乡二元的居民户籍管理制度，农村居民迁居城市必须得到政府批准。此外，城乡居民的二元生活保障制度也剥夺了农村居民自由迁居城市的权利。改革开放以来，国家逐渐淡化了计划经济时期给予城市人的福利保障，但是由于国家还没有完全改变对城市居民的社会福利制度安排，户籍制度改革也没有取得根本性的进展。统筹城乡发展，必须统筹城乡国民待遇，废除城乡二元户籍制度和社会福利制度，逐步实行以居住地为条件划分城市人口与农村人口，以所从事职业为标准划分农业劳动力和非农业劳动力，凡在城镇有合法固定住所、稳定的职业和收入来源的人员及随其共同生活居住的直系亲属，均可根据本人意愿办理本地城镇户口，并最终实现城乡统一的户口登记管理制度。

第二，城乡平等的受教育权。平等受教育是公民的基本权利。改革开放以后，我国实行九年义务教育制度。但是，在城乡二元的经济社会发展战略下，政府教育投入偏向城市，城乡占有教育资源差距悬殊，农村教育事业发展落后，农村义务教育在很大程度上由农民负担，农村居民子女"读书难，读书贵"。城乡占有教育资源差距悬殊，侵害了农村居民的受教育权利，尤其是使城乡居民业已存在的人力资本差距不断扩大，从根本上损害了农村居民的发展权。统筹城乡发展，必须统筹城乡国民待遇，政府要承担起农村义务教育投入的职责，不断增强对农村教育的投入，切实减轻农民的教育负担，使城乡居民拥有平等的受教育权利。

当前，城乡居民受教育权利不平等的另一个重要表现是进城农民工子女受教育难。由于没有城市户口，进城农民工子女不能在城市公立学校就近入学，或者要交纳高昂的寄读费；即使入学，还要面临种种歧视性的对待。近年来，针对农民工子女的受教育问题，"外来工子弟学校"有很大发展。但是，由于"外来工子弟学校"不能纳入城市教育体系，经费自筹，师资自招，自负盈亏，大多数"外来工子弟学校"设施简陋，师资匮乏，教育质量差，日常运转十分艰难。统筹城乡居民受教育权利，应当使进城农民工子女拥有与城市居民子女一样平等地进入公立学校受教育权利。作为一种应急措施，政府应当承担起"外来工子弟学校"的设施建设、师资培训、教学管理等职责，把"外来工子弟学校"办好，并逐渐过渡到政府统一投入和管理的城市学校体系。

第三，城乡平等的劳动就业权。平等的劳动就业权是公民的基本权利。我国在计划经济时期形成了城乡差别的二元就业制度，城市居民进入劳动年龄后由国家安置就业，农村居民进入劳动年龄后在所在集体经济组织"自然就业"。城乡二元就业制度决定了农村居民终生只能从事农业，只有极少数人通过参军、上学、招工、招干等极其狭窄的渠道转为城市居民后获得国家就业安置。不平等的就业权利剥夺了农村居民改善生活以及发展的权利。改革开放以后，随着工业化和城市化进程加快，越来越多的农村剩余劳动力进入城市谋生。但是，由于他们的工作不是政府安置的，只能称为"农民工"。"农民工"的身份意味不能与城市企事业单位正式职工享有同等的权利和福利，他们的就业岗位多是城市人不愿意从事，劳动条件最差，工作时间最长，工资待遇最低，而且经常工资被无理拖欠甚至"绝收"。由于城乡二元制度，大量农民进城后就业无门，或者就业极不稳定，导致严重的社会问题。统筹城乡发展，必须统筹城乡国民待遇，使城乡居民拥有平等的劳动就业权利。要建立城乡统一的劳动就业市场，完善劳动市场管理，维护劳动市场秩序，帮助进城农民顺利就业，实现同工同酬。要对进城农民进行职业和技能培训，提高他们进入城市的就业竞争能力。

留在农村从事农业的农村居民的平等就业权利体现在有权依法承包经营所在集体经济组织的土地。农村土地承包应当坚持公开、公平、公正的原则，任何组织和个人不得剥夺和非法限制农村集体经济组织成员承包土地的权利。国家赋予农民长期而有保障的土地使用权，维护农村土地承包当事人的合法权益，依法保护农村土地承包关系的长期稳定。农民承包土地拥有生产经营自主权，任何组织和个人不得干涉承包农户依法进行正常的生产经营活动。农民承包土地后有权在依法、自愿、有偿的原则下进行土地承包经营权流转，土地流转的收益归承包农户所有，任何组织和个人不得擅自截留、扣缴。在承包期内，承包农户全家迁入小城镇落户的，应当按照承包方的意愿，保留其土地承包经营权或者允许其依法进行土地承包经营权流转。要重视农民的文化、技术和职业教育，提高务农农民的就业竞争力。

近年来，损害甚至剥夺农民就业权的一个重要方面是国家征地后大量农民失地失业。农民失地是工业化和城市化进程中的必然现象，但是，农民失地并不一定必然失业。农民失地失业，一方面是国家征地规模过大，失地农民数量剧增；另一方面是失地农民的就业权被忽略。要让农民失地不失业，必须尊重失地农民的劳动就业权利，在改革征地制度的同时，建立失地农民的就业支持制度，对失地农民进行职业和技能培训，制定优惠政策和措施鼓励和支持失地农民自主创业。

第四，城乡平等的社会保障权。平等拥有社会福利保障是公民的基本权利。在我国，计划经济时期形成了城乡二元的社会保障制度，国家对城镇企事业单位职工提供口粮、基本生活资料补贴、低租金住房、公费医疗、退休养老以及子女就地入学、就业等一整套福利保障，但是，这套社会保障制度不覆盖农村。改革以来，国家逐渐推出一些改革，探索建立农村最低生活保障制度、农村社会养老保险制度、农村合作医疗等，但是，囿于城乡分治的传统思路，农村社会保障制度发展极其缓慢。统筹城乡发展，必须统筹城乡国民待遇，使城乡居民拥有平等的社会保障权利。建设农村社会保障制度当务之急是解决农民"生有所靠，老有所养，病有所医"，重点建设农村最低生活保障制度、农村社会养老保障制度和新型农村合作医疗制度，政府应当加大财政投入力度，创造条件逐步过渡到城乡统一的社会保障制度。

二　统筹城乡发展的战略意义

统筹城乡发展的战略意义是一种全新的发展理念，是现阶段深化农村改革的重大实践，也是现阶段有效解决三大任务的重要手段。

（一）统筹城乡发展是一种全新的发展理念

统筹城乡发展是一种科学发展的新理念。30多年改革开放的伟大实践使广大农村发生了翻天覆地的巨大变化，这是任何人都无法否认的事实。然而从总体上看，与城镇居民相比，农民收入总量与增幅都偏低，生活质量存在显著差距，合法权益保障不力等问题依旧十分突出。从根本上讲，这是政府职能转变不到位的结果。统筹城乡发展就是要打破这种城乡二元结构，赋予农民公平的国民待遇、健全的财产权利和平等的发展机会，通过形成城乡一体化发展新格局，建立城乡平等和所有社会成员全面发展的基本条件，使全体国民共享工业化、城市化和现代化带来的繁荣成果成为现实。而科学发展观的基本内涵是全面、协调和可持续，根本方法是统筹兼顾，统筹城乡发展这一战略因此体现了科学发展的精髓，成为贯彻落实科学发展观的重要途径。

（二）统筹城乡发展是现阶段深化农村改革的重大实践

城乡差距过大既有历史的原因，也有制度层面的原因。一是"工业优先，城市偏向"的发展战略的消极影响。历史上，国家长期通过税收制度、工农产品"剪刀差"、土地一级市场垄断等做法把农业剩余强行由农村汇集到城市，致使农村二、三产业发展滞后，基础设施建设薄弱，农民收入增长缓慢。二是限制人口自由流动的户籍制度的负面作用。从20世纪50年代末期开始，我国即确立了以常住人口为主、严格控制人口流动的基本户籍管理办法，将城乡居民明确划分为农业户口和非农业户口，形成了一整套城乡分离的、附着在户籍之上的各种不公平的社会管理制度和政策措施，人为制造出"二等公民"。近年来，尽管人口管理有所松动，但是带有严重歧视色彩的户籍制度，在严重损害公民自由迁徙权，滞后城市化进程的同时，依然造成了农村资金、土地、劳动等要素资源向城市与工业的制度性流动。三是偏向城市和工业的国民收入分配制度和导致资金由乡村流入城市的金融政策。近年来，国家加大了对"三农"的投入力度，但对广袤的农村地区而言，依然不敷足用，国民收入分配再分配中偏向城市的制度惯性仍在深化，城乡差距持续扩大的趋势依然未有根本改观。金融机构对农村的抽血不断加剧，农村金融供给严重不足。统筹城乡发展战略的提出，事实上就是要用新的发展理念解决积重难返的"三农"问题，通过打破城乡二元结构、消除城乡壁垒、促进城乡协调来形成城乡经济社会发展一体化的新格局，是当前和今后相当长时期深化农村改革的重大战略实践。

（三）统筹城乡发展是现阶段有效解决三大任务的重要手段

实施统筹城乡发展战略是我国经济社会发展进入新阶段的客观要求。新阶段我国经济社会发展面临三项紧迫的任务：缩小城乡收入差距、提高农村劳动力素质、扩大农村消费需求。这三大任务完成与否均取决于城乡基本公共服务均等化的实现程度。从理论上分析，基本公共服务均等化的实现能够大大增强社会成员的经济安全和消费预期，带来巨大的公共投资需求，并大幅缩小城乡居民的收入差距和有效改善农村劳动力素质偏低的状况。

到2020年我们要建成一个惠及十几亿人口的更高水平、更全面、更均衡的小康社会。这一奋斗目标与长期形成的"一国两策"的城乡二元对峙格局，已越来越不适应新的历史条件下农业、农村的发展需要，不仅会造成城乡差距的进一步扩大，而且对社会稳定构成潜在的威胁。20世纪，全球范围工业化开始的时代也就是农民终结的时代，却频繁爆发了大规模的农民骚乱。以泰国为例，近年来，泰国政局混乱，其主要根源在于20世纪中后期泰国城乡非均衡发展所造成的社会矛盾的激化。

中央提出的"生产发展、生活宽裕、乡风文明、村容整洁、管理民主"的20字方针，既是新农村建设的总体要求，也是其基本目标。这些都需要借助统筹城乡发展这一战略来实施，一方面要通过工业对农业、城市对农村的反哺和支持，建立以工促农、以城带乡的新型城乡关系，为新农村建设提供有力的外部支持；另一方面通过消除妨碍城乡协调发展的体制性障碍，着力培育城乡统一的要素市场，统筹城乡经济、政治、社会、文化、环境等事业发展，形成对新农村建设的体制机制支持。

第五章　逐步改变城乡二元经济结构

我国现在还是一个发展中国家，具有典型的二元经济结构特征，一方面存在着以城市工业为代表的现代经济部门，另一方面是以手工劳动为特征的传统农业部门，还未实现工业化和城市化。由于二元经济结构的存在，造成了工业化、市场化、城市化和社会化程度低，造成了一系列的"孪生灾难"，阻碍了中国的现代化进程。因此，在21世纪中国的经济发展过程中，要实现从二元经济结构向现代经济结构的转变。

第一节　城乡二元结构的形成和弊端

在发展中国家由传统农业经济向现代工业经济过渡的历史进程中，必然出现农村相对落后的生产和生活方式与城市不断进步的现代生产、生活方式之间的不对称的组织形式和社会存在形式，即所谓"城乡二元结构"。城乡二元经济结构一般是指以社会化生产为主要特点的城市经济和以小农生产为主要特点的农村经济并存的经济结构。发展中国家的现代化进程，可以说在很大程度上是要实现城乡二元经济结构向现代经济结构的转变。

一　城乡二元经济结构的形成

城乡二元结构是许多发展中国家经济结构的特征。在我国，城乡二元性矛盾突出并不断强化已经成为制约经济运行和可持续发展的主要问题。[①]

[①] 苏雪串：《中国城乡二元经济的形成和演变分析》，《学习与实践》2008年第2期，第14—18页。

（一）城乡二元经济形成的历史背景

自中国进入封建社会，直到 1840 年鸦片战争前的两千多年间，城乡一直处于共生状态，经济没有根本分离。城市没有发展成为独立于农村之外的经济中心，而是在政治上统治农村，在经济上依赖农村。城市与农村的经济联系主要是单向的，即城市从农村征收贡赋、调集劳役，而很少向农村提供产品。这种城乡经济关系只能加剧农村的贫困，使中国广大农村封闭在小农业与家庭手工业相结合的自然经济圈子之内。

中国封建社会的城市主要是政治性和消费性的，城市手工业基本上是为官府和贵族服务的。城市是相对封闭的，没有独立的工商业组织，社会分工程度低，城市经济功能弱，对社会经济发展的推力较小，这也是中国封建社会比较漫长的原因之一。在中国封建社会，工商业在城市经济中的比重很低，服务性行业和职业种类很少，城市社会分工不发达，无法吸纳农业人口进城就业。统治者不仅利用城市在政治上保护自己的安全，统治着农村，而且在经济上剥削农村。因此，中国封建社会畸形的城市完全依赖剥削农村而生存，专制的统治者通过强迫手段集聚农业生产领域的财富和产品，结果使大量的农业人口在最低生活水平线上挣扎，也给当代中国积淀了农业人口出路的问题。中国是世界历史上农民起义最多的国家之一，两千多年的封建社会发生过数百次农民战争，其原因之一就是中国封建社会的城市不能容纳游离出来的农村人口，无论这种人口是因天灾人祸从农业中自动游离出来，还是因为以自己的手艺而到城市谋生，城市本身并没有给农村人口留下生存空间。

鸦片战争以后，中国逐步演变成为一个半殖民地半封建社会。列强的入侵给自给自足的封建农耕经济以巨大的冲击。西方列强为了自身的利益，在中国办银行、修铁路、建工厂；同时，在洋务运动中，中国民族工业诞生并有了较大的发展。在这一时期，外国人在中国兴建的近代工业和交通运输业，洋务派创建的军事工业和民用工业发展的同时，中国近代工业城市兴起，它们集中在东部沿海地带的少数几个城市。这样，城市形成了自身的经济体系，城乡经济开始分离，形成中国城乡二元经济结构的雏形。

（二）城乡二元经济结构的形成和演变

城市是在人类社会漫长的发展过程中逐步形成和发展起来的。英国工业革命以后，随着工业化的发展，整个社会就不断地由乡村型向城市型转变,农村人口向城市迁移和集中就成为世界各国的普遍现象。在城市化进程中,由于城乡之间的资源落差,农村人口向城市流动是一种自然的历史现象,农村与城市、农民与市民的差别也是一种自然差别。但在新中国成立以来,由于当时特殊的社会环境,更主要是由于决策者观念的局限,相继制定和出台了一系列限制农民进城的政策制度,神奇地在神州大地上构筑了影响极其深远的二元社会结构。

中国共产党领导的革命摧毁了国民党政权,建立了新型的人民共和国。1949年9月通过的起临时宪法作用的中国人民政治协商会议《共同纲领》规定了公民的居住和迁徙自由权。所以,新中国成立初期,国家对户口迁移的控制比较宽松,出台的有关户口管理政策都明确标示"保障人民居住、迁移自由"。1951年7月16日,经政务院批准,公安部颁布实施了《城市户口管理暂行条例》,首次规定在城市中一律实行户口登记。该条例第一条就指明制定户口管理暂行条例的目的是保障人民的"居住、迁徙自由"。11月,第一次全国治安行政工作会议也强调户口工作的任务是"保证人民居住迁移之自由"。1953年,政务院发布《为准备普选进行全国人口调查登记的指示》,制定了《全国人口调查登记办法》,通过这次人口普查在农村建立了简易的户口登记制度。1954年9月,新中国第一部《宪法》颁布实施,该《宪法》明确规定中华人民共和国公民"有居住和迁徙的自由"。1954年12月,内务部、公安部、国家统计局联合发出通知,要求普遍建立农村的户口登记制度,并规定农村户口登记由内务部主管,城镇、水上、工矿区、边防要塞区等户口登记由公安部主管,人口统计资料的汇总业务由国家统计局负责。1955年6月,国务院发出建立经常户口登记制度的指示,对人口的出生、迁出、迁入等变动作了明确规定。1956年2月,国务院指示把全国户口登记管理工作及人口资源的统计汇总业务统一交公安机关负责。3月,全国第一次户口工作会议规定了户口管理工作的三项任务,但还没有限制人口迁徙自由的规定。1954—1956年是历史上户口迁移最频繁的时期,全国迁移人口数达7700万,其中包括大量农民自发进入城镇居住并被企业招工。

1956年大规模的疾风迅雨式的农村合作化运动以后,全国出现了比较严重的农村人口流入城市的问题,特别是安徽、河南、河北、江苏等省的农民、复员军人和乡、社干部流入城市的现象相当严重。1953—1957年,我国照搬苏联模式进行第一个五年计划,重点建设苏联援建的156项工程。在计划经济条件下，城市企业劳动用工都由国家计划统一安排，未按国家计划而擅自进城的农民，从1956年开始就被称为"盲流"，这个"盲流"实质上是现在盛行的"农民工"称呼的历史先声。1956年12月30日，国务院发布《关于防止农村人口盲目外流的指示》，劝阻"盲流"到城市的农民回农村去，并指示工厂、矿山、铁路、交通、建筑等部门不应当私自招用农村剩余劳动力。可见，农村剩余劳动力在这时就已存在。1957年3月2日，国务院又发布《关于防止农村人口盲目外流的补充指示》。1957年9月14日，国务院再次发出《关于防止农民盲目流入城市的通知》，要求各地加强对农民的社会主义教育，将农民稳定在农村。1957年12月18日，中共中央、国务院联合发出《关于制止农村人口盲目外流的指示》，特别强调公安机关要严格户口管理，同时严禁粮食部门供应没有城市户口的人员粮食，盲目流入城市和工矿企业的农民必须遣返原籍，并且严禁他们乞讨，各地要防止农民弃农经商等。由此可见，在计划经济思维的禁锢下，当时的发展观念明显袒露出对农民追求生存和幸福权利的漠视和限制。中央接二连三发文件要"防止农民盲目进城"，一方面也说明农民具有自发进城的强大动力，另一方面说明当时决策层囿于计划经济思维的严重局限。

在党中央、国务院连续四次下发文件制止农民进城却成效不大的情况下，决策层不得不借助强制性方法来达到目的。1958年1月9日，第一届全国人大常委会第91次会议不顾四年前颁布的《宪法》对公民居住和迁徙自由权的规定，通过了影响至今的《中华人民共和国户口登记条例》，该《条例》第10条规定："公民由农村迁往城市，必须持有城市劳动部门的录用证明，学校的录取证明，或者城市户口登记机关的准予迁入证明，向常驻地户口登记机关申请办理迁出手续。"这样，中国就从法律上正式确立了二元户籍制度，从此，农民迁入城市就从法律上和事实上被堵死了。1958年的人民公社化和大跃进运动迅速导致了1959年开始的三年大饥荒，限制农民进城谋生的户籍制度和由此而产生的官僚主义，致使几千万农民因饥饿而丧生，成为世界历史上令人十分震惊的人间悲剧。

围绕城乡分割的二元户籍制度，中央各职能部门以此为核心，配套出台了一系列歧视农民、限制农民的政策制度。这些制度主要有粮食供应制度、副食品与燃料供应制度、住宅制度、生产资源供应制度、教育制度、就业制度、医疗制度、养老保险制度、劳动保护制度、人才制度、婚姻制度、生育制度等十多项，形成了当今世界上绝无仅有的二元社会结构。这些制度从根本上限制了农民作为共和国公民应该享有的基本权利，人为地使农民居于被歧视的二等公民地位。当前农业、农村和农民问题的种种表现，都可以归结到二元社会结构上来。户籍制度是二元社会结构的核心制度，因为其他一切政策都是以此为依据而建立起来的，没有户籍制度为基础，其他歧视农民的政策制度就会成为缺乏基础的空中楼阁。

1978年12月开始的改革开放，翻开了中国历史崭新的一页。二元社会结构在改革中不断受到冲击，严格的户籍制度也有所松动，有的制度如粮油制度等在改革中被逐步取消，但构成二元社会结构核心制度的户籍制度、就业制度、教育制度和社会保障制度等至今仍未有根本性的改变。

1980年以来，国家出台了几十项"农转非"政策，使部分符合条件的城乡两地分居几十年的夫妻、家属得以通过中国特有的"农转非"管道从农村进入城市。从1982年到1988年，"农转非"人口累计达4679万人。但真正意义上的户籍制度改革的最初突破，应归功于1984年1月1日的中共中央一号文件，即《关于一九八四年农村工作的通知》，该通知"允许务工、经商、办服务业的农民自理口粮到集镇落户"；10月国务院发出《关于农民进集镇落户问题的通知》，规定对申请到集镇的农民和家属，发给《自理口粮户口簿》，统计为"非农业人口"。这两个通知揭开了中国户籍改革的序幕，尽管这时国家还不准农民在县城和县城以上城市落户，但被限制居住和迁徙自由几十年的中国农民毕竟获得了离开土地到县城以下集镇落户的权利，这就敲开了铁板一块的户籍制度的裂缝。据统计，从1984年至1986年年底，在不到三年的时间里，全国共办理自理粮户口1633828户，计4542988人。

1992年是中国改革历史上具有标志性意义的一年，年初邓小平"南方谈话"发表，加快改革的春风吹遍大江南北。这一年，围绕户籍制度产生了两大问题，一是随着各地开发区的纷纷建立，全国出现了"卖户口"热潮，范围主要集中在小城镇和县城的开发区内。这次"卖户口"使农民第一次可以跨越集镇进入县城落户。但这种公开出卖非农业户口的错误做法立即遭到了公安部的紧急叫停。据估算，1992年各地卖户口所得金额可能达200亿元之巨。这充分说明被画地为牢数十年的中国农民对城市生活的强烈渴望。二是蓝印户口的应运而生。为适应改革开放的新形势，公安部拟就了《关于实行当地有效城镇居民户口制度的通知》，征求各部门和地方政府意见,开始实行"当地有效城镇居民户口制度",因这种户口簿印鉴为蓝色,故称"蓝印户口"。这是一种为适应人们对户籍制度改革的强烈要求而变通实行的一种过渡性措施。

1997年以后,小城镇户籍制度改革明显加快,2000年6月13日,中共中央、国务院下发了《关于促进小城镇健康发展的若干意见》,规定从2000年起,在小城镇(含县城)有合法固定住所、固定职业和生活来源的农民,均可根据本人意愿转为城镇户口。至此,小城镇包括县城户籍制度取得了历史性突破。

与此同时,北京、上海、江苏、浙江、河北、湖南、山东、安徽等省市也纷纷出台触动大中城市户籍制度的改革措施,2001年8月1日石家庄市就在全国省会城市中率先实行户籍制度改革。但总的来说,因为户籍制度改革涉及就业、教育、医疗和社会保障诸方面,大中城市的户籍改革措施还十分有限,已经出台的户籍改革措施主要面向所谓的人才和富人,普通农民仍然难圆进大中城市之梦,这就是当前1亿多进城务工的"农民工"之所以为"农民工"的原因所在。目前大中城市各自为政的户籍改革还只是停留在有利于引进人才和引进资金的"实用主义"阶段,远远没有上升到公民居住和迁徙自由的层面上来。这与整个国家对宪法的认识有很大关系。比如1975年、1978年和1982年宪法都取消了1954年《宪法》对公民居住和迁徙自由权的规定,此后的历次修宪也没有涉及这项内容,这就使得以确保公民居住和迁徙自由为终极目标的户籍制度改革仍需时日。

(三)新中国成立到改革开放前二元经济结构的固化

新中国成立之初,面对贫穷落后的经济和紧张的国际形势,必然产生生死存亡的危机感和优先发展重工业的紧迫感,苏联运用国家计划迅速推动工业化曾经取得的成功经验也增强了中国政府优先发展重工业的信心。因而政府选择了优先发展重工业的工业化道路,并为此做出了一系列相应的制度安排,阻断了城乡生产要素、产品及人口的流动,基本上奠定了中国城乡二元经济的格局。

第一,赶超型工业化战略和计划经济体制固化了中国经济的二元结构

在经济基础比较薄弱的情况下,重工业优先发展必然要大量转移农业资源,从而扩大城乡差距,加剧二元经济矛盾。在工业化的起步阶段,把有限的积累投入到重工业部门,通过非经济的强制手段,从农业中获取工

业所需的原始积累，限制了农业的发展，促使重工业低效膨胀。1952—1978年，国家通过工农业产品价格剪刀差积累了几千亿元，农民每年向国家缴的农业税在27亿—32亿元之间，累计有几百个亿。通过农民储蓄这条渠道，国家积累了约155.5亿元。三项相加，从1952年到1978年，国家依靠农业积累的资金达4452亿元左右，年均约171亿元，占国民收入积累额的比重，除1978年外，都在30%以上。① 在实施优先发展重工业的工业化战略过程中，农业和农民为我国工业体系的建立做出了巨大贡献，却被排斥在工业化过程之外，也没能享受到工业化的结果。

第二，城乡分割的经济体制是二元经济形成的制度原因

在计划经济体制下，政府对城市经济和农村经济的资金投入、城乡劳动力的就业途径、居民的福利待遇、户籍等方面都采取不同的政策。二元体制导致1953年起，国家从粮食、油料的计划收购和销售开始，逐步实行了对主要农副产品的统购统销政策。这一政策使国家能够以低于市场水平的价格收购农副产品，保证工业发展和城市居民生活需要，从而压低工业部门职工的工资和生活成本。统购统销政策走出了阻断城乡产品流通渠道的第一步。20世纪50年代末，在农业合作化的基础上迅速实现了农村的人民公社化。在人民公社制度下，农民必须将生产资源全部投入农业生产，并按照国家要求的品种和数量生产农产品。这一制度迈出了阻断城乡生产要素流动的第二步。从20世纪50年代中期以后逐步推行并不断强化的城乡分割的户籍制度在全国范围内对城乡人口和劳动力流动做出进一步约束，阻断了农村劳动力向城市的流动。城乡经济在各自的封闭的环境中运行，也没有市场机制的调节和激励。因此，城市经济和农村经济的效率都较低。城乡分割及"城市偏向"使得农村经济雪上加霜，城乡二元经济结构矛盾进一步固化。

二 城乡二元结构的内容和存在的问题

城乡二元结构体制是我国经济社会发展中存在的一个严重障碍，主要表现为城乡之间的户籍壁垒，两种不同资源配置制度，以及在城乡户籍壁垒基础上的其他问题。

---

① 吕政、郭克莎、张其仔：《为什么要走新型工业化道路》，《经济日报》，2002年2月19日。

(一) 城乡二元结构的内容

第一，城乡之间的户籍壁垒。1958年1月全国人大常委会第三次会议讨论通过《中华人民共和国户口登记条例》。这标志着中国以严格限制农村人口向城市流动为核心的户口迁移制度的形成。在改革以后，暂住证制度既可以看作这种城乡壁垒存在的标志，也可以看作弱化这种壁垒的一种措施。

第二，两种不同的资源配置制度。改革前中国社会中的资源是由行政性的再分配，而不是由市场来进行配置的。比如，教育和公共设施的投入。城市中的教育和基础设施，几乎完全是由国家财政投入的，而农村中的教育和设施，国家的投入则相当有限，有相当一部分要由农村自己来负担。

第三，以户籍制度为基础的城乡壁垒，事实上是将城乡两部分居民分成了两种不同的社会身份。这两种社会身份在地位上的差别，从城乡之间存在的事实上的不通婚就可以看得出来。目前国家每年为城镇居民提供上千亿元的各类社会保障（养老、医疗、失业、救济、补助等），而农民生老病死伤残几乎没有任何保障，农民还要上交乡村统筹为"五保户"、烈军属提供补助救济。

(二) 城乡二元结构存在的问题

美国著名的发展经济学家、诺贝尔经济学奖获得者刘易斯通过对印度、埃及等许多发展中国家的研究后，于1954年提出了著名的二元经济结构理论。1954年、1955年刘易斯先后发表《劳动力无限供给下的经济发展》和《经济增长理论》两本著作，确立了发展经济学的第一个模型。刘易斯认为，发展中国家经济发展的典型特征是二元经济结构。这种二元经济结构是经济发展过程中源于城乡不同的资源特征而自然形成的。在工业化和城市化过程中，大量的农村人口向城市迁移和集中，城乡之间不同的发展水平导致普遍的城乡差距。这种城乡差距的自然性特性，有其不可避免性，这是一种发展中的正常差别。随着经济社会的发展，这种城乡差距会缩小。虽然发展中国家普遍存在城乡发展差距，但与中国这种人为的制度因素而造成的城乡差距有着明显的不同。

第一，二元经济结构人为地控制了农村人口向城市的自由流动。一个国家和地区，要想经济发展和社会繁荣，就必须使人口在城乡之间自由流动。在今天，放眼世界各国，人口在城乡之间的流动莫不是自由进行的。

但新中国成立以后,由于严重的思维局限和特殊的社会环境,出台了以限制农村人口向城市流动为主要目标的户籍制度,人为隔离城乡,使市民和农民身份凝固化,这种举世罕见的城乡隔离制度,形成了城市和农村两个各自封闭循环的体系、市民和农民两种身份迥异的不同公民。改革开放以来进城务工的农民也无法获得名正言顺的市民身份和工人地位,他们只能被称之为不伦不类的"农民工"。

第二,二元经济结构人为地遏制了城市化进程。城市化本来是伴随着工业化的发展而同步发展的。20世纪中期以来,发达国家和发展中国家的城市化水平突飞猛进,而同期的中国却通过人为地限制农村人口向城市流动,导致城市化几乎踏步不前。根据一些学者的研究,发达国家和发展中国家在工业化和城市化过程中,一般城市化率均高于工业化率。低收入国家高出2个百分点,中下等收入国家高出21个百分点,高收入国家如美国1970年高出50个百分点,而中国1978年的城市化水平却低于工业化水平31.5个百分点。人为的二元社会结构使我国城市化水平既明显滞后于国内工业化水平,又大大落后于发达国家、发展中国家和世界平均水平。

第三,二元经济结构人为地剥夺了农民创造的巨额财富。农业本是弱质产业,综观世界各国政府大都实行特殊的农业保护和支持政策。而新中国成立后却实行"挖农补工"政策,通过人为的工农产品价格剪刀差形式,从农村大量吸取农民创造的巨额财富来满足工业化优先发展战略所需的原始积累资金。从1953年实行农产品统购统销,到1985年取消粮食统购,农民对工业化的贡献大约是6000亿—8000亿元。农民千辛万苦创造的财富就这样几十年如一日地被国家以剪刀差形式不断挖走以支持工业和城市。同时,国家又通过农业税收和其他税费从农村吸取超过农民承受能力的资金。1995—2000年,农民年均缴纳农业税金254亿元,1999年农民缴纳农业特产税88.9亿元,缴纳屠宰税、耕地占有税、工商税1449.8亿元;1998年农民缴纳提留统筹费729.7亿元。加上其他乱收费和摊派,农民苦不堪言。农民财富被超额剥夺和税费负担居高不下,既造成了20世纪50年代末60年代初几千万农民活活饿死的大饥荒,又引发了20世纪90年代以来以农民负担日益沉重为主要特征的"三农"问题。

第四,二元社会结构人为地取消了宪法赋予农民的公民权利。农民问题的本质在于农民基本权利的缺失。这种权利的缺失使农民这一弱势群体的社会地位更加弱势化。比如，现行的户籍制度限制和剥夺了农民的居住和迁徙自由权；就业制度使农民既不能在党政机关求职，也不能在国有企业工作，大量在非国有企业谋职的进城农民却连工人的身份都没有得到，更不用说基本的劳动保障权利；社会保障制度则明显属于少数城市市民的特权制度。这一系列二元性的城乡有别的政策制度安排，人为地限制了农民作为共和国公民的宪法权利，这种人为造成的城乡不平等现象在当今世界是十分罕见的。

第五，二元社会结构人为地造成了城乡之间的差距日益拉大。在经济社会发展进程中，城乡之间会自然形成一定的差别，这种差别在世界各国概莫能外。但在中国，由于人为的歧视性制度安排，几十年来人为地拉大了城乡差距。1980 年，中国大陆包括农村居民在内的基尼系数为 0.3 左右，到 1988 年已上升到 0.382，1994 年为 0.434，超过了 0.4 的国际警戒线，1998 年又上升到 0.45。再从城乡居民收入差距来看，2004 年中国城市居民收入为 6860 元。农民收入 2366 元，表面差距是 3∶1；但实际上，农民收入中实物性占 40%，每个农民每月真正能用作商品性消费的货币收入只有 120 元，而城市居民的货币收入平均每月 600 元，城乡差距为 5∶1；而城市居民中各种各样的隐性福利、住房、教育、卫生等没有纳入统计范围，全面考虑这些因素，中国城乡差距可能达 6∶1。而世界上绝大多数国家的乡收入比率为 1.5∶1，超过 2∶1 的极为罕见。新中国成立 60 多年来，我国城乡差距不是缩小了，而是人为地拉大了。

三　我国二元经济结构的主要特征及变化态势

改革开放以来，我国城市和农村经济都得到较快发展，但是，由于城乡分割的二元体制尚未从根本上打破，城市化水平依然严重滞后、政府依然有政策上的"城市偏向"等原因，导致中国经济的二元性具有强化的态势，主要表现在以下几方面。

（一）农业与非农产业的相对劳动生产率差距进一步扩大

产业的相对劳动生产率是衡量产业间发展水平差距的主要指标，第一产业主要布局在农村，第二和第三产业主要布局在城镇，因而可通过三次产业的相对劳动生产率反映农村经济与城镇经济之间的差距。在城乡协调发展的条件下，第一产业的相对劳动生产率随着经济发展而不断提高，与第二、第三产业之间的差距越来越小。因为城市非农产业发展会对农村经济产生辐射和带动作用，通过转移农村劳动力促进农业规模经营、增加对农产品需求提高其商品化率，为农业提供农业机械等提高农业劳动生产率。根据库兹涅茨模式，当人均GDP达到500美元时，第一产业的相对劳动生产率为0.62。根据钱纳里模式，当人均GDP达到600美元时，第一产业的相对劳动生产率为0.63。2003年，我国人均GDP已超过1000美元，而第一产业相对劳动生产率仅0.29。与国际经验相比，我国第一产业相对劳动生产率明显偏低。与改革开放前相比，我国第一产业相对劳动生产率也有明显下降，显示了我国经济的二元性强度之高并趋于强化的态势。

（二）城乡居民收入差距进一步扩大

收入差距不断扩大是我国近年来经济运行的显著特征，而中国的收入差距主要体现在城乡收入差距上。城乡收入差距在改革开放初期有所缩小，是农村经济体制改革先行的能量释放，但自1985年城市经济体制改革以后，城乡居民收入差距呈不断扩大的趋势。近几年稳定在3倍以上的高水平上。中国社科院收入分配课题组的研究结果表明，如果仅看货币收入，非洲的津巴布韦的城乡差距比中国稍高一点。如果把城镇居民的非货币收入，比如城镇人口能够享受到医疗保险等各种实物性补贴考虑在内，城乡收入差距则更大，可能要达到五六倍，中国的城乡收入差距是世界上最高的。

（三）城市经济与农村经济之间的相互依赖程度降低

从城市与农村市场之间的联系和循环来看，我国城乡市场的分割具有加剧的趋势。改革开放前甚至20世纪80年代，城镇居民的月收入水平一般都是几十元，除了购买粮食、布料和衣服、肉、油、蛋等生活必需品外所剩无几，并且城镇居民购买的生活必需品基本上也都是农产品或以农产品为原料的工业品，即城镇居民的大部分收入通过购买生活必需品而流入农村市场，这种现象说明城镇对农村经济的依赖性强。随着经济发展，我国城市经济已由生活必需品时代进入耐用消费品时代，城镇居民消费的主要内容不再是以农产品为主的生活必需品，而是住房、交通通信、娱乐教育等商品。2005年，城镇居民人均消费支出中食品、衣着、家庭设备用品及服务、医疗保健、交通通信、娱乐教育文化服务、居住、杂项商品与服务的比重分别为36.69%、10.08%、5.62%、7.56%、12.55%、13.82%、10.18%、3.50%。食品消费的比重还不到40%，且其中还有一部分是来自国际市场的进口和城镇提供的对农产品的加工品。可见，城镇居民生活不再像过去那样依赖农村，而城市所生产的许多产品因为农村居民收入水平低而买不起，农村对城市经济发展的市场作用也未能充分实现，城市和农村两个商品市场"断裂"程度增大。

（四）城市与农村经济中的资本市场、技术水平、规模效应等方面的差距扩大

世界各国经济发展的实践表明，经济发展水平越低，资本形成在经济发展中的作用越大。我国农村经济较落后，因而更加需要增加投资。可是，现在我国农村的金融市场还是净流出。城乡资本市场呈现显著的二元性；在农村，高利贷现象非常普遍，有的利息率高达 30%—40%，而国有商业银行的利率仅 6%，却仍借不出去，每年有 1 亿—2 亿的储蓄在银行里沉淀下来。一个有效的资本市场应该是从资本富裕的地方流向资金缺乏的地方，从获利少的地方流向获利高的地方。可是我国目前的情况是农村地区最缺少资金，而农村金融市场却为净流出。中国有大量的剩余劳动力，同时也有大量的闲置资金，二者配合不起来。资本市场的二元性导致资本流动存在障碍，资本市场效率低下。

从城乡经济的技术水平和规模效应来看，城市经济具有现代化的生产经营方式、先进的机器设备、基础设施、高素质的劳动力、专业化分工协作、规模经济显著等特征，而农村经济还主要以一家一户的小农经济为主、传统农业的特征比较显著。

（五）城乡居民的福利保障水平、受教育程度等差距都呈扩大的趋势

从福利保障水平来看，政府提供的包括医疗、养老、失业等方面的福利保障和价格补贴等只是针对城市居民特别是国有部门的员工，农民基本上都被排除在外。从受教育程度来看，城市居民远远高于农村。第五次人口普查结果显示，2000 年，中国总人口（126583 万人）中，有 8507 万人是文盲，文盲率为 6.72%，其中的 6665 万人都在农村，农村文盲率 8.25%，比城市文盲率（4.04%）高一倍多。另外，城乡之间的社会意识、社会结构、社会运转方式也有很大的不同，城市已经不同程度地进入了现代社会的行列，而乡村大都还停留在落后的传统社会阶段。到 2000 年年底，从国家统计局制定的总体小康的 16 项检测指标来看，我们没有实现的三项指标是：农民年均纯收入、农民每人每天从食品中摄取的蛋白质及 2500 多个县级市在 2000 年年底建成初级医疗卫生保障系统，这些指

标都与农民、农业问题密切相关。

四 城乡二元经济结构解决的意义

改变城乡二元经济结构是关系提高农民收入、协调社会发展、实现人的全面发展和社会全面进步的重大举措，具有深远的历史意义。

第一，逐步改变城乡二元经济结构是提高农民收入的根本性措施。只有改变城乡二元经济结构，才能实现生产要素和城乡人力的顺畅流动，农民收入水平才能提高。

第二，只有逐步改变城乡二元经济结构，才能实现社会的协调发展。今后，只有根据城乡经济社会发展的要求进行统筹，才能明确财政体制和投融资体制的改革方向，使较多的资金投向农村教育、卫生、生态环境保护等领域，使城乡居民的教育和医疗保健条件更为平等，经济社会发展的基础更为牢固。

第三，逐步改变城乡二元经济结构有利于人民物质文化生活的不断改善，有利于社会主义物质文明、政治文明和精神文明的协调发展，有利于社会经济与生态环境之间的协调发展，以及人与自然之间的和谐发展，实现人的全面发展和社会的全面进步。

第四，城乡分割消除后，生产要素的流动顺畅了，这同样有利于城乡企业的资产重组，从而可以按照可持续发展的要求来关闭、合并对环境造成严重污染的企业。

第五，建立有利于逐步改变城乡二元经济结构的体制，是完善社会主义市场经济体制的任务之一。只有统筹城乡经济发展，改变二元经济结构，才能实现全面建设小康社会的目标。

第二节 推动城乡发展一体化,改变城乡二元经济结构

二元社会结构的形成有其特殊的社会历史背景，但主要是由计划经济体制、错误的发展模式和僵化的思想观念造成和维持的。二元社会结构一经形成，就具有强大的体制性惯性，至今仍然严重制约着社会主义市场经济体制的完善。可以说，二元社会结构是中国最大的"人造国情"。要建设社会主义新农村，就必须推动城乡发展一体化，坚决改变二元社会结构。建立和完善有利于城乡一体化的体制和机制，就是要以体制和政策创

新为突破口，改革不适应社会主义市场经济体制要求、不利于城乡经济一体化的各项制度，从根本上消除阻碍城乡一体化的体制和政策障碍，促使城乡经济体制向不断适应完善社会主义市场经济体制内在要求的方向转变，为促进城乡二元经济结构向现代一元经济社会结构转变创造良好的体制条件。党的十八大报告指出：解决好农业、农村、农民问题是全党工作重中之重，城乡发展一体化是解决"三农"问题的根本途径。要加大统筹城乡发展力度，增强农村发展活力，逐步缩小城乡差距，促进城乡共同繁荣。

一 制度创新

要从中国经济发展的战略高度去认识改革和完善那些导致其产生并存在的有关制度措施；并建立和完善相关制度供给机制，进行制度创新。

（一）彻底取消现有的一切导致二元社会结构产生的各项规章制度，如户籍制度、劳动就业制度、分割的教育体系、医疗制度、社会保障制度等。这样在清除了这些人为地导致二元社会结构存在的障碍，就为城乡社会结构的一体化奠定了坚实的基础。

（二）从制度上改变工农产品定价的"剪刀差"倾向，加大财政支农、金融支农的力度，扩大国家和各级财政对农村的诸如水利、道路、信息工程等基础设施建设的投入，强化农村有形市场的建设，并将之纳入国家统一大市场之中，支持农村各种要素市场发育、建设和发展，尤其是要加强资金、技术、人才等农村发展所紧缺的生产要素市场的快速发展，以尽快将农村的要素和产品市场都纳入国家统一的大市场之中。

（三）要充分发挥地方政府在农业剩余的转移载体作用。在西方二元理论中，它没有考虑农业剩余转移到现代部门的机制。这对于同时包含着制度变迁的中国经济的结构转变来说，显然是不能充分地成立的。市场机制本身处于不断的完善之中也是一个基本的前提。因此，农业剩余在中国不仅要靠市场，还要依靠其他的一些手段分配和再分配，转移到现代部门。其中，政府特别是地方政府对农业剩余的转移起到重要的影响。

（四）创建适应农村市场经济发展需要的土地流转制度，从制度上为农村的规模经营和产业化经营奠定基础。现行的农村土地制度，既是农村劳动力转移的重要约束之一，也是农地抛荒、农业劳动生产率不高的原因之一，其改革势在必行。

（五）农村税费改革必须标本兼治，坚决贯彻执行并从制度上保证，进一步巩固农村税费改革成果，进一步减轻农民负担，完善相关配套改革。一是要精简机构，裁减超编人员，压缩经费，从根本上控制"经费需求"。同时要规范政府行为，做到权力与部门利益彻底分离。二是要完善农村公共物品供给机制。否则，我们推广实行的农村税费改革最终也难以走出"黄宗羲定律"。

二 农业调整

对农业进行调整的措施包括：

（一）对农业结构进行战略性调整

为解决我国农业发展新阶段出现的新问题，即现有的供给结构不能适应需求结构的变化，客观上要求必须对农业结构进行战略性调整，要全面提升农产品品质、优化区域和城乡结构，实现农业的可持续发展。不仅要解决当前农产品卖难和农民增收难的问题，而且要立足于农业的长远发展。与食品消费结构多元化、高级化趋势相适应，我国农业产业结构也必须由以种粮为主和以种植业为主的传统农业产业结构，向多元化、高级化的现代农业产业结构转变。农业产业化，通过一体化的利益机制，把贸工农连为一体，可以形成"龙头"在城镇、"龙身"在农村的"龙形"经济，这无疑有利于促进城市化的发展。要使农民收入继续有较快的增长，必须加快农村剩余劳动力向城市的转移。打破传统的城乡二元经济结构，扩大农产品市场容量及农业经营规模，拓展农业发展空间，增加农民收入。应逐步深化户籍制度改革，促进城乡居民在教育、医疗等方面的机会平等。

（二）繁荣农村经济

改变城乡二元经济结构的一个重要途径是繁荣农村经济。要架起农户和市场之间的桥梁，提高农产品质量，增强我国农产品的竞争力。农村家庭联产承包责任制的实施极大地调动了农民的生产积极性，但也带来了千家万户的农民如何和大市场连接的问题。农业产业化经营将农产品生产、加工和销售连接起来，因而是将农民和市场连接起来的有效途径。加入世贸组织后，我国农民面对的是国际和国内两个市场。我国果品、蔬菜等园艺产品和畜产品在价格上是有竞争优势的，但在出口上也遇到了卫生检疫等绿色壁垒。提高农产品质量是我国农产品走向国际市场的前提。改变城乡二元经济结构还必须加快我国城镇化进程。小城镇和大中小城市是一个体系，必须协调发展，并要促进小城镇和乡镇企业的结合，加快小城镇第三产业的发展。

（三）加快发展现代农业，转移剩余劳动力

农业是中国经济发展的"短板"，现代农业发展滞后导致农业剩余劳动力难以顺利转移，从而制约了城乡二元经济结构转化，同时也对工业化、信息化、城镇化、农业现代化同步发展造成了消极影响。鉴于此，为实现城乡二元经济结构转化，必须大力发展现代农业，转移农业剩余劳动力。在现代农业发展过程中，各地应立足自身比较优势，明确区域农业发展重点，形成特色鲜明、优势突出的现代农业产区；应积极引导农业企业向优势产区集中，有序推进土地流转，形成农业适度规模经营；应完善农业社会化服务体系，加强农业龙头企业和农业专业合作社对农户的引导作用，从而构建完整的现代农业产业链，以农业产业化推动农业现代化。随着现代农业的发展，农业剩余劳动力逐步向非农产业转移，农业技术水平和投资效率有效提升，农业劳动生产率与非农产业趋同，从而促进城乡二元经济结构转化。

（四）大力发展农村工业和服务业

改革开放以来，乡镇企业的蓬勃兴起有力地推动了农村经济社会发展，成为在空间意义上促进城乡二元经济结构转化的重要力量。乡镇企业的发展实践表明，大力发展农村工业和农村服务业，是吸纳农业剩余劳动力、优化农村产业结构、增加农民收入、促进农村发展的必由之路，同时也是实现城乡二元经济结构转化的必然选择。鉴于此，必须进一步加大力度发展农村工业和农村服务业，满足农村产业发展的资金需求，促进乡镇企业更新技术、转型升级。此外，在农村工业和服务业发展过程中，应尽快形成农村工业产业化和服务业产业化发展格局。农村工业产业化和服务业产业化可以构建完整的产业链条，降低经营成本，从而实现合作共赢。在农村工业和服务业发展过程中，农村产业结构将随之优化，农业剩余劳动力进一步转移，从而促进城乡二元经济结构转化。

三　积极转变思想观念

积极转变思想观念，大力培育农民的现代意识，从意识形态上消除二元结构，帮助农民完成从传统向现代的转化。

（一）加强农村教育

教育是一个人获得现代性的最重要的决定因素。通过教育灌输社会要求，提高个人认知水平，使农民认识、理解和掌握社会的规范，并内化为个人意识，这是培育农民现代意识的最直接的途径。要消除意识形态的二元结构，教育重点应放在下面几方面：

一是加强农村基础教育，培育求知意识。学校教育是形成现代性的主要力量。教育与人的意识水平密切相关，一般而言，受教育程度高的人比较能够接受新的东西，包括新的观念、新的行为模式。愚昧从来都是与保守、惰性联系在一起的，而知识常与进取、求变的心理相互促动。

二是加强WTO知识教育，培育开放意识、竞争意识和规则意识。作为一个国际经贸组织，WTO本身就是一个规则体系，它的权威就是通过一系列的规则体现出来的，它的宗旨、原则、规则无不贯穿着开放竞争的观念，但作为WTO的新成员，中国大多数人对WTO都比较陌生，文化素质相对低下的农民更是如此。因此，在农民中进行WTO知识的宣传教育，也就成了培育农民现代意识的重要途径。通过教育帮助中国农民了解WTO对中国的要求，帮助农民正确分析形势，正视自己的优劣，扬长避短，沉着应对，树立开放、竞争、规则意识，消除城乡意识二元结构，积极参与市场的竞争，促进农村经济的发展。

三是加强市场经济知识的教育，培育市场意识。农民的市场意识很大程度上取决于农民对市场经济运行规律的了解程度和参与能力，特别是一家一户分散经营的封闭性与大市场开放性的矛盾，常使没有市场意识的农民在市场竞争中处于不利地位。培育农民的市场意识，让他们了解市场经济对农民的要求，从而培育农民的市场意识。

（二）鼓励外出民工回乡创业

大中城市作为一个开放系统，更容易给农民带来现代观念。农民外出打工，不仅增加了现金收入，提高了农民的劳动生产率，更重要的是不少农民转变了观念，学到了本事。对这些经受几年锻炼，积累了一定资金，学到了一些管理知识，掌握了一定技术的农民工，要动员他们回乡创业，扩大就业，把他们看作先进生产力的代表，表彰他们的创业事迹和先富帮后富的奉献精神，激励更多的外出农民工回乡为本地经济社会发展创造条件做出更大的贡献。

（三）积极引进城市资源

解决"三农"问题，不能仅靠农村内部的资源，而是要统筹城乡资源,跳出长期以来就"三农"解决"三农"问题的传统思维局限,冲破历史形成的城乡分割的格局,引导先进生产力、先进文化到乡下发展,跨产业、跨区域重组资源,合理配置生产要素,从而促进农业和农村经济结构调整,推进农业产业化经营,增强农业的市场竞争力,加快农村城镇化和农村小康社会建设的步伐。

(四) 鼓励农民进城创业

大量农民进入城镇需要大量相应的就业岗位。在当前城镇就业压力加大的情况下,农民进城就业的难度就更大。这就需要大力鼓励农民进城创业,尤其是鼓励农民在第三产业创业。我国的第三产业发展滞后,而该产业又是进入门槛较低、吸纳就业人数较多的产业。所以各级政府应当制定鼓励农民进城创业的政策,要完善农村的土地流转制度和贷款制度,比如可以允许农民以土地经营权为抵押取得银行贷款等,从而增强农民进城创业的信心和能力。

(五) 扩大农村对外开放

扩大农村对外开放,开拓市场,有利于弥补农业资源的不足,拓宽农业发展空间和农业劳动力的就业空间,对农村经济发展具有深远意义。要积极吸引外面的资金、技术和经验,改善农业生产要素的配置格局;采取有力的措施加大农产品的加工投入,先行取消对具有比较有优势的农产品所征收的农业特产税,适当加大农产品减税、免税的力度,增加农产品需求;在其他地方创办农业企业,利用外部资源,促进劳动力输出,发挥劳动力资源丰富的比较优势。在实现农村剩余劳动力异地转移的过程中,我们需要注意的是,要统筹城乡发展,一方面要大力发展城市产业,以吸纳更多的农村剩余劳动力;另一方面,鼓励农民进城创业,发挥其主观能动性以推动就业。

四 全面提高城镇化质量,推进农民工市民化进程

城镇化是中国现代化建设的历史任务,城镇化通过吸纳农业剩余劳动力就业,可以充分发挥对农村发展的带动作用,从而加快形成以工促农、以城带乡、工农互惠、城乡一体的新型城乡关系,促进城乡二元经济结构转化。改革开放以来,中国城镇化率由1978年的18%跃升至2011年的51%,实现了城乡结构的历史性转变。目前,农民工已成为城镇产业的重要力量,但由于受户籍制度等的限制,大部分农民工及其家属难以享受到

附着在城市户籍之上的相关福利。在这种情况下,农民工难以成为真正的市民,从而也就不利于加快农村土地流转和农业规模化经营。为此,必须全面提高城镇化质量,推进农民工市民化进程。具体而言,应把"农民工市民化"作为提高城镇化质量的重要内容,加快户籍制度改革,使农民工与城市居民享受均等的公共服务,鼓励在城市有稳定工作和住所的农民工流转承包地,从而加快城乡经济协调发展,促进城乡二元经济结构转化。农民工市民化问题的基本解决途径是:

(一) 促进农民工在城镇稳定就业,合理稳定提高农民工工资水平

首先要为农民进城就业创造更多的机会,使农民在城里有长期稳定生存的手段。虽然目前局部地区出现农民工短缺,但总体上我国农村劳动力仍是供大于求的局面,仍然有3.4亿农村劳动力主要从事农业,农村劳动力向非农业和城镇转移仍将持续相当长的时间。预测表明,2006—2030年,如果农业劳动力转移速度每年保持在2%,城镇化水平每年提高0.7—0.8个百分点,到2030年,我国非农就业比重将达到73%,城镇化水平将提高到61%,这期间城镇人口将净增3亿多人。即使这样,我国届时仍将有5.6亿多农村人口和2亿多农业劳动力。从我国城乡人口结构年龄构成和劳动力供给变化趋势看,农村劳动力的供给将越来越成为新增劳动力的主要来源,必须统筹安排城乡就业,要把扩大农民在城镇就业、实现农民就业充分、稳定就业作为重要任务。要健全农民工职业教育和技能培训体系,大幅度提高技术熟练型农民工的比重。在农民工中全面推行劳动合同制度,健全工资支付保障制度,彻底解决拖欠农民工工资问题,确保农民工生产安全,健全劳资纠纷协调机制,提高农民工的组织化程度,形成农民工工资合理增长机制。消除城乡劳动者就业的身份差异,将城乡劳动力纳入统一的就业管理服务体系,实现城乡劳动者同工同酬。

(二) 逐步实现教育医疗等基本公共服务全覆盖

要制定以"流入地政府为主、普惠性幼儿园为主"的政策,对生活困难农民工家庭幼儿入园给予补助。坚持"两为主"和"一视同仁"政策,全面解决农民工随迁子女义务教育问题,同等条件接收农民工子女入学接受义务教育。大力推进"两个全部纳入"政策:将包含农民工子女在内的常住人口全部纳入区域教育发展规划,根据农民工子女流入的数量、分布和变化趋势,合理规划中小学布局,均衡配置教学资源。将农民工子女义务教育发展经费全部纳入财政保障范畴,按照学校实际接收人数

和预算内生均公用经费标准，足额拨付教育经费。禁止一切针对农民工子女的教育歧视行为，切实保证农民工子女平等接受教育、平等享受国家各项免费和补助政策，促进农民工子女融入学校和城市。

保障农民工平等享有基本医疗卫生和计划生育服务。推广在农民工聚居地指定新型农村合作医疗定点医疗机构的经验，方便农民工在城务工期间就近就医和及时补偿。逐步扩大基本药物制度实施范围，鼓励医疗机构采用适宜技术和基本药物，避免过度检查和治疗，减轻农民工的医药费用负担。落实输入地属地化管理责任，按照体现公平、优先照顾的原则，将农民工纳入当地公共卫生服务体系。

（三）建立覆盖农民工的城镇住房保障体系

一个社会的稳定、进步与和谐，必须实现居者有其屋。现阶段我国城市最需要改善居住条件的是农民工这个特殊的群体。农民工的居住状况是否得到改善，是考察社会发展和社会进步的重要指标。逐步将农民工住房纳入城镇住房保障体系，是缩小城镇居住贫富差距、提高农民工生活质量的必然要求。农民工住房政策不仅要满足现阶段农民工居住需要，还要为最终给予农民工与城镇居民同等的住房保障待遇、向市民化发展打基础。农民工住房问题具有长期性、复杂性和艰巨性，要随着经济发展水平的提高逐步解决。对于在城市稳定就业一定年限、有一定经济能力的农民工，在保障性住房上应给予市民待遇，比照城市居民收入标准，提供廉租房、经济适用房、限价商品房。鼓励建设适合农民工租赁的社会化公寓，培育小户型房屋租赁市场。从农民工的特点和居住现状来看，在城乡结合部建设农民工公寓是一个经济可行的方式。应允许各地探索由集体经济组织利用农村建设用地建设农民工公寓。扩大公积金制度覆盖范围，逐步扩大到包括在城市中有固定工作的农民工群体。完善金融服务制度，对于购买城市经济适用房、限价房的农民工，可降低其购房首付款的比例，延长还款期限，给予契税优惠。对兴建农民工公寓的个人和机构，鼓励金融机构为其提供低息长期银行贷款或公积金贷款。完善土地供应制度，土地利用规划、城市总体规划都要为农民工住房预留空间。

（四）建立覆盖农民工的社会保障体系

农民工养老保险大体可分为三个类别：第一类是具备市民化条件的农民工，应纳入城镇职工基本养老保险体系。第二类是常年外出就业，但流动性较强的农民工，可探索建立"低费率（或低费基）、广覆盖、可转移"的过渡性养老保险。实行个人账户为主、社会统筹为辅的储蓄积累制模式，适当降低用人单位和农民工个人养老保险的缴费标准，实行低门槛进入、低标准享受。随着经济发展逐步提高缴费基数和费率，增加缴费中计入社会统筹账户的比例，达到与城镇职工基本养老保险完全接轨。第三类是季节性或间歇性在城镇务工"亦工亦农"的农民工，主要应参加新型农村社会养老保险制度。

为农民工建立临时性、应急性的社会救济，将符合条件的农民工纳入城市最低生活保障覆盖范围。探索打通城保和农保的有效管理措施，建立将城镇企业职工、城镇居民、农村居民和外来农民工逐步纳入同一体系的城乡一体的社保体系。

（五）完善农民市民化过程中土地权利保障机制

长久不变的土地承包经营权和依法保障的宅基地用益物权，是农民的财产权利，即使农民工进城定居，也不能强行要求农民放弃。农民进城落户定居后，是否放弃承包地和宅基地，要强调"自觉自愿"，不能把"双放弃"（放弃承包地和宅基地）作为农民进城落户的先决条件，更不能强制性要求农民退地。适应农民工进城落户和城镇化发展的需要，赋予农民对承包土地、宅基地、农房和集体资产股权更大的处置权。农民可以在自愿基础上探索多种形式转让土地、宅基地、农房和集体资产股权等。

（六）增强小城镇吸纳能力，鼓励农民工就近市民化

从国外城市化的历史看，许多发达国家主要是通过沿海地带和大中城市来吸纳农村人口。从我国城镇化进程看，农村人口向东部沿海地区和大中城市聚集现象也比较明显。我国需要继续向城镇转移的农村人口数量庞大，为了最大限度地吸纳农村人口，在城镇化道路的选择上必须有长远的战略考虑。农民工大量向沿海和大中城市转移，已给这些地区的资源环境、公共服务、社会管理等造成了巨大压力。推动农民工市民化，需要合理引导人口流向，避免外来人口在沿海特定区域尤其是个别城市大规模集聚。应进一步突出县域作为实现农民工市民化的主体地位，把发展小城镇与加快农民工市民化进程更加紧密地结合起来。2007年，建制镇镇区人口1.9亿，占全国城镇人口的32.2%，对全国城镇化率的贡献为14.5个百分点。如果加上城关镇的0.7亿人口，则小城镇对城镇化率的贡献为20.2个百分点，在中国特色城镇化道路中具有重要地位。农民工在不同等级城市定居的意愿是不同的，相当一部分农民工偏向于在靠近家乡的小

城镇购房定居。作为连接城市和农村的纽带，小城镇容纳了我国数目庞大的农村剩余劳动力，随着农民工大量流入，出现了一批人口大镇、经济强镇，越来越多的镇在人口经济规模上具备了建成中小城市的条件，它们实际上已构成都市圈或城市群的重要组成部分。在可预见的较长一段时间内，如果进一步深化改革，小城镇将释放出更大的吸纳人口的潜力。对于人口和经济规模大的强镇，要加快财税、用地、规划和投融资制度改革，加大对基础设施和社会服务投入的力度，增强它们的产业和人口吸纳能力。要加强区域发展规划对城镇空间布局的合理引导，扭转城镇发展遍地开花、盲目扩张、恶性竞争、质量不高的格局，形成小城镇和各类城市协调发展的城镇体系，推进都市圈、城市群整体发展。

（七）推进农民工参加城市社区选举，行使民主权利

目前农民工已在发达地区和城市社会人口中占有相当比例，但受社会管理体制改革滞后的影响，他们很少能够参与当地的社会管理，这是农民工经济、文化、社会多方面合法权益容易受到损害的一个重要原因。维护农民工的合法权益，就要有序扩大农民工的社会参与，让农民工利益诉求有正常表达渠道，享受到更多的民主管理权利。应制定有关法律，保障在城市居住一定年限的农民工，拥有选举权和被选举权，参与民主选举、民主决策、民主管理、民主监督，使农民工的利益有制度化的表达渠道。要构建平等开放的城镇社区，鼓励农民工参与社区自治，增强作为社区成员的意识，提高自我管理、自我教育、自我服务的能力。让农民工参与社区的公共活动、建设和管理，发展与城市居民的交往、互信和互助，使城市社区成为农民工和当地居民共建、共管、共享的社会生活共同体。

（八）加快户籍制度改革步伐

农民工市民化面临的许多问题，都与现存的户籍制度密切相关。从全国看，户籍制度改革难度较大，不是户籍制度本身改革难度大，而是附着在户籍上的一系列城镇居民福利制度改革难度大，实质是涉及城乡居民平等待遇的更深层次的制度改革，包括住房制度、最低生活保障制度、医疗和养老保险制度、子女升学制度等。顺应农民工市民化的要求，必须进一步改革户籍制度，提高长期在城市就业和居住农民工的归属感和认同感。户籍制度改革的目标是，在全国范围内取消农业户口、非农业户口的划分，建立城乡统一的户口登记制度。同时，逐步推动劳动就业、社会保障、义务教育、计划生育、医疗卫生等与户口性质相关的行政管理、社会

管理等制度的配套改革，最终实现城乡居民身份统一、机会均等、权利平等。

五 城乡发展一体化

党的十八大报告明确提出，解决好农业农村农民问题是全党工作重中之重，城乡发展一体化是解决"三农"问题的根本途径。

（一）从理论上讲，是由工农关系、城乡关系的内在联系决定的

工业和农业之间、城市和农村之间存在着内在的、必然的、有机的联系，彼此是相互依赖、相互补充、相互促进的。城乡发展一体化，就是把工业和农业、城市和农村作为一个有机统一整体，充分发挥彼此相互联系、相互依赖、相互补充、相互促进的作用，特别是充分发挥工业和城市对农业和农村发展的辐射和带动作用，实现工业与农业、城市与农村协调发展。

（二）从实践上讲，是由制约我国农业和农村发展的深层次矛盾决定的

由于城乡二元结构的长期存在，导致城乡公共资源配置严重不均衡、城乡基本公共服务严重不均等，农业基础仍然薄弱、最需要加强，农村发展仍然滞后、最需要扶持，农民增收仍然困难、最需要加快。据统计，2011年农村居民人均纯收入只相当于城镇居民人均可支配收入的32%，农村年人均纯收入低于2300元的扶贫对象仍有12238万人，农村还有几千万人口饮水不安全、一些村庄还不通公路、一部分农户还没有通电，农村义务教育生均经费、人均医保支出、千人平均卫生技术人员数量、低保标准、合作医疗补助标准、社会养老保险补助水平等都明显低于城镇；特别是1亿多进城务工的农民工，由于户籍限制无法在城市安家落户，难以与城镇职工同工同酬，不能真正融入城市，长期游离在城乡之间，合法权益不能得到充分保护。既然制约"三农"问题有效解决的深层次矛盾是城乡二元结构，那么，解决"三农"问题就必须加大统筹城乡发展力度，着力破除城乡二元结构，逐步缩小城乡差距，推动城乡发展一体化，这是解决好我国"三农"问题的必然选择。

第六章 建设社会主义新农村

"社会主义新农村建设"始于2005年10月党的十六届五中全会，会议指出："建设社会主义新农村，是我国现代化进程中的重大历史任务"，要按照"生产发展、生活宽裕、乡风文明、村容整洁、管理民主"的要求，坚持从各地实际出发，尊重农民意愿，扎实稳步推进新农村建设。社会主义新农村建设，是统筹城乡发展，实行"工业反哺农业，城市支持农村"方针政策的具体化，其目的是通过资源的优化配置，将改革开放三十多年来积累的发展成就惠及农村，实现城市和农村的共同发展。它是党统揽全局、着眼长远、与时俱进做出的重大决策，也是一项惠及亿万农民，保证国家长治久安的战略举措，是我们在社会主义初级阶段建设的关键时期必须担负和完成的一项重要使命。

第一节 建设社会主义新农村的内容

中国是一个农业大国，大多数的人都生活在农村。农民基本是依靠农业生存和发展。由农业、农村、农民问题构成的"三农"问题，也就成为我们党始终关注的重大问题。早在20世纪50年代中期，党中央国务院在制定我国"农业发展纲要"时，就提出过"要为建设社会主义新农村而奋斗"。

一 建设社会主义新农村的时代背景

随着经济社会的进步，农业、农村不断得到发展，很多问题和矛盾都在逐步地得到解决。改革开放以前，粮食总产量只有6000亿斤。在改革开放以后，粮食连年增收，1998年创造了年产粮食10246亿斤最高纪录，2005年粮食的总产量达到9680亿斤，是历史上第三个高产年份。由于经济的发展，农民的人均收入也在不断提高。1978年，农民的人均纯收入是134元，而2005年的人均纯收入有较大幅度增长，达到3255元。农业、农村发展过程中，经济结构也在发生很大的变化，特别是农村二、三产业的兴起，使得农民的收入来源发生了很大的变化。2005年，纯种植业收入只占全部收入的1/3（果树除外），农民人均工资性收入占全部收入的36.1%，农民的工资收入超过了种植业收入。这也表明农民的经济结构，农民的就业结构，农民的收入来源都发生了很大的变化。在农业继续向前发展的大背景下，十六届五中全会提出建设社会主义新农村问题。

胡锦涛强调："建设社会主义新农村，是我们党在深刻分析当前国际国内形势，全面把握我国经济社会发展阶段性特征的基础上，从党和国家事业发展的全局出发，确定的一项重大历史任务。"在"十一五"期间，提出建设社会主义新农村既有必要性，也有可能性。

（一）建设社会主义新农村的必要性

建设社会主义新农村是保障人民生活的重要基础；是全面建设小康社会的重大举措；是构建社会主义和谐社会的关键环节；是解决"三农"问题、实现国民经济良性循环的必然要求。

第一，农业保证人类生存的地位没有变。中国农业的发展历史久远，8000年前在黄河流域开始出现农业生产，7000年前在长江流域出现农业生产。1644年，清朝第三个皇帝顺治在北京建都，当时，户部注册的人口是9千万人，耕地是6亿亩。到1795年的150年的时间，也就是顺治、康熙、雍正、乾隆统治的时期即康乾盛世时期，社会太平，人民安居乐业，人口猛增至3亿人，户部注册的土地是10.5亿亩，人多地少的局面出现了。1795年到2005年的200多年的时间里，中国人口又增加了10亿，达到了130756万人，土地的开垦也增加了10亿亩，达到20.8亿亩。1996年，村庄、道路建设、企业、城市占地是1.3亿亩，耕地是19.5亿亩。到2005年年底，村庄、道路建设占地1.5亿亩，城市建设占地5千万亩，工矿企业占地5千万亩，合计占地2.5亿亩，实有耕地18.3亿亩，不到10年的时间耕地减少了1.2亿亩，人多地少的局面进一步加剧。

随着南方和东部沿海经济的发展，中国历史上"南粮北运"的局面在90年代改为"北粮南运"。为了保证国家粮食的安全，必须种植16.5亿亩的粮食，而2003年种粮面积只有14.9亿亩。2003年年底，为了激发农民种粮的积极性，国家对农民种粮、购买粮种、购买农机实行补贴。

现在，农民的种粮积极性有所提高，种粮面积有所扩大，但还没有达到保障国家粮食安全的要求。

第二，建设社会主义新农村是全面建设小康社会的重大举措。十六届五中全会通过的《中共中央关于制定国民经济和社会发展第十一个五年规划的建议》指出："实现全面建设小康社会目标的难点和关键在农村，建设社会主义新农村，体现了农村全面发展的要求，也是巩固和加强农业基础地位、全面建设小康社会的重大举措。"为什么说实现全面建设小康社会目标的难点和关键在农村？20世纪90年代初，国家农业部、教育部等十二个部委，提出了小康生活应该满足的十六项指标。城市居民基本都达到了小康生活要求的十六项指标，但农民还有三项指标没有达到。其一，农民的人均纯收入没有达到1200元。小康生活的十六项指标体系规定，按1990年不变价格计算，到2000年人均纯收入达到1200元，但农民的实际人均纯收入只有1034元。小康生活体系中最重要的指标是人均纯收入，这个最重要的指标没有达到，就不能说全国实现了小康。其二，农民初级医疗保障体系没有建立起来。农村初级医疗保障建立不起来，就意味着农民小病没地方看，大病没钱看。调查显示，城市人和农民最后死的地方不一样，城市人绝大多数是死在医院里，而70%—80%的中西部农民死在自己家里。这里面有风俗习惯的因素，更重要的是农民没钱治疗重大疾病。另外，城镇居民和农民孩子的出生地也不同，城市的孩子都是出生在医院，而农民的孩子有35%是出生在自己家里。农民初级医疗体系建立不起来，就不能说他们的生活进入小康社会。其三，农民人均蛋白质摄入量不足75克。小康生活要求每人每天摄入的蛋白质不能少于75克。实际上这不是一个要求很高的指标，吃两个鸡蛋就可以吸收75克蛋白质。每人每天吸收75克蛋白质的目的，就是保证每人每天摄入的热量不少于3000卡，让农民有足够的热量保证身体健康，符合小康生活的要求。现在农民每天摄入的蛋白质是65克多一点，还差10克蛋白质。小康生活十六项指标中，农民还有这三项没有实现，因而我们就不能说农民真正地完全地实现了小康生活水准。

到2005年年末，按年人均纯收入低于683元为贫困人口的标准计算，农村贫困人口为2365万人；按年人均纯收入684—944元为低收入的标准计算，农村低收入人口为4067万人。以上两项加起来就是6432万人。另外全国还有两千多万人，随时可能因疾病、天灾、子女教育等原因从小康、温饱返贫。

我们原来认为"全面建设小康社会的起步点在东部,落脚点在西部",现在应该改变一下,我们全面建设小康社会的起步点在城市和郊区,落脚点在农村。全国建设小康社会的重点和难点在农村。

第三,建设社会主义新农村是解决"三农"问题及构建和谐社会的重要环节。"三农"问题是说:"农村真穷,农民真苦,农业真危险"。我认为"三农"问题是农民收入增长相对缓慢的问题。1978年到1984年,由于推行家庭联产承包责任制,连续六年农民平均每年收入增长达到16.5%,城乡的收入差距之比,1978年是2.57:1,1984年降到1.86:1。那时候,农民沐浴在改革的春风里,我们没有感觉到农村穷,农民也没有认为自己苦,反而很幸福。但1998年以后,城市居民人均可支配收入每年增长8.6%,而农民人均纯收入每年实际增长只有4.3%。城乡的收入差距之比拉大。

自从我国改革从农村转向城市,国家把大部分基础设施投资投向城市,现在的城市显得富丽堂皇,但农村的各种基础设施建设严重滞后,大多数农村还是显得脏乱差。2004年,有一个德国的前驻华大使回国以后,德国《镜报》的记者采访他:"你在中国当了几年大使,对中国的印象是什么呢?"他说"中国城市像欧洲,农村像非洲"。"不患寡而患不均",由于农民的收入相对于城市低,再加上农民收入增长不快的时候,还有各种负担,所以农民真苦的感觉就出现了。社会要和谐,收入差距就不应该太大。城市居民人均可支配收入达到四千美元,农村达到三千美元,这样才是和谐。到2020年,如果不进一步缩小城乡差距,即使经济上全面建成小康社会,我们却很难建成和谐社会。建设社会主义新农村也是构建社会主义和谐社会的重要环节。

第四,建设社会主义新农村是实现国民经济良性循环的必然要求。改革开放以来,我国经济经历30多年的高速增长,平均每年增长9%以上。到2020年,我国全面建成小康社会,国民收入比2000年翻两番,意味着每年经济增长将达到7.18%以上,连续40年达到7%以上的经济增长水平,意味着我们这样一个人口大国,将创造经济连续增长的世界奇迹。

但事实上,拉动经济增长这辆马车的是两匹骏马和一匹瘦驴,进出口增长最快,其次是投资拉动经济增长,消费对经济增长的拉动速度最慢。进出口的增长使我国和国际间的贸易摩擦不断增多;投资增长带来了严重的生产过剩；消费增长相对缓慢，城市消费市场已经饱和，最大的农村消费市场在萎缩，县以下在国民消费总额中的比重在下降。20世纪80年代，县以下消费总额占65%以上，但到2005年，县以下占全国70%的人口，消费总额不到33%。商务部发布的调研报告预计，2006年上半年，内地600种主要消费品种，供过于求的商品有430种，占71.7%。供过于求的商品中，以饮料、服装、纺织品、家电、家居用品的比例较高。中央早就发出"扩大内需，尽快富裕农民，提高农民购买力"的号召。我国有广大的农村市场，有2.5亿农户，有74544万的农民。如果农民富裕了，可以把城市生产的工业产品消费掉，城市就可以维持再生产，甚至实现扩大再生产。如果农民穷或是没有使用工业品的配套设施，他就不会消费工业产品，城市的企业就不可能实现扩大再生产，甚至不可能维持简单再生产，城市的工人就有可能失业。有经济学家说的话既通俗又易懂，他说"城市工人失业，是因为农民太穷"。农民富裕了，内需扩大了，城市居民的失业人数会减少，同时还会为农村剩余劳动力的转移创造机会，国民经济就会进入良性循环。

（二）建设社会主义新农村的可能性

十六届五中全会通过的《中共中央关于制定国民经济和社会发展第十一个五年规划的建议》中谈到："我国农村发展和改革已进入了新的阶段，必须按照统筹城乡发展的要求，贯彻工业反哺农业、城市支持农村的方针，加大各方面对农村发展的支持力度，这样才能较快改变农村的落后面貌。"这句话的关键是"我国现在农村发展和改革进入了新阶段"和"工业反哺农业、城市支持农村"，认识到现在已经进入到新阶段，工业应该反哺农业，才能尽快地改变农村的落后面貌。

第一，工业的发展具备了反哺农业的条件。胡锦涛在谈到工农业之间的关系时讲了两个趋势。工业发展初期，农业哺育工业，农业为工业提供积累，这是工业现代化发展的趋势；工业发展壮大了，工业反哺农业，这是现代农业发展的趋势。就像孩子出生，父母应尽抚养责任；孩子长大了，也应该对父母尽孝敬义务。在2004年年底，中央召开的经济工作会议上，胡锦涛明确提出：总体上我们已经进入了以工促农、以城带乡这样一个阶段。要求我们，更加自觉地调整产业结构，帮助农业的发展。新中国建成初期，我国工业从零开始，农业已经发展了几千年，农业占国民经济总产值的70%，二、三产业占30%，由农业哺育工业这是农业应尽的责任。但现在和新中国成立初期相比,我国一、二、三产业的比例关系发生了根本性的变化。农业产值只占 GDP 的 12.4%,而第二、三产业占 GDP 的 87.6%。2005 年,我国的 GDP 达到 18.23 万亿,居世界第四位;进出口 14000 亿美元,居世界第三位;财政收入 3.16 万亿元;固定资产投资为 8.8 万亿元。在这种情况下,已经具备了工业反哺农业、城市支持农村的条件,即具备了加快社会主义新农村建设的物质条件。

第二,农民有建设社会主义新农村的内在要求。近年来,随着经济、教育的发展,基于国防安全的需要,有大批的农民子弟进入大学、军队,有大批的农民到城市务工,这些返乡的学子、农民工、复员军人和在城市退休后返乡定居的干部,给农民带去了新观念、新思维,引起了农民意识形态的新变化,农民的文化素质、技术水平、收入水平都发生了很大的变化。农民的参与意识在增强,思富、念富、想富的愿望很强烈。为改变自己的贫困状况,农民走向市场,调研农副产品的供求状况,根据市场需求改变种植结构。农民参加职业技能培训,为农闲外出务工创造条件。党中央提出搞新农村建设,无疑会给广大农民创造更多的发展机遇,反映了农民的内在要求,深受农民的欢迎和拥护。

二 社会主义新农村建设的基本内容

"社会主义新农村"这一概念,早在 20 世纪 50 年代就提出过,在改革开放后的中央文件中也曾多次出现。20 世纪 80 年代初,中国提出"小康社会"概念,其中建设社会主义新农村就是小康社会的重要内容之一。十六届五中全会所提建设"社会主义新农村",则是在新的历史背景中,在全新理念指导下的一次农村综合变革的新起点,具有更丰富的内涵和更全面的要求,其实质在于破解"三农"问题。

（一）建设内容

"社会主义新农村"是指在社会主义制度下,反映一定时期农村社会以经济发展为基础,以社会全面进步为标志的社会状态。社会主义新农村建设是指在社会主义制度下,按照新时代的要求,对农村进行经济、政治、文化和社会等方面的建设,最终实现把农村建设成为经济繁荣、设施完善、环境优美、文明和谐的社会主义新农村的目标。

经济建设。社会主义新农村的经济建设,主要指在全面发展农村生产的基础上,建立农民增收长效机制,千方百计地增加农民收入,实现农民的富裕，农村的发展，努力缩小城乡差距。

政治建设。社会主义新农村的政治建设，主要指在加强农民民主素质教育的基础上，切实加强农村基层民主制度建设和农村法制建设，引导农民依法行使自己的民主权利。

文化建设。社会主义新农村的文化建设，主要指在加强农村公共文化建设的基础上，开展多种形式的、体现农村地方特色的群众文化活动，丰富农民群众的精神文化生活。

社会建设。社会主义新农村的社会建设，主要指在加大公共财政对农村公共事业投入的基础上，进一步发展农村的义务教育和职业教育，加强农村医疗卫生体系建设，建立和完善农村社会保障制度，以期实现农村幼有所教、老有所养、病有所医的愿望。

新世纪以来，新农村建设有了新的社会内容。其中"三农"问题反复被党中央列为工作重点。2007年之后又先后出现了"新型农村合作医疗"、"全面免除农业税"、"以人为本"等社会热点话题，在新的历史时期不断寻求新的问题切入点、新的解决方案是党给我们交出的新的答卷。

法制建设。社会主义新农村的法制建设，主要指在经济、政治、文化、社会建设的同时大力做好法律宣传工作，按照建设社会主义新农村的理念完善我国的法律制度。进一步增强农民的法律意识，提高农民依法维护自己的合法权益，依法行使自己的合法权利的觉悟和能力，努力推进社会主义新农村的整体建设。建设社会主义新农村必须依法进行，把保障农民利益的相关制度用法的形式确定下来，是依法推进社会主义新农村建设的必然要求。尽管宪法和法律对公民的权利和利益作了许多规定，但是在具体的法律制度方面，尤其是涉及农民切身利益法律制度方面还需大力加强，所以国家高度重视农村的法制教育与宣传工作，努力提高广大农民的法律知识和尊重。

（二）建设实质

建设社会主义新农村的实质是农村经济、政治、文化全面发展、全面进步，以推动建设中国特色社会主义的进程。农村要毫不动摇地坚持以经济建设为中心，大力解放和发展生产力；农村要从实际情况出发，采取符合自身发展的措施，充分发挥自身的优势；坚持对内进行改革，完善社会主义市场经济体制；对外坚持开放，充分吸收和利用外来的资金、人才以及一切可利用的先进文明成果来发展自己；要落实科学发展观，正确处理好经济发展与人口、资源、环境的关系。

三 社会主义新农村建设的总体要求

2005年10月，中国共产党十六届五中全会通过《中共中央关于制定国民经济和社会发展第十一个五年规划的建议》，提出要按照"生产发展、生活宽裕、乡风文明、村容整洁、管理民主"的要求，扎实推进社会主义新农村建设。

（一）生产发展

生产发展，是新农村建设的中心环节，是实现其他目标的物质基础。建设社会主义新农村好比修建一幢大厦，经济就是这幢大厦的基础。如果基础不牢固，大厦就无从建起。如果经济不发展，再美好的蓝图也无法变成现实。

（二）生活宽裕

生活宽裕，是新农村建设的目的，也是衡量我们工作的基本尺度。只有农民收入上去了，衣食住行改善了，生活水平提高了，新农村建设才能取得实实在在的成果。

（三）乡风文明

乡风文明，是农民素质的反映，体现农村精神文明建设的要求。只有农民群众的思想、文化、道德水平不断提高，崇尚文明、崇尚科学，形成家庭和睦、民风淳朴、互助合作、稳定和谐的良好社会氛围，教育、文化、卫生、体育事业蓬勃发展，新农村建设才是全面的、完整的。

（四）村容整洁

村容整洁，是展现农村新貌的窗口，是实现人与环境和谐发展的必然要求。社会主义新农村呈现在人们眼前的，应该是脏乱差状况从根本上得到治理、人居环境明显改善、农民安居乐业的景象。这是新农村建设最直观的体现。

（五）管理民主

管理民主，是新农村建设的政治保证，显示了对农民群众政治权利的尊重和维护。只有进一步扩大农村基层民主，完善村民自治制度，真正让农民群众当家做主，才能调动农民群众的积极性，真正建设好社会主义新农村。

社会主义新农村应该有新房舍、新设施、新环境、新农民、新风尚。

生产水平自动化、生产方式规模化、吃穿住用行健康化与跟上时代潮流、生态环境良好、生活环境优美，社会关系和睦，农民具备现代化素质、精神文明有所提高。只有正确理解并明确社会主义新农村的新内涵，才能目标明确、有的放矢、卓有成效。

第二节 建设社会主义新农村的意义

党的十六届五中全会提出了推进社会主义新农村建设的历史任务，这是党中央统揽全局、着眼长远、与时俱进做出的重大决策，是一项不但惠及亿万农民而且关系国家长治久安的战略举措，是我们在当前社会主义现代化建设的关键时期必须担负和完成的一项重要使命。

一 社会主义新农村建设存在的问题

社会主义新农村建设存在的问题有资金投入不足，城乡差距扩大，农村医疗卫生、文化、教育等各项社会事业建设滞后，以及思想观念落后等。

（一）资金投入不足，农村基础设施不牢固

十六大以来，农村基础设施建设投入力度不断加大，农业生产生活条件得到了不断改善、提高，有力地促进了农村经济的发展。但总体来看，农村生产生活基础设施投入不足，和生活有关的水、电、路等公共基础设施严重缺乏，仍然是当前农村存在的突出问题。资金投入不足，远远不能满足农村经济社会发展的实际需要，严重制约了农村基础设施的建设步伐，成为农业和农村经济发展的"瓶颈"。由于投入不足，相当部分村、屯的灌溉和生活用水设施严重老化，道路质量差，造成生产生活用水困难、运输不畅等问题，大部分村屯没有科技服务活动的场所，没有文化设施，村民很少进行集体文化生活，也没有生产和生活垃圾、污水等处理设施，从而很大程度上影响了农村居民的正常生产和生活。另外资金的投入又相当分散，挤占挪用的现象相当普遍，有限的投入又没有发挥应有的效益，财政资源配置不对称，支农投入渠道不宽及投入结构不够合理，支农资金管理体制不够完善，中央和地方之间农业投入职责划分不清，支农资金使用效果不够理想。所有这些都严重影响农村基础设施的建设。

（二）城乡差距扩大，农民收入增长缓慢

近些年来，农民收入虽然逐年增多，但城乡分割的二元经济结构体制还没有消除，城乡居民收入差距扩大的趋势仍没有得到根本改变，农民进城务工的利益得不到保障，且农民工工资上涨缓慢，在扣除物价上涨因素后，甚至出现工资绝对下降的现象。农民增收困难，农民贫困问题凸现，农村富余劳动力难以安排。农民增收渠道不宽、农民收入增长缓慢是制约社会主义新农村建设的最为突出的矛盾。如果不采取有力措施加以解决，这将会阻碍社会主义新农村建设的进程。

（三）农村医疗卫生、文化、教育等各项社会事业建设滞后，发展水平普遍较低

一是农村医疗条件差，医疗水平低。目前农村合作医疗在大多数农村还处于初级阶段，农民参加农村合作医疗的积极性不够高，农民大病就意味着返贫。同时农村医务人员技术水平低，医疗卫生状况令人担忧。二是教育投入不足，教育负担加重。尽管近年来农村教育推广力度逐步加大，农民文化水平有很大提高，但总体来看，教育投入不足，教育资源过分集中在城市，底子薄、基础差、人才缺、资金少、设施差的状况未从根本上改变。三是公共文化体育设施少，除少部分村屯有篮球场、文化娱乐室外，绝大部分村屯在这方面是空白，没有弘扬社会主义文化的宣传阵地，代之是一些封建迷信低级庸俗活动的流行。

（四）农村文化建设相对滞后，农民文化生活相当贫乏，文化素质低，思想观念落后

农民是新农村建设的主体。由于历史原因，大多数农村人口受教育年限少，文化程度比较低，思想还比较保守，传统的小农意识根深蒂固，生产、生活和行为方式都与现代社会生活差距甚远。由于农民科技知识低下，对新事物、新技术缺乏认识，从而阻碍了接受新事物、学习使用新科技的能力。对于新农村的建设漠不关心，积极性不高，存在严重的"等、要、靠"思想。广大农民群众和部分乡村干部对新农村建设的认识不够到位、思路不够清晰，建设新农村的积极性、主动性还没有充分调动起来。再加上一些有文化、有技术的农村青壮劳力在外务工，留下来的多为老人或儿童，难以承担建设新农村的重担。因此，培养有文化、懂技术、会经营的新型农民，已经成为推进社会主义新农村建设的迫切要求。

二 加强社会主义新农村建设

加强社会主义新农村建设，必须加强农村基础设施建设，拓宽农民增收渠道，加强农村各项社会事业的和谐发展，提高农民素质等。

（一）加强农村基础设施建设

尽快改变农村基础设施落后的状况，是广大农民群众的迫切要求，也是推进社会主义新农村建设的重要任务。要切实加大对农村基础设施的投入力度，使农村的生产生活条件得到明显改善。在加大各级财政投入力度的同时，还需完善新农村建设的投入方式，创新资金筹措机制。农村公共基础设施建设因为规模小、投资分散，中央和省难以直接操作，需要依靠地方政府和基层组织去落实。加强农村基础设施建设，一是加强农田基本水利建设，保护好基本农田，提高粮食生产能力；二是推进农村通电、通水、通道路建设，逐步把乡村电路、道路延伸到规划的农民集中居住地，让农民能饮用上清洁、安全的自来水；三是通电视、通广播、通电话建设，使农民更多地接触到现代化的信息；四是房舍改造，村屯绿化；五是卫生与医疗体系建设。

（二）拓宽农民增收渠道

发展是党执政兴国的第一要务，也是广大群众的迫切要求。持续较快增加农民收入，提高农民生活水平，是广大农民生产生活中最迫切的实际问题，是社会主义新农村建设的出发点和落脚点。中央提出"多予少取放活"的方针，就是为了能让农民多增加收入。要把经济发展、生活宽裕作为首要任务，围绕发展现代农业，改善农业基础条件，提高农民收入水平。要增加农民的收入，一是要采取综合措施，提高生产能力，积极推进农村和农业经济产业结构调整，发展现代农业；二是落实强农惠农政策，加强农村扶贫开发工作，减轻农民负担；三是减少农业人口、扩大农业生产规模，拓展农村就业领域，培养农村拔尖人才，引导农民科技致富。

（三）加强农村各项社会事业的和谐发展

建立起农村基本医疗体系和适合农村实际的社会救助和保障体系，巩固完善新型农村合作医疗制度，建立便民的就医制度和养老保险制度，探索建立参保农民小病受惠制度，让农民真正看得起病，老有所养、病有所医、贫有所济。加强农村的思想道德文化建设和乡风文明建设，大力提倡移风易俗，反对封建迷信，建立科学、文明、健康的生活方式。积极开展各种文化体育活动，用积极、健康向上的文化生活丰富农民的精神世界，形成良好的道德风尚、社会氛围。办好农民图书馆、文化馆、老年活动室等，满足农民群众多方面、多层次的文化需求，不断提高农民道德文化水平。加快推进农村义务教育体制改革，重点普及和巩固农村九年义务教育，免收义务教育的杂费，对贫困家庭学生提供免费课本和生活补助费。调整中小学布局，增加教育投入，不断改善农村学校的办学条件，减轻农民负担的同时增加农民受教育的机会，建立城乡教师的合理交流制度，加强师资队伍建设，提高教师素质。

（四）提高农民素质

没有文明的农民，没有农民科技文化素质的提高，也就直接影响社会主义新农村建设的高效运行。建设文明之花盛开的新农村，需要加大对广大农民的教育培训力度，着力培养有文化、懂技术、会经营的新型农民。建立健全培训服务网络，积极开展科技、法律等各类培训，加强思想道德教育，提高人的整体素质，提升人的文明程度，优化人与人的关系。要充分进行宣传动员，发动广大群众积极参加到社会主义新农村建设中来。乡村干部要带头发扬艰苦奋斗的精神，任劳任怨，敢于吃苦，一心抓落实，发动各部门协作配合。要通过教育和引导，使农村干部群众的思想认识得到进一步提高，力量得到进一步凝聚，是扎实推进新农村建设的重要基础。

社会主义新农村建设是一项伟大工程，内容丰富、任务艰巨，各个地方发展的基础和发展的条件不同，因此选择的发展道路也不能相同，必须坚持从当地的实际出发，尊重农民意愿，突出特色、扬长避短，按照科学发展观的总体要求，选择好发展路径。如此必然能完成一个"生产发展、生活宽裕、乡风文明、村容整洁、管理民主"的社会主义新农村建设。

三　建设社会主义新农村的意义

农村人口众多、经济社会发展滞后是我国当前的一个基本国情。我国的经济社会发展总体上已经进入以工促农、以城带乡的新阶段。在这个阶段，只有实行统筹城乡经济社会发展的方略，我们才能如期实现全面建成小康社会和现代化强国的宏伟目标，实现中华民族的伟大复兴。

（一）建设社会主义新农村，是贯彻落实科学发展观的重大举措

科学发展观的一个重要内容，就是经济社会的全面协调可持续发展，

城乡协调发展是其重要的组成部分。全面落实科学发展观，必须保证占人口大多数的农民参与发展进程、共享发展成果。如果我们忽视农民群众的愿望和切身利益，农村经济社会发展长期滞后，我们的发展就不可能是全面协调可持续的，科学发展观就无法落实。我们应当深刻认识建设社会主义新农村与落实科学发展观的内在联系，更加自觉、主动地投身于社会主义新农村建设，促进经济社会尽快转入科学发展的轨道。

（二）建设社会主义新农村，是确保我国现代化建设顺利推进的必然要求

国际经验表明，工农城乡之间的协调发展，是现代化建设成功的重要前提。一些国家较好地处理了工农城乡关系，经济社会得到了迅速发展，较快地迈进了现代化国家行列。也有一些国家没有处理好工农城乡关系，导致农村长期落后，致使整个国家经济停滞甚至倒退，现代化进程严重受阻。我们要深刻汲取国外正反两方面的经验教训，把农村发展纳入整个现代化进程，使社会主义新农村建设与工业化、城镇化同步推进，让亿万农民共享现代化成果，走具有中国特色的工业与农业协调发展、城市与农村共同繁荣的现代化道路。

（三）建设社会主义新农村，是全面建成小康社会的重点任务

我们正在建设的小康社会，是惠及十几亿人口的更高水平的小康社会，其重点在农村，难点也在农村。改革开放以来，我国城市面貌发生了巨大变化，但大部分地区农村面貌变化相对较小，一些地方的农村还不通公路、群众看不起病、喝不上干净水、农民子女上不起学。这种状况如果不能有效扭转，全面建成小康社会就会成为空话。因此，我们要通过建设社会主义新农村，加快农村全面建设小康的进程。

（四）建设社会主义新农村，是保持国民经济平稳较快发展的持久动力

扩大国内需求，是我国发展经济的长期战略方针和基本立足点。农村集中了我国数量最多、潜力最大的消费群体，是我国经济增长最可靠、最持久的动力源泉。通过推进社会主义新农村建设，可以加快农村经济发展，增加农民收入，使亿万农民的潜在购买意愿转化为巨大的现实消费需求，拉动整个经济的持续增长。特别是通过加强农村道路、住房、能源、水利、通信等建设，既可以改善农民的生产生活条件和消费环境，又可以消化当前部分行业的过剩生产能力，促进相关产业的发展。

（五）建设社会主义新农村，是构建社会主义和谐社会的重要基础

社会和谐离不开广阔农村的社会和谐。当前，我国农村社会关系总体是健康、稳定的，但也存在一些不容忽视的矛盾和问题。通过推进社会主义新农村建设，加快农村经济社会发展，有利于更好地维护农民群众的合法权益，缓解农村的社会矛盾，减少农村不稳定因素，为构建社会主义和谐社会打下坚实基础。

我们要深刻理解建设社会主义新农村战略决策的重大意义，把社会主义新农村建设扎实、稳步地向前推进。

第三节 建设社会主义新农村应处理好的关系

"三农"问题具有复杂性和长期性，通过新农村建设，促进"三农"问题的解决，也具有复杂性和长期性。在推进建设新农村和解决"三农"问题的过程中，需要研究和处理好以下几个方面的重大关系。这些关系分别涉及投入、规划和试点工作问题。[①]

一 中央与地方、政府与农民的关系

加强财政对于建设新农村的支持，既需要中央财政加大投入，也需要地方政府加大投入。

（一）中央与地方的关系

在中央财政投入与地方财政投入的关系上，需要把握两点。

第一，中央财政要重点投向那些对全国和全局发展具有重大影响的领域。例如，涉及粮食安全的农业科研等现代农业建设方面的投入，涉及未来国民素质的农村基础教育投入，等等。这些领域的问题处理不好，影响到的不仅是某个地区，更主要的是全国。实事求是地说，某个县乡政府，不可能为全国的粮食安全问题负责，因此在这些方面的主动投入也就不会很高。而村庄整治等小尺度的建设项目，主要依靠地方政府的积极性。

第二，中央财政要着重支持中西部省份。主要原因是：其一，东部地区地方经济发展水平远远高于中西部地区，地方财政实力也远远高于中西

---

① 柯炳生：《建设社会主义新农村与解决"三农"问题》，《推进社会主义新农村社会建设研讨会论文集》2006年，北京《团结》杂志编辑部。

部地区。2005 年，东部 11 个省份的人均国民生产总值为 23120 元，而中、西部不到东部的一半，分别为 11062 元和 9281 元。地方财政收入水平相差更远，东部地区人均地方财政收入为 1903 元，而中、西部地区分别为 668 元和 685 元，仅仅相当于东部地区的三分之一。其二，全国每年有 1 亿多外出务工农民，其来源以中、西部地区为主，而就业地点以东部省份为主。这些农民工每年在就业地点为当地创造了国民生产总值，也创造了地方财政收入。据北京市研究报告，北京市 2004 年的 700 多亿财政收入中，至少有五分之一是农民工创造的。而农民工很少享受到这些财政收入。因此，中央财政重点支持中西部地区，并不是对东部地区的歧视和忽视，而完全是从实际出发的公平之举。

（二）政府与农民的关系

从总体上看，政府在新农村建设中要起主导作用；而在每个不同的具体问题上，政府所应该发挥的作用是有所不同乃至非常不同的。如果只是对新农村建设中政府的作用泛泛而论，不根据性质的不同做具体界定，就会出现两种倾向：一是不切实际，事事依赖政府，要政府包办代替；二是口号主义，政府作用不到位，只让农民自己苦干。两种倾向，都是要避免的。新农村建设需要解决的问题很多。不同的问题领域，起作用的主体不同，政府的职能不同。按主体性质和对政府职能要求的不同，新农村建设问题领域可以分为三大类：政府为主，城乡统筹；合作为主，政府扶助；个人为主，政府服务。

第一，政府为主，城乡统筹。新农村建设中的很多问题，是要以各级政府为主体来加以解决的。主要原因是，这些问题具有很强的公益特征，对于我国经济社会的发展意义重大，但是仅仅依靠市场机制又干不了，或者干不好。这些需要政府为主体加以解决的问题，至少包括以下几个方面：一是农村基础设施建设，包括道路、电力、饮水、电讯这些方面的公益性特征比较明显。城乡之间存在着突出的差距，主要原因就是国民经济二次分配在城乡之间的严重不平衡所造成的。要解决这种不平衡，只有靠增加国家财政对农村的投入。二是社会事业，包括基础教育、社会保障、卫生设施等。这方面的公益性特征也比较明显。例如，农村的义务教育，不仅仅事关农民本身的发展和能力的提高，更重要的是与整个国民素质的提高密切相关。不搞好农村教育，我国的现代农业建设、现代工业建设和城市建设，都会由于劳动力素质低而受到严重的障碍。三是农业基础设施,如田间道路、水利工程、梯田建设、中低产田改造等。农业基础设施的改善,主要作用是提高土地单产,从而促进农业生产的增长。由于我国面临粮食等农产品需求刚性增长和农业自然资源不断减少的双重压力,提高土地单产水平,对于确保十几亿人口的粮食安全问题和工业原料的需求,具有重大的经济社会发展全局性意义。因此,农业基础设施建设也具有很强的公益性。四是政府农业服务,包括农业科研和推广、动植物重大疫病防治、农产品质量安全体系、农产品市场信息等。这些政府服务活动,在发达的市场经济国家中,都属于政府公益性服务。在我国,由于农业具有千家万户的小规模经营特点,这些政府服务的公益性就更强了。例如,禽流感等动物疫病的预防和控制,在我国千家万户散养的情况下,无法靠农户自己做到。而禽流感等重大动物疫病的防治,对于整个社会经济和人民健康的影响,具有重大意义。因此,政府必须担负起主要责任。五是扶贫济困救灾工作。为落实以人为本的科学发展观,体现社会主义社会特征,构建和谐社会,都需要加强政府在扶贫济困救灾方面的作用。当然,这并不排除动员社会各个方面力量的参与。

第二,合作为主,政府扶助。有一些农村问题,无法完全依赖政府为主体解决,也不是一家一户的农民个体所能解决的。这就需要农民(村民)集体通过合作的方式,共同努力解决。这主要是涉及村庄内部和村庄周边的一些问题。例如,从乡间公路到村庄的进村公路,村内的道路、沟渠,村边的水塘、河道,村内的环境治理和垃圾处理,等等。解决这些问题的主体是村民集体,通过村民出劳出工乃至适当的出资来解决。引导农民通过辛勤劳动,通过共同努力,建设家园,改善环境,不仅会提高农民的生活质量,更重要的是会促进社会风气的改善,促进农民合作精神的提高,促进农民民主自治习惯的培育,推进"乡风文明"和"管理民主"目标的实现。韩国新村建设取得了较好效果,重要的经验就是注重培育起农民的"勤勉、自助、合作"精神。政府的重要职责是:一方面,可以适当提供一些扶持。但是这些扶持只能是引导性的、辅助性的,带有鼓励和奖励性质。要注意防止村民自己不出工不出力。而只是把政府的钱拿来,选几个项目,承包出去完事。另一方面,政府也要提供有关服务,例如规划服务、培训服务、技术服务(如提供有当地特色而又经济适用的住房图纸和式样)等。如果不能够在这些方面提供有效的服务,新农村建设的试点效果就会大打折扣。例如,其中的规划服务,就是具有首要意义的服务。如果规划不搞好，村庄的建设就会出现大拆大建、不断拆建的问题，严重浪费资金和资源。

第三，个人为主，政府服务。新农村建设中，除了上述需要农民（村民）通过合作方式，努力加以解决的问题之外，还有一些问题，主要靠农民的自身努力加以解决。例如增加收入问题，主体只能是农民自己。我国同一地区中，农民的收入水平往往很不相同。无论是在发达地区的村庄中，还是在不发达地区的村庄中，都有村民之间的贫富差别很大的情况。同一村庄中的自然条件、外部经济条件、政策环境等均是相同的，而收入的较大差别主要是由于农民个人本身的情况不同所造成的。具体原因可能是勤奋程度、创业精神、身体状况、家庭负担等。每一个具体的农户要想提高收入，主要途径都是发挥农业内部的潜力，如进行结构调整，从事二、三产业，或者外出务工等。而这些途径实现的程度如何，主要靠农民自身的努力。除了农民自身的努力之外，政府对于促进农民增收，也担负着重要的职能。只是，这些职能是为农民自己的努力创造一个更好的外部环境，而不能取代农民自身的努力。政府在解决农民收入方面的职能，主要表现在两个方面：一是为农民创造平等的就业政策环境，例如保障农民工合法权益的各种政策。通过这些措施，促进农民从农业和农村向外部的转移。二是为农民增收提供各种促进性的服务，例如上述的各种促进农业生产发展的措施，尤其是农业基础设施和农业科技创新与推广服务，市场促销服务，提高农民自我发展能力的教育和培训，提供小额信贷等金融服务，等等。

二 投入与改革、建设与保护的关系

加强国家财政支持新农村建设，一方面要不断增加支农资金投入总量；另一方面也要探索新思路和新方法，通过体制创新，理顺渠道，整合资源，加强监管，提高资金的使用效率。

（一）投入与改革的关系

第一，增加支农资金投入总量。加强财政支农强度，是新形势下推进解决"三农"问题的必然要求。同改革开放初期的80年代相比，我国目前所面临的"三农"问题更为复杂，解决"三农"问题的任务更为艰巨，对政策手段的要求更为严格。其一，同样是改革政策，80年代涉及的主要是观念转变问题，而现在更多的是利益调整问题。家庭联产承包责任制的推行,农产品市场流通的开放,极大地促进了农业生产的发展和农民收入的提高,却没有需要国家财政拿出很多钱。而现在已经很难找到那样不需要多少财政成本的改革措施,现在面临改革问题,都较多地涉及利益调整。没有相应的国家财政支持,改革就难以推进。其二,同样是政府职能问题,以前可以靠行政命令,可以靠农民做无偿贡献,而现在更多地是靠提供公共服务,通过公共服务的加强来提高农业生产水平,例如农业基础设施建设、动植物疫病防治等,这同样需要国家财政支持。其三,我国农业和农村经济发展面临着越来越严峻的资源约束,包括土地资源、水资源和生态环境方面的约束。解决资源约束的唯一途经只能是通过科技创新和集约经营。这必然要求加大农业科技创新、应用推广和农民培训的力度。在我国的条件下,必然要求不断增加政府在这些方面的投入强度。其四,农村的非经济和非生产性问题日益突出,包括教育问题、社会保障问题、医疗问题、社区发展、生态环境问题等。取消农业税之后,这些问题更加显性化。这些问题的解决,需要更多的国家财政投入。其五,信息和交通条件的大大改善,人口城乡流动性的大大增强,社会透明度的大大提高,使得对不平等的社会容忍度日益降低,从而需要不断减少和消除各种带有歧视性的政策。而这都涉及财政支出的增加或者财政收入的减少。

正是由于以上种种原因,使得目前我国解决"三农"问题的具体措施与80年代相比,有了很大的不同。同样是"一号文件",80年代的五个"一号文件",主要是解决"允许农民做什么"的问题,核心是打破旧的观念和意识形态方面的束缚,进行体制方面的创新。80年代五个"一号文件"的实行,使得农民获得了充分的生产决策权、市场交易权和自由择业权。无论是家庭联产承包责任制的推行,农产品市场的放开,还是允许农民经营二、三产业和外出务工,都很少涉及国家财政支出问题,即中央和地方财政都没有为此增加支出。而近年来的多个"一号文件",却是在农村改革已经大大深化的背景下出台的,除了仍然涉及观念的转变和体制的创新之外,更多地是解决"政府干什么"的问题,涉及国家财政的支出问题。现在的各种改革政策,已经与财政收支问题紧密地结合在一起。如果没有国家财政的有力支撑,许多方面的改革就难以继续深化和向前推进。农村税费改革制度是这样,农村教育体制改革也是这样,整个新农村建设也是这样。

因此,新形势下我国"三农"问题的解决,在很大程度上取决于国家财政的支农、强农、惠农的程度，取决于"多予少取放活"和"工业反哺农业、城市支持农村"方针的落实程度。"反哺"不应被理解为对农民的恩惠，而是国家解决事关全局的"三农"问题的需要。不落实"反哺"方针，农业增产和粮食安全保障就难以实现，农民增收和全面建设小康社会的目标就难以实现。农村社会和谐稳定和生态良好就难以实现。一句话，在我国现代化建设的新阶段，国家财政对于农业和农村的发展，起着极为关键的作用。但是，目前的投入水平，却是远远不足的。就中央财政支农支出数额来说，2005年为2975亿元，看起来数额不小，但是其中有相当一部分不是用于农业和农村建设的。例如，税费转移支付为662亿元，就不应当列为支农支出。县级政府因减免农业税而减少了财政收入，中央财政为了帮助县级政府解决财政困难而进行了转移支付。从产生的历史渊源上，与农民有关，但是现在的用途与农民并没有直接关系，因为这部分转移支付主要是用于维持地方政府的日常运转。另一个大项支出是基础设施建设，为813亿元。这其中有许多并不是专门对农村的，例如大江大河的治理。第三项是农产品政策补贴，为432亿元，其中大约一半为粮食直补，属于支农资金，其余为弥补国有粮食企业补贴或者国家粮食安全补贴，都不是直接使农民受益的。第四项是农林水气支出535亿元，其中有相当的部分用于生态林营造等，也不是直接使农民受益的。这样计算下来，直接用于农业、农村和农民的只有大约一半。2006年新增加的422亿元，大部分也是用于以上几个方面。目前全社会包括广大农民都从各种宣传报道中，获知国家拿出了几千亿元的财政支农资金，都去请问基层干部把钱都花哪里去了。县、乡干部因为这种误解而处在一个比较困难的境地。在落实"工业反哺农业"方针方面，真正加大对农业和农村发展扶持力度方面，中央和地方财政都需要加大力度。

第二，探索新思路和新方法，提高资金的使用效率。在不断增加财政支农资金总量的同时，也要注意解决资金分散、效率不高的问题。主要是从三个方面入手：一是建立起各部门之间的协调机制。按现有体制，在农业建设投资方面有十六七个部门参与，以条条管理为主，主管部门之间缺乏沟通，致使不同渠道的政府支农资金，在使用方向、项目布局、建设内容等方面不同程度地存在着交叉和重复，影响了财政资金的使用效率。从长远看，结合政府部门改革，逐步理顺关系，归并职能，统一管理。从短期看，在管理体制没有大的变革的情况下，要建立起部门之间的协调机制,形成合力,克服支农资金渠道分散和使用重复的问题。二是加强对现有资金使用效果的评估和调整机制。对于效果好的支出项目,应重点加大支持力度;对于效果较差的支出项目,或者随着外部条件变化重要性已经降低的项目,要及时地进行调整。财政支持项目不能只上不下,只增不减。要通过科学评估,建立起财政支出项目的调整机制。三是加强对财政支出执行过程的监管,防止截留、挤占、挪用的情况发生。一方面要从支出项目的执行设计上更为科学,更有可操作性,避免漏洞;另一方面是加强对执行过程的检查和监控。

(二)建设与保护的关系

在新农村建设中,不仅仅涉及建设问题,也还涉及保护问题,包括资源的保护和环境的保护。

第一,在生产方面的保护。在生产方面,建设现代农业,发展农村二、三产业,都存在如何合理利用资源,不能滥用资源,不能过度开垦资源的问题。比较突出的问题包括:在生态脆弱地区不能继续开垦新的耕地,草原地区不能过度放牧,对地下水不能过度开采,不能过量使用化肥和农药,集约化畜牧业不能对地表和地下水造成污染,要控制非农业占地的规模,保护耕地资源,等等。

第二,在村庄整治方面的保护。在村庄整治方面,要注意减少对土地的占用,注意依山就势多利用荒地资源,注意保护生态和文化特色,保护乡风文脉,特色民居,等等。同时,也要注意移风易俗,改变落后的习惯。例如,在墓地的修建方面,一些地方出现了比较突出的到处散建坟墓,坟面建筑越来越高大,严重破坏自然景观等现象。这种情况一旦形成,很难改变。因此,新农村建设中,应当将规划农村公墓,免费提供使用,作为一项重要的具体政策措施,纳入公共投资建设。

第三,保护资源需要通过规划来进行控制。对于农村住房建设来说,要从两个方面进行控制:一是要控制新建房的地点。要按照居民点规划,所有以后新建的住房,都要到居民点中去,逐步消除独家散乱建设的情况。只有集中到居民点中,生活设施的改善才有可能,也有助于减少对道路等土地的占用。二是要控制房屋高度。很多地区的农村住房建得很高大,既不是实际需要,也不美观,对材料和能源的浪费也很大。对农村民居高度的控制,既要进行限制,也可以通过引导,向农民提供各种真正美观、适用、有特色又节约的新型房舍设计,改变农民的观念和习惯。

三　村镇建设规划与经济社会规划、区域布局规划与村镇整治规划的关系

规划是建设社会主义新农村中的一项重要工作。对于"规划先行"的必要性和重要性，已经没有多少认识上的分歧。但是，在具体规划内容方面，却存在着重村镇规划而轻经济社会发展规划的趋向，需要认真注意改正。

（一）村镇建设规划与经济社会规划的关系

第一，重视村镇建设整治规划。村镇规划，涉及村镇内部房屋的布局、道路的走向、绿化区域等。制定这种规划技术特点较强、现实用途比较明显，往往表现为"一书几图"，农民拿了就可以照着做。在各地的试点村中，政府都普遍地提供了这方面的帮助和服务。有的省份的普及率已经比较高，例如广东省建制镇规划完成率达81%，中心镇达到100%，村庄达到26%。加快村镇建设和整治规划，无疑是非常重要的。

第二，加强发展农业经济、农村非农产业、农村社会事业等方面的全面规划。新农村建设不仅仅涉及村镇建设和整治，而是涉及经济、政治、文化和社会各个方面的系统工程。中央要求"各地要按照统筹城乡经济社会发展的要求，把新农村建设纳入当地经济和社会发展的总体规划"。因此，在重视村镇建设整治规划的同时，也要注意加强发展农业经济、农村非农产业、农村社会事业等方面的全面规划。这些方面的规划，既是长远大计，也是当务之急。例如发展农业生产方面的规划，与确保我国粮食安全密切相关；发展农村教育方面的规划，更是关系到国民素质的重大问题。当然，进行这些方面的规划，需要考虑的因素更多，更为复杂，从而需要花费更大的投入和努力，切实抓好。

（二）区域布局规划与村镇整治规划的关系

就规划涉及的空间范围看，可以分为区域布局规划和村镇整治规划。如上所述，各地在村镇整治规划方面已经做了较多投入，进行了较多工作。但是，在区域布局规划方面，则重视的程度不一。

第一，区域布局规划。区域布局规划，就是以一个县的区域或者一个乡镇的区域为单位，对经济社会发展进行规划。例如对道路、居民点、学校等公益设施在区域中的分布等，都要按照经济社会发展的趋势和规律，加以规划。

第二，区域布局规划与村镇建设规划的关系。区域布局规划与村镇建设规划，是全局和局部、整体和细节的关系。区域布局规划是基础。区域规划决定了村镇和有关经济社会基础设施应当往哪里摆布。如果没有科学合理的布局规划，村镇的布局不能适应经济社会发展趋势的要求，即使村镇内部的建设整治规划搞得再好，也可能导致失败。区域布局规划不是要大拆大建，而是要适应交通条件和交通工具改善的情况，及时地为新的基础设施建设和房舍建设提供引导，经过几年或十几年，让新建住房不断集中，逐步地改变现在普遍存在的缺乏总体规划、居住分散、公共设施建设困难的情况。

四　村庄与镇区、试点与推广的关系

在基础设施和生产生活条件改善方面，在关注自然村的同时，也应当关注县城和乡镇的镇区建设。

（一）村庄与镇区的关系

第一，城镇建设与乡村建设的关系。城镇建设与乡村建设的关系具有双重性：仅仅把城镇建设好了，乡村不一定也能建设好；而如果城镇建设得不好，则乡村也不可能建设得好。

第二，镇区建设具有很重要的纽带、扩散和示范作用。对于广大乡村地区来说，县城和乡镇的镇区建设，具有很重要的纽带、扩散和示范作用。发达国家城乡一体化搞得好的，都不是像拉美国家那样的城乡两极化，而是形成了大、中、小城镇直到农村村庄的均衡过渡结构。在我国目前的发展阶段，大大提高县、乡镇区的建设与发展水平很重要。随着经济的发展，将会有越来越多的农村居民向县、乡镇区集聚。而目前绝大部分县、乡镇区的建设水平都比较低；严重缺乏规划，建筑无序；缺乏功能分区，全城皆商；道路交通混乱，环境卫生条件差；等等。在社会主义新农村建设中，应当将县、乡镇区的建设纳入在内，与乡村基础设施建设和村庄整治统筹考虑。而当务之急是在进行村庄规划的同时，要做好县、乡乃至中心村的建设规划。

（二）试点与推广的关系

各地在推进社会主义新农村建设中，都在进行试点。但是，试点的最终目的是推广。

第一，既要试点更要推广。各地在推进社会主义新农村建设中，都在进行试点。这些试点，尽管具体内容、方式有所不同，但绝大部分是以村庄为单位，以村庄整治为突破口。我国由于各地具体特点和条件的不同，适当地搞一些试点是必要和需要的。但是，试点的最终目的是推广，是将在试点上取得的经验推广到面上去，同时如果试点中有一些教训，在指导面上工作时也就能够更好地避免走弯路。如果试点仅仅是集一县一乡之力，投向几个基础条件已经比较好的村庄，搞几个"盆景"和"橱窗工程"，而试点之后，难以在其他地方广泛推广，那么，这种试点方式就是值得提出疑问的。如果搞得不好，就会出现"帮富"而不是"扶贫"，使得农村中本来已经存在的区域内差距变得更大，这就有违新农村建设的初衷，有违社会主义的公平、公正原则。对于那些经济发展水平较低的地方来说，与其将有限的资金用到"锦上添花"的试点上去，不如"雪中送炭"，用于农民群众最急需解决的一些问题上去，用于扶持那些最需要扶持的地方上去。

第二，"点面结合"方式，有一定的借鉴意义。也有不少地方，试点的面比较广，例如达到全部村庄数量的10%乃至20%。这时的试点，就已经不仅仅是试点了，而具备了在点上整村建设、在面上分步推进的特征了。这可能也是一种符合地方特点的"点面结合"方式，有一定的借鉴意义。

五 长期与短期、探索与宣传的关系

建设社会主义新农村，是党和政府的重大工作部署，也是广大农民的热切期盼。因此，既要抓好短期内工作，也应当注意抓好长期性问题。

（一）长期与短期的关系

第一，抓好短期内工作。对于各地具体执行和落实建设新农村工作任务的县乡政府来说，无论是从贯彻上级的工作要求的角度，还是从满足广大群众要求的角度，都需要在短期内，在新农村建设方面取得一些成效。"要从农民群众最关心、要求最迫切、最容易见效的事情抓起，不断让农民得到实实在在的好处。"因此，各地干部都从本地的实际情况出发，积极寻找建设新农村的切入点和突破口。而短期内最容易见效的，主要是水、电、路等基础设施建设和村庄整治。目前全国大部分地区的新农村建设试点都是从村庄整治入手。有的地方归纳为"一看路，二看树，三看卫生，四看户"。这些看得到、摸得着的事情，如果不是采取加重农民负担的方式，农民也一定是非常欢迎和拥护的。在进行这些方面的建设时，最重要的基础是村镇建设规划，包括两个方面：以县或乡为单位的村镇布局规划和村镇内部的建设规划。目前的情况是试点村庄内部的建设一般都有规划（五图一书——"五图"是现状图、用地规划图、道路管线工程规划图、环保环卫绿化规划图、近期建设规划图，"一书"是规划说明书），而村镇布局规划做得还很不够。

第二，抓好长期性问题。在抓好短期内工作的同时，还应当注意抓好长期性问题。发展农村产业，增加农民收入，发展农村社会事业，建设农村精神文明和政治文明，都是需要长期性努力的，不可能在朝夕之间有立竿见影之效。这些问题，都是建设新农村和解决"三农"问题的核心内容，在某种意义上，是比村庄整治更具有基础性和根本性的任务。应当扎扎实实地循序渐进，不断加以推进。其中的农业生产能力建设问题、农村教育问题、农村劳动力转移问题等，既是长远大计，也是当务之急。

（二）探索与宣传的关系

新农村建设要允许多样化的探索和试验，在进行宣传方面，却需要慎重。

第一，允许多样化的探索。我国各地情况千差万别，建设新农村具体任务安排的优先次序和措施都会有所差别。因此，各地区的新农村建设，应当不求整齐划一，鼓励百花齐放，允许多样化的探索和试验。

第二，宣传需要慎重。在进行宣传方面，需要慎重。对于所宣传的典型，一是要实事求是，不能夸大其词，不能作假，不能以偏概全。近期以来，一些地方在村庄整治方面，采取了各种各样的措施，在试点上取得了一定的成效。但是，也出现了一种倾向，过于夸大成绩。其实，新农村建设的各项任务中，只有村庄整治可以在短期内见到明显的成效，其他任务都不是那么容易在短期内就可以产生明显进展的。一些比较先进的典型，也是经过了长期努力的结果。这是为什么建设新农村需要几十年艰苦奋斗的原因。二是在宣传典型时，要考虑代表性意义，考虑普遍推广意义。现在广泛出现在媒体上的一些先进典型，大多是集体经济比较发达的地方，是村级集体有比较强大的工业产业支撑的地方。这些村庄的成绩是值得充分肯定的。但是，这些村庄非农产业的发展，都有一些特殊的历史背景和原因，在今天的条件下，已经很难复制。对于那些东部发达地区农民住洋房、开汽车的强村和富村的过分报道宣传，对于广大的没有非农业产业的村庄来说，实际借鉴学习意义是非常有限的。对于广大中西部地区的村庄来说，无论村庄领导人如何优秀，由于自然和经济条件的限制，在短期内是无法大力发展起非农产业的。一些地方热衷于宣传集体经济发达的典型，可能也有转移政府责任的含义。实际上，对于绝大部分农村地区来说，建设社会主义新农村主要还是靠政府领导、推动和扶持；期望全国大部分地区的新农村建设都能够靠集体经济来推动，是不太现实的。

附：建设社会主义新农村的案例

生产发展、生活宽裕、乡风文明、村容整洁、管理民主，是十六届五中全会对建设社会主义新农村的总体要求。新农村建设是一项历史性战略工程，面对诸多建设内容，各级政府要统筹规划，协调发展，量力而行，因地制宜，典型引路，示范带动。综合各地目前已经取得的建设经验，主要有以下几个典型案例。

案例1

生产发展：河北秦皇岛农村的"田野车间"带动农村经济

在河北秦皇岛农村广袤的田野上，看不到厂房设备的露天"田野车间"又悄然火起来。这是民营企业争相投资农业产业，以千家万户生产的农产品为依托，按"公司+农户"模式搞经营出现的新景观。该市把面向农业上项目作为推进农业产业化进程、提高农业综合效益、增加农民收入的有效途径。主要做法是：

龙头企业带动农村：秦皇岛永平牧业公司是引领农民发展牧草种植、肉羊养殖业的一个"总厂"，立足青龙河、滦河滩涂开发的实际，与沿岸8个乡镇的760多家农户签订了《肉羊生产联合体入盟合同》，负责提供品种改良、技术指导、产品回收等一条龙服务。目前，直接隶属于永平牧业公司的"田野车间"就达396个、拥有土地1035亩。

龙头企业带动农民：该市营镇严山头村有69个为广野物产公司生产糯玉米、大萝卜的"车间"，与"总厂"签订的合同中，标明了保护价格，如果市场价格高时，还可随市场行情适当上调收购价。今年，这个村按合同种植的上茬800亩糯玉米实现产值69万元，创效益25万元，加上二茬种植的1000亩大萝卜，共获纯收入185万元，人均收入1358元。抚宁县年销售收入 500 万元以上的 14 户龙头企业中，与农户签订收购合同或实行二次分配的已占 42%。其中 4 个重点龙头企业全部与农户建立了保护价收购制度，部分企业推行利润返回。

龙头企业带动产业：以龙县为例，在绿岛酒葡萄发酵公司等近 50 多家龙头企业的拉动下，这个县形成了甘薯、酒葡萄、畜牧业三条产业链，全县建成了 24 个专业基地，共发展甘薯 38 万亩、酒葡萄 4.5 万亩，年出栏肉鸡 1000 万只。这三大产业增加农产品销售额 6 亿多元，占全县农产品销售额的 65%。该县仅今年新上的两个粉丝厂、净化淀粉厂，就可消化全县 10% 的甘薯，拉动甘薯价格每公斤上扬 0.4 元，农民可增收 5000 万元。

解读：生产发展是新农村建设的基础。发展农业经济，关键是要形成"新产业"，由"生产"农业向"经营"农业转型，要将农业作为综合产业经营的基础平台，在这个平台上深度挖掘农业的潜在经济要素，以此来拓展农民的就业空间和增收渠道。重中之重是发展特色产业，对于经济比较发达的沿海农村和城市郊区农村，要重点发展都市农业，把郊区农业发展成城市的友好产业。粮食主产区和农产品特产区农村要发展农产品深加工，延伸产业链，向产业化要效益。山区农村，可以借环境优势发展生态旅游业，向第三产业要收入。

案例 2

生活宽裕：上海探索农民的"四金"财富积累机制

生活宽裕是新农村建设的归宿，而生活宽裕的来源则是农民收入的大幅度提高。目前，农民收入不能一味靠农业生产领域的收入，而要开辟多种增收渠道，实现农民收入的多元化，在这方面，上海是从构建农民财富积累机制入手，造就一大批拥有薪金、租金、股金和养老金"四金"的新型农民。具体措施是：

增加农民的工资性收入：上海已建立城乡统一的非农产业就业服务平台，强化农民职业培训，每年转移农业劳力不少于 10 万人。

增加农民的股金收入：深化农村土地征用和集体资产管理制度改革，上海在征用土地中将探索建立农村征地留用地制度和土地股份合作制度，让农民享有稳定、长期的土地收益回报。同时创新农村集体资产管理体制，把农民的一部分集体资产集中起来，给农民股份，使农民真正成为股东,按股分红,在农民财产性收入中增加"股金"这一来源。

增加农民的租金收入:在农民集中居住的过程中,建立农民宅基地置换机制,对置换后的农民住房给予产权证,可以上市交易,变非商品房为商品房,将非产权房转为产权房。农民对其住房的各项权益享有了真正的完全处置权,农民可通过公正规范的市场交易实施房屋出租等行为,农民就可"名正言顺"地增加房屋出租等租金收入。

增加农民的社会保障金:目前上海郊区农民养老保障水平不到城镇的十二分之一,最低生活保障水平不到城镇的三分之二。上海正在全力扩大介于农保与城保之间的"小城镇保险"的覆盖面,至今年年底将覆盖50万人。完善农村合作医疗制度,至2005年上海郊区合作医疗参与率将达95%以上。

解读:生活宽裕是新农村建设的出发点和落脚点。上海探索出的农民财富积累机制,其中一个最大的基础就是上海这个大城市的带动作用,这是城市郊区农民财富积累的一条重要途径。对于多数地方来说,农民增收同样必须实现多元化,关键仍是要找到农民增收的带动力量。一是要在已有的政策基础上进一步加大政府财政支持力度,二是要扶持农业龙头企业的发展,放大龙头企业的带动作用,三是要鼓励发展农民合作经济组织,提高农民的市场化程度,四是要进一步强化农村集体经济的发展,推进农村集体经济产权改革,让农民持股上班、持股进城。

案例3

乡风文明:河南文昌市文明生态村建设的三大经验

近几年来,河南文昌市以建设生态环境、建立生态文化、发展生态经济为主要内容,扎实开展文明生态村创建活动。2005年该市被中央文明委授予"全国创建文明村镇工作先进市"的荣誉称号。主要做法是:

建立机制:该市在创建工作中做到"四个抓":市四套班子领导带头抓,每人负责在联系乡镇抓好一个以上示范点的创建工作;乡镇党委政府负责抓,充分组织发动农民群众和社会各界力量,采取有力措施开展创建活动;机关单位配合抓,以城带乡,城乡共建,即机关单位向其所在联系村提供一定的人力、物力和财力支持;基层组织具体抓,村委会干部、退休干部和附近学校教师直接参与创建活动。

分级引导:该市根据广大农村经济文化发展不平衡的实际,分别确定了省级文明生态村创建标准和市级文明生态村创建标准。同时，该市针对文明生态村建设文化含量不高的实际，加大投入，努力提高文化品位。在文体设施上，文明生态村做到有文化室、有球场、有宣传栏。新建设的文化室档次较高，有图书、有报刊、有电视设备。在文体活动上，村民利用农闲时间自动组织文体活动已形成风气。

整合力量：该市不仅充分发挥了农村基层党组织和农民群众的主力军作用，而且发挥了社会各界的支持参与作用，文明生态村建设对海内外乡亲产生很好的"感召效应"，广大华侨和外出工作人员纷纷支持文明生态村建设。目前，该市已形成农民群众要求创建文明生态村、自觉组织创建文明生态村的良好态势。

解读：乡风文明是新农村建设的动力。开展农村文明建设的关键有两个，一是载体建设，目前遇到的一个最大的难题是农村文化设施投入不足，在加大财政投入的基础上，各地要积极引导农民参与建设，让农民变成创建的主体，开展农村文化中心户、科技中心户、农村文化室等建设。另一个是模式创新，要把农村文明建设和城市文明建设对接起来，让农民享受到城市文明建设成果。

案例4

村容整洁：浙江嘉兴市实施村庄整治经验值得借鉴

去年以来，浙江嘉兴市按照该省"千村示范、万村整治"工程规划，加大了农村生态建设力度，出台了《关于在全市农村开展环境卫生综合整治的实施意见》。目前，嘉兴在村庄整治、农村面源污染防治等生态建设方面已取得了较大成效。具体做法是：

村庄整治：该市从过去选择几个条件比较好的村庄点先行推进，转到选择一批重点镇实行逐镇成片推进；从过去开展各种单项整治建设，转到全面实施"道路硬化、环境洁化、河道净化、民居美化、村庄绿化"五化为重点的整体建设；从过去侧重抓环境整治建设，转到同时加强村级配套建设和发展公共服务，加快建设农村全面小康新社区。到目前为止，该市启动建设的示范村共106个，基本完成建设的示范村40个，启动建设的整治村700多个，占行政村总数的80%，受益农民达100多万。

治理农村环境：该市通过推广沼气综合利用工程、建设有机肥厂、畜粪处理中心等措施，实现畜粪的减量化、资源化、无害化处理；按照

"户集、村收、镇运、县处理"的工作机制，集中收集处理农村生活垃圾，并通过建设垃圾焚烧发电项目，实现废物的再利用；通过铺设管道，将生活污水直接接入集污管网和培育自然或人工湿地、安装净化装置等方法，进行生活污水处理；通过河道清淤工程，改善全市农村水环境。

解读：村容整洁是新农村建设的核心。虽然村庄整治需要投入很大的人力和财力，但更重要的是要建立一套比较完善的农村环境建设的机制和制度。一是要建立分级责任制度，省区市应负责提出本地区村庄整治的引导性项目、阶段性目标与实施方案，县乡负责指导与实施组织，村庄自治组织负责组织具体项目的建设，村民自主投工投劳参与项目建设及管理。二是建立农民参与机制，确立农民在村庄整治中的主体地位，尊重农民意愿和对项目的选择。三是要建立村庄公共设施管理的长效机制，探索村民自主管理的途径，组织引导农村干部群众参与公共设施运营维护与管理，通过村民缴费或村集体经济解决管理资金来源问题。四是要建立村庄整治的督促检查制度，要加强对村庄整治实施过程中资金与实物使用的监管，防止挪用、滥用。

案例 5

管理民主：河北青县探索出村民民主管理的"青县模式"

近年来，河北青县探索推行了党组织领导下的农村民主治理新模式，运行机制是"党支部领导、村代会做主、村委会办事"，其核心内容是把村民代表会议建成常设议事机构，在村民大会授权后行使村务的决策权和监督权，并被称为"青县模式"，具体做法是：

村治结构：村民代表会议设立主席。党支部是领导核心，村民代表会议是决策、监督机构，村委会是村务管理执行机构，执行村民代表会议的决策，村民代表会议由虚变实。

工作方法：改善和加强党的领导，党支部抓大放小，党支部由过去管财管物的行政式、事务性领导转变到谋全局、把方向、管民心上来。

保障机制：村党组织领导村民代表会议发挥好对村委会的监督职能，督促村委会依法规范管理村务，对造成重大工作失误或不称职的村委会成员，通过村民代表会议罢免建议，依法罢免。

运作机制：把村治工作纳入法制化、制度化、规范化轨道，克服村治工作中的随意性。通过建立各组织的工作规则，明确各自职责和办事程序，使村务管理有章可循、规范有序。

解读：在新农村建设中，管理民主是保障。村务公开、民主管理是最基本的两个方面，中央对此是十分重视的，去年7月份中办下发了"17号"文件，12月份召开的全国村务公开民主管理工作经验交流会又推出了全国各地村务公开所取得的在全国能够站得住脚的14条宝贵经验，如江苏省太仓市推行的村务公开"三项制度"，福建省推广的村务民主听证会制度，以及重庆市开县推行的"八步工作法"等。推进村民民主管理，需要重点抓两项工作，一是要改革村级组织体制，要充分尊重基层创新，大胆突破，在这方面，除了青县设立村民代表会议主席外，还可以借鉴浙江武义县探索的村民监督委员会新型村级组织构架，形成一种权力制衡机制。二是要创新民主管理的机制，不仅要学习借鉴全国各地的先进经验，最重要的是要把成功的经验制度化，建立健全基层民主管理的制度框架。

结　论

新农村建设是一项系统工程，在目前的情况下，我国农村还存在着很大的差异，新农村建设不可能一蹴而就，尤其是不能把新农村建设变成政治口号。关键是汲取20世纪70年代农业学大寨的教训，不能仅仅把新农村建设当成一种"自上而下"的运动，同时要借鉴20世纪80年代农村搞联产承包责任制的经验，充分发动农民的参与意识，形成一种"自上而下"与"自下而上"相结合的机制。从目前的情况看，江苏、浙江、山东一带的农村正在向新农村建设方向发展，不论是观念、习惯，还有环境都已经开始转变了，最根本的原因就是这些地方经济和生产力发展之后，农民就会去建设农村，政府的作用是搞好规划，加强引导。而现在广泛进行参与式扶贫、整村推进的一些贫困地区，新农村建设也做得非常好了，从发达地区和不发达地区的情况来看，都有很好的经验值得学习借鉴。

第七章 发展现代农业,培育新型农民

大力发展现代农业,积极培育新型农民,加快推进传统农业向现代农业转变,是农业发展的内在要求和必然趋势,也是解决"三农"问题的重要途径。随着我国工业化和城镇化进程的加快,国家对农业支持力度的加大,现代农业也呈现加速发展的态势,总体发展良好,但在发展中也存在许多问题,需要认真研究并妥善解决。

第一节 加快发展现代农业

党的十六大以来,我国农业农村改革发展成就显著。粮食连续11年增产,农民连续11年较快增收,农村基础设施建设和社会事业加快发展,新农合、低保、养老保险等社会保障制度建设实现历史性突破。这十多年是我国农业发展最快、农村面貌变化最大、农民得实惠最多的又一个黄金时期。但是,农业底子薄、农民收入低、城乡差距大的矛盾是由自然、历史等诸多因素长期累积形成的,绝非一朝一夕就能彻底改变。

一 现代农业的含义

现代农业是广泛应用现代科学技术、现代工业提供的生产资料和科学管理方法的社会化农业。在按农业生产力的性质和状况划分的农业发展史上,是最新发展阶段的农业。主要指第二次世界大战后经济发达国家和地区的农业。

(一)现代农业的基本含义

现代农业是一个动态的和历史的概念,它不是一个抽象的东西,而是一个具体的事物,它是农业发展史上的一个重要阶段。从发达国家的传统农业向现代农业转变的过程看,实现农业现代化的过程包括两方面的主要内容：一是农业生产的物质条件和技术的现代化，利用先进的科学技术和生产要素装备农业，实现农业生产机械化、电气化、信息化、生物化和化学化；二是农业组织管理的现代化，实现农业生产专业化、社会化、区域化和企业化。

现代农业的本质内涵可概括为：现代农业是用现代工业装备的，用现代科学技术武装的，用现代组织管理方法来经营的社会化、商品化农业，是国民经济中具有较强竞争力的现代产业。现代农业是以保障农产品供给，增加农民收入，促进可持续发展为目标，以提高劳动生产率，资源产出率和商品率为途径，以现代科技和装备为支撑，在家庭经营基础上，在市场机制与政府调控的综合作用下，农工贸紧密衔接，产加销融为一体，多元化的产业形态和多功能的产业体系。

（二）现代农业的基本类型

绿色农业。绿色农业是将农业与环境协调起来，促进可持续发展，增加农户收入，保护环境，同时保证农产品安全性的农业。"绿色农业"是灵活利用生态环境的物质循环系统，实践农药安全管理技术、营养物综合管理技术、生物学技术和轮耕技术等，从而保护农业环境的一种整体性概念。绿色农业大体上分为有机农业和低投入农业。

物理农业。物理农业是物理技术和农业生产的有机结合，是利用具有生物效应的电、磁、声、光、热、核等物理因子操控动植物的生长发育及其生活环境，促使传统农业逐步摆脱对化学肥料、化学农药、抗生素等化学品的依赖以及自然环境的束缚，最终获取高产、优质、无毒农产品的环境调控型农业。物理农业的产业性质是由物理植保技术、物理增产技术所能拉动的机械电子建材等产业以及它所能向社会提供食品安全源头的农产品两个方面决定的。物理农业属于高投入高产出的设备型、设施型、工艺型的农业产业，是一个新的生产技术体系。它要求技术、设备、动植物三者高度相关，并以生物物理因子作为操控对象，最大限度地提高产量和杜绝使用农药和其他有害于人类的化学品。物理农业的核心是环境安全型农业，即环境安全型温室、环境安全型畜禽舍、环境安全型菇房。

休闲农业。休闲农业是一种综合性的休闲农业区。游客不仅可以观光、采果、体验农作、了解农民生活、享受乡间情趣，而且可以住宿、度假、游乐。休闲农业的基本概念是利用农村的设备与空间、农业生产场地、农业自然环境、农业人文资源等，经过规划设计，以发挥农业与农村休闲旅游功能,提升旅游品质,并提高农民收入,促进农村发展的一种新型农业。

工厂化农业。工厂化是设计农业的高级层次。综合运用现代高科技、新设备和管理方法而发展起来的一种全面机械化、自动化技术(资金)高度密集型生产,能够在人工创造的环境中进行全过程的连续作业,从而摆脱自然界的制约。

特色农业。特色农业就是利用区域内独特的农业资源(地理、气候、资源、产业基础)开发区域内特有的名优产品,转化为特色商品的现代农业。特色农业的"特色"在于其产品能够得到消费者的青睐和倾慕,在本地市场上具有不可替代的地位,在外地市场上具有绝对优势,在国际市场上具有相对优势甚至绝对优势。

观光农业。观光农业又称旅游农业或绿色旅游业,是一种以农业和农村为载体的新型生态旅游业。农民利用当地有利的自然条件开辟活动场所,提供设施,招揽游客,以增加收入。旅游活动内容除了游览风景外,还有林间狩猎、水面垂钓、采摘果实等农事活动。有的国家以此作为农业综合发展的一项措施。

立体农业。又称层状农业。着重于开发利用垂直空间资源的一种农业形式。立体农业的模式是以立体农业定义为出发点,合理利用自然资源、生物资源和人类生产技能,实现由物种、层次、能量循环、物质转化和技术等要素组成的立体模式的优化。

订单农业。订单农业又称合同农业、契约农业,是20世纪90年代后出现的一种新型农业生产经营模式。所谓订单农业,是指农户根据其本身或其所在的乡村组织同农产品的购买者之间所签订的订单,组织安排农产品生产的一种农业产销模式。订单农业很好地适应了市场需要,避免了盲目生产。

(三)现代农业的主要特征

第一,具备较高的综合生产率,包括较高的土地产出率和劳动生产率。农业成为一个有较高经济效益和市场竞争力的产业,这是衡量现代农业发展水平的最重要标志。

第二,农业成为可持续发展产业。农业发展本身是可持续的,而且具有良好的区域生态环境。广泛采用生态农业、有机农业、绿色农业等生产技术和生产模式,实现淡水、土地等农业资源的可持续利用,达到区域生态的良性循环,农业本身成为一个良好的可循环的生态系统。

第三,农业成为高度商业化的产业。农业主要为市场而生产,具有很高的商品率,通过市场机制来配置资源。商业化是以市场体系为基础的,现代农业要求建立非常完善的市场体系,包括农产品现代流通体系。离开了发达的市场体系,就不可能有真正的现代农业。农业现代化水平较高的国家,农产品商品率一般都在90%以上,有的产业商品率可达到100%。

第四,实现农业生产物质条件的现代化。以比较完善的生产条件,基础设施和现代化的物质装备为基础,集约化、高效率地使用各种现代生产投入要素,包括水、电力、农膜、肥料、农药、良种、农业机械等物质投入和农业劳动力投入,从而达到提高农业生产率的目的。

第五,实现农业科学技术的现代化。广泛采用先进适用的农业科学技术、生物技术和生产模式,改善农产品的品质、降低生产成本,以适应市场对农产品需求优质化、多样化、标准化的发展趋势。现代农业的发展过程,实质上是先进科学技术在农业领域广泛应用的过程,是用现代科技改造传统农业的过程。

第六,实现管理方式的现代化。广泛采用先进的经营方式、管理技术和管理手段,从农业生产的产前、产中、产后形成比较完整的紧密联系、有机衔接的产业链条,具有很高的组织化程度。有相对稳定、高效的农产品销售和加工转化渠道,有高效率地把分散的农民组织起来的组织体系,有高效率的现代农业管理体系。

第七,实现农民素质的现代化。具有较高素质的农业经营管理人才和劳动力,是建设现代农业的前提条件,也是现代农业的突出特征。

第八,实现生产的规模化、专业化、区域化。通过实现农业生产经营的规模化、专业化、区域化,降低公共成本和外部成本,提高农业的效益和竞争力。

第九,建立与现代农业相适应的政府宏观调控机制。建立完善的农业支持保护体系,包括法律体系和政策体系。

(四)现代农业的特征差异

现代农业内涵丰富。何谓现代农业?我国原国家科学技术委员会发布的中国农业科学技术政策,将现代农业的内涵分为三个领域来表述:产前领域,包括农业机械、化肥、水利、农药、地膜等领域;产中领域,包括种植业(含种子产业)、林业、畜牧业(含饲料生产)和水产业;产后领域,包括农产品产后加工、储藏、运输、营销及进出口贸易技术等。从上述界定可以看出,现代农业不再局限于传统的种植业、养殖业等农业部门,而是包括了生产资料工业、食品加工业等第二产业和交通运输、技术和信息服务等第三产业的内容,原有的第一产业扩大到第二产业和第三产业。现代农业成为一个与发展农业相关、为发展农业服务的产业群体。这个围绕着农业生产而形成的庞大的产业群,在市场机制的作用下,与农业生产形成稳定的相互依赖、相互促进的利益共同体。

现代农业是物理技术和农业生产的有机结合,是利用具有生物效应的电、声、光、磁、热、核等物理因子操控动植物的生活环境及其生长发育,促使传统农业逐步摆脱对化学农药、化学肥料、抗生素等化学品的依赖以及自然环境的束缚,最终获取优质、高产、无毒农产品的环境调控型农业。

技术密集型产业。传统农业主要依赖资源的投入,而现代农业则日益依赖不断发展的新技术投入,新技术是现代农业的先导和发展动力。这包括生物技术、信息技术、耕作技术、节水灌溉技术等农业高新技术,这些技术使现代农业成为技术高度密集的产业。这些科学技术的应用,一是可以提高单位农产品产量,二是可以改善农产品品质,三是可以减轻劳动强度,四是可以节约能耗和改善生态环境。新技术的应用,使现代农业的增长方式由单纯地依靠资源的外延开发,转到主要依靠提高资源利用率和持续发展能力的方向上来。另外,传统农业对自然资源的过度依赖使其具有典型的弱质产业的特征,现代农业由于科技成果的广泛应用已不再是投资大、回收慢、效益低的产业。相反,由于全球性的资源短缺问题日益突出,作为资源性的农产品将日益显得格外重要,从而使农业有可能成为效益最好、最有前途的产业之一。

现代农业特色。相对于传统农业,现代农业正在向观赏、休闲、美化等方向扩延,假日农业、休闲农业、观光农业、旅游农业等新型农业形态也迅速发展成为与产品生产农业并驾齐驱的重要产业。传统农业的主要功能是农产品的供给,而现代农业的主要功能除了农产品供给以外,还具有生活休闲、生态保护、旅游度假、文明传承、教育等功能,满足人们的精神需求,成为人们的精神家园。生活休闲的功能是指从事农业不再是传统农民的一种谋生手段,而是一种现代人选择的生活方式;旅游度假的功能是指出现在都市的郊区,以满足城市居民节假日在农村进行采摘、餐饮休闲的需要；生态保护的功能是指农业在保护环境、美化环境等方面具有不可替代的作用；文化传承则是指农业还是我国五千年农耕文明的承载者，在教育孩子、发扬传统等方面可以发挥重要的作用。

现代农业以市场为导向。与传统农业以自给为主的取向和相对封闭的环境相比，现代农业是农民的大部分经济活动被纳入市场交易，农产品的商品率很高，用一些剩余农产品向市场提供商品供应已不再是农户的基本目的。完全商业化的"利润"成了评价经营成败的准则，生产完全是为了满足市场的需要。市场取向是现代农民采用新的农业技术、发展农业新的功能的动力源泉。从发达国家的情况看，无论是种植经济向畜牧经济转化，还是分散的农户经济向合作化、产业化方向转化，以及新的农业技术的使用和推广，都是在市场的拉动或挤压下自发产生的，政府并无过多干预。

现代农业重视生态环保。现代农业在突出现代高新技术的先导性、农工科贸的一体性、产业开发的多元性和综合性的基础上，还强调资源节约、环境零损害的绿色性。现代农业因而也是生态农业，是资源节约和可持续发展的绿色产业，担负着维护与改善人类生活质量和生存环境的使命。可持续发展已成为一种国际性的理念和行为，在土、水、气、生物多样性和食物安全等资源和环境方面均有严格的环境标准，这些环境标准，既包括产品本身，又包括产品的生产和加工过程；既包括对某地某国的地方环境影响，也包括对相邻国家和相邻地区以及全球的区域环境影响和全球环境影响。

现代农业产业化组织。传统农业是以土地为基本生产资料，以农户为基本生产单元的一种小生产。在现代农业中，农户广泛地参与到专业化生产和社会化分工中，要加入到各种专业化合作组织中，农业经营活动实行产业化经营。这些合作组织包括专业协会、专业委员会、生产合作社、供销合作社、公司加农户等各种形式，它们活动在生产、流通、消费、信贷等各个领域。

（五）现代农业的发展阶段

准备阶段。这是传统农业向现代农业发展的过渡阶段。在这个阶段开始有较少现代因素进入农业系统。如农业生产投入量已经较高，土地产出水平也已经较高，但农业机械化水平、农业商品率还很低，资金投入水平、农民文化程度、农业科技和农业管理水平尚处于传统农业阶段。

起步阶段。本阶段为农业现代化进入阶段。其特点表现为：一是现代投入物快速增长；二是生产目标从物品需求转变为商品需求；三是现代因素（如技术等）对农业发展和农村进步已经有明显的推进作用。在这一阶段，农业现代化的特征已经开始显露出来。

初步实现阶段。本阶段是现代农业发展较快的时期，农业现代化实现程度进一步提高，已经初步具备农业现代化特征。具体表现为现代物质投入水平较高，农业产出水平，特别是农业劳动生产率水平得到快速发展。但这一时期的农业生产和农村经济发展与环境等非经济因素还存在不协调问题。

基本实现阶段。本阶段的现代农业特征十分明显：一是现代物质投入已经处于较大规模、较高的程度；二是资金对劳动和土地的替代率已达到较高水平；三是现代农业发展已经逐步适应工业化、商品化和信息化的要求；四是农业生产组织和农村整体水平与商品化程度，农村工业化和农村社会现代化已经处于较为协调的发展过程中。

发达阶段。它是现代农业和农业现代化实现程度较高的发展阶段，与同时期中等发达国家相比，其现代农业水平已基本一致，与已经实现农业现代化的国家相比虽仍有差距，但这种差距是由于非农业系统因素造成，就农业和农村本身而论，这种差距并不明显。这一时期，现代农业水平、农村工业、农村城镇化和农民知识化建设水平较高，农业生产、农村经济与社会和环境的关系进入了比较协调和可持续发展阶段，已经全面实现了农业现代化。

21世纪，我国总体上已进入加快改造传统农业、走中国特色农业现代化道路的关键时期，推进农业结构调整、增加农民收入、改善生态环境、加速农业产业化与现代化进程，最终要依靠农业科技的进步与创新。现代农业园区作为农业技术组装集成、科技成果转化及现代农业生产的示范载体，是我国新阶段推进新的农业革命，实现传统农业向现代农业转变的必然选择。

但是目前我国农业园区建设用地规模占农业用地总规模的比例还不到2%。作为促进我国农业和农业科技发展的现代农业发展的载体，广东、浙江等多数省市地区都已经出台了促进现代农业园区发展的相关政策，根据规划，"十二五"期间，我国将进一步加快现代农业园区的建设步伐，增强农业创新能力，推进我国现代化农业发展。我国现代农业园区发展面临良好的机遇。

现代农业发展阶段的划分,是一个相对的概念,每一个阶段之间互相联系,不是截然分开的。中国农业部农村经济研究中心在制定指导全国的农业现代化指标体系时,制定了量化的阶段性标准,分别从农业外部条件、农业本身生产条件和农业生产效果三大方面着眼,将评价指标确定为十项:社会人均国内生产总值、农村人均纯收入、农业就业占社会就业比重、科技进步贡献率、农业机械化率、从业人员初中以上比重、农业劳均创造国内生产总值、农业劳均生产农产品数量、每公顷耕地创造国内生产总值和森林覆盖率,1—3项为农业外部条件指标,4—6项为农业生产本身条件指标,7—10项为农业生产效果指标。由于农业现代化是一个动态的概念,其评价的具体标准应随时间的推进而作相应的调整。

二 中国现代农业发展的历程

2007年1月29日,《中共中央国务院关于积极发展现代农业扎实推进社会主义新农村建设的若干意见》指出,发展现代农业是社会主义新农村建设的首要任务,要用现代物质条件装备农业,用现代科学技术改造农业,用现代产业体系提升农业,用现代经营形式推进农业,用现代发展理念引领农业,用培养新型农民发展农业,提高农业水利化、机械化和信息化水平,提高土地产出率、资源利用率和农业劳动生产率,提高农业素质、效益和竞争力。这是我国发展现代农业的战略思想和指导方针。

(一)国外现代农业模式

一般认为,现代农业是在采用大机器生产的现代工业基础上发展起来的,发达的资本主义国家大体上是从第二次工业革命开始,到20世纪七八十年代完成的。但有一些发展中的国家和地区,和我国的情况基本类似,例如,韩国的新农村建设和日本的一村一品也是在20世纪70年代末80年代初兴起的,经过近二十几年,才发展成为当前的现代农业。许多发达国家根据不同的国情,建立了不同的现代农业模式,值得我们根据不同地区的实际情况进行学习和借鉴。我们现举例以下五个典型代表:

资源高效利用型。人多地少、耕地资源短缺的典型国家是荷兰,以提高土地单位面积产量和种植高附加值农产品为主要特色。荷兰人多地狭,人口密度高达每平方千米435人,堪称世界之最。由于土地十分珍贵,荷兰人追求精耕细作,着力发展高附加值的温室作物和园艺作物,这个60

年前还为温饱问题发愁的小国,已一跃成为全球第三大农产品出口国,蔬菜、花卉的出口更是雄踞世界第一。我们曾经到荷兰进行考察,在荷兰庄稼收割完后,就种植牧草,而不是撂荒和裸地休闲,因此,很少看到开垦的黄色农田。荷兰的奶业很发达,到处都是绿茵的草地和悠闲吃草的花白奶牛,成为荷兰农业亮丽的风景线。从荷兰的经验看,这种现代农业的基本特点是:土地利用高效,生态环境良好,技术支撑有力,流通体系发达,组织体系健全,政策体系完善,主体素质较高,产品优势突出,经营收入丰厚,农产品高产、高质、高附加值,具有国际竞争力。

除荷兰外,值得一提的国家还有以色列。以色列地处中东,既缺水又少土,因此它比任何国家都注意土地和淡水的高效率使用。以色列节水农业世界第一,平均每立方水可产两三千克粮食,是我国的两三倍,水肥利用率达 80%—90%。现在以色列不仅改变了粮食、蔬菜、水果长期依靠进口的状况,而且还能大量出口农产品,甚至还有大量水产品出口。有专家说,若按以色列的土地生产率,地球可以多养活 100 亿人。

机械化现代农业型。人少地多、劳动力短缺代表性的国家是美国,以大量使用农业机械来提高农业生产率和农产品总产量为主要特色。美国农业机械化程度世界第一,是全球最典型的现代化大农业。美国平均每个农场耕种的面积近 4000 英亩。如果离开农业机械,美国农业简直寸步难行!农业机械的广泛使用,大大提高了美国农业的生产率。在美国,直接从事农业生产的人口仅占总人口的 1.8%,约为 350 万人,不仅养活了 3 亿美国人,而且还使美国成为全球最大的农产品出口国。

与美国情况差不多的国家还有澳大利亚。这个畜牧业高度发达的国家也依赖于农业机械的广泛使用。澳大利亚每个农民平均可管理 100 头奶牛或 4000 只绵羊。此外,面积仅次于俄罗斯、人口只有 3000 万的加拿大也走了和美国相似的路子。

土地生产率和劳动生产率并重型。土地、劳动力适中型比较典型的国家是法国等。这种类型的国家一般都有自给自足的小农经济传统,因此发展现代农业多以进行农业制度变革为主要特色。既重视现代工业装备农业,又重视现代科学技术的普及与推广,这类国家以提高劳动生产率和土地生产率并重为目标。为发展现代农业,法国实行了"以工养农"政策。几十年来,法国持续发放农业贷款和补贴,还由国家出钱培训农民。现在,经过几十年的努力,困扰法国上千年的小农经济已成为过去,取而代之的是世界领先的现代化农业。目前法国农业产量、产值均居欧洲之首。

日本的现代农业和一村一品。日本是个农业资源小国，是世界上人口密度最大、资源严重贫乏的国家之一。发展现代农业是日本人长期追求的目标。日本农文协1940年就主办创刊了《现代农业》月刊的综合性农村读物，是日本将农业技术和农村生活作为一个整体来对待的独一无二的刊物，在日本农村中享有较高的威望。此刊是从农村、农民的实地出发，对农业技术、农民生活、经营以及社会的存在方式提出问题并进行探讨的杂志。

日本农业是一个具有自身特色的现代农业。日本现代农业主要体现在"五个化"：一是农业生产机械化。日本在1966年已基本实现了农业机械化。目前设施农业发展很快，全国大多数地方果树工厂化栽培已基本普及。二是生产管理科学化。主要农作物的栽培要点、种植要求、气象观察、病害预警及防治等，都可以在网络中进行双向交流与咨询。三是农产品加工标准化。每一种农产品的加工都要标清其原材料名称所含成分、生产期限、保存方法以及原产地、制造者等。四是品种优良化。五是营销体系化。日本"农产品中央批发市场联合会"组成了市场销售服务系统，能够把国内80多个农产品中央批发市场、560多个地区批发市场的销售及海关每天各种农产品进出口通关量情况适时联网发布。

日本开展"一村一品"运动及社区组织建设成效显著，是现代农业的重要组成部分。该运动始于1979年的大分县。所谓"一村一品"运动，就是一个村子的居民为了提高一个地区的活力，充分利用本地资源优势，因地制宜，自力更生，建设家乡，挖掘或者创造可以成为本地区标志性的、可以使当地居民引以为豪的产品或者项目，并尽快将它培育成为全日本乃至全世界一流的产品和项目。这样的项目不仅仅是农特产品，也可以是特色旅游项目、文化项目，真正能够代表地区特色的还是农特产品开发。"一村一品"的实质是搞活地区经济的一种手段，是一个地方的象征，它代表着一个地方的社会经济发展水平，也代表着这个地方在全国和全世界市场上享有的声誉，同时还反映着这个地方的精神风貌。

20多年来，大分县开展"一村一品"运动获得了巨大的成功。在过去的20多年里，县内各地共培育出有特色的产品336种，现在一年销售额相当于94亿元人民币。其中产值达到100万美元以上的有126项，产值达1000万美元以上的有15项。人均收入在1994年就达到了27000美元。全县面貌发生了巨大变化,成为一个生活安定、环境优美、经济发达的国际化都市。这一运动在世界引起广泛关注,韩国、法国、英国、美国和俄罗斯等国家,都与大分县在互惠互利的基础上进行了交流。印度尼西亚推出了"东爪哇一村一品"标记的咖啡。美国洛杉矶制定了"一村一品"节,路易斯安那州开展了"一州一品"运动。"一村一品"运动成为欠发达国家和地区脱贫致富的楷模,成功经验成了许多国家效仿的模板,并且在众多国家和地区生根发芽。

日本一村一品成功的经验是:第一,尊重农民的首创精神,确保农民自主创业,是农业顺应市场的关键所在。政府主要是通过宣传鼓动的方式,激发各町、村及农民发展家乡特色产品、特色产业的积极性和创造性,帮助他们解决一些基础设施、技术研发等方面的实际问题。

第二,加快推进工业化、城市化进程,是解决"三农"问题的根本出路。20世纪50年代初,日本农村劳动力占总就业人口比重达50%左右,到80年代初下降到10%以内,目前不到4%,农民人均拥有耕地也从50年代初的一亩多增加为现在的30亩左右,从而大大推动了农业的规模经营,农民收入也迅速提高,像北海道的一些地方,农民人均收入甚至高于城市就业人员的平均收入,基本上消灭了城乡差别。日本农村剩余劳动力的大量转移和输出,靠的就是20世纪60—70年代日本高速发展的工业以及随之而来城市化的快速推进。

第三,走特色化之路,是发展现代农业和振兴地区经济的有效途径。日本"一村一品"运动作为搞活地方经济的一种途径和手段,关键是挖掘优势,突出特色。日本京都郊区农村一直种植传统蔬菜,他们重点选择了30多个品种,创出了京都蔬菜这一品牌,推向全国市场,其价格比其他地方生产的同类产品高出一倍以上,在市场上还供不应求。

第四,大力发展农村合作经济组织,是实现农业和农民走向市场的重要形式。日本的农协在联结农户和整合资源等方面发挥了巨大作用,使看似分散的日本小农经营走上了产业化发展的轨道,成功地实现了现代化。日本农协为农服务具有社会化、全方位等特点,较好地克服了家庭经营的局限性,促进了小生产与大市场的有效对接,对农业发展起着举足轻重的作用。2000年,日本76%的农民加入了农协,农民生产的农副产品80%以上是农协销售的,90%以上的农业生产资料是由农协提供的。日本农协组织对于农产品的统一销售,使农户可以放眼国内国际并能自主决定种什么、种多少的问题。

韩国的新农村建设。韩国是亚洲除日本、我国台湾省以外，农村现代化事业卓有成效的一个国家。韩国的农村在20世纪60年代，农民收入低，生活艰苦，居住简陋。城乡收入差距巨大。在20世纪70年代初，韩国政府把农村开发列为国家发展战略，开展了"新农村运动"。"新农村运动"的重点在于"精神启发"，始终将"勤勉、自助、合作"作为一种民族精神加以启迪。

第一阶段："新农村运动"初期，韩国政府设计了20多种改善农村生活环境的工程，如桥梁、公共浴池、饮水工程、洗衣池、修筑河堤、乡村公路、新农村会馆等，让各地农民根据自己的实际情况，选择适合当地需要的项目，政府免费向各村发放一定数目的水泥和钢筋支持这些项目。

第二阶段：1973年，政府开始对不同情况的乡村进行分类，全国的乡村分为三类，一类是基础村，新农村运动的内容是继续改善生活环境，培育自助精神；二类是自助村，运动的内容是改良土壤，疏通河道，改善村镇结构，发展多种经营，扩大农业收入；三类是自立村，运动的内容是发展乡村工业、畜牧业和农副业，鼓励和指导农民采用机械化、电气化、良种化等先进技术，制定生产标准，组织集体耕作，建立标准住宅，修建简易供水、通信和沼气等生活福利设施。

第三阶段：进入21世纪后，韩国的"新农村运动"又进入了新的阶段，由运动初期的政府提倡、督导，带有很强的"官办"性质的运动，变成了目前的完全由全民参与的民间社会运动，并且提出了新世纪的更高的发展目标。

通过20多年的努力，"新农村运动"已经取得了令人瞩目的成果，韩国国民的整体素质大幅提高，实现了经济起飞，城乡发展的差距大为缩小。2004年，韩国的人均GDP达到了14000美元，城乡居民收入比率是1:0.94。以支持农村基础设施建设为核心内容的韩国"新农村运动"，也就成了为其国内带来城乡和谐发展的主要原因之一。韩国开展新农村运动取得的成就和经验，得到联合国有关组织的关注和肯定，得到发展中国家的重视，先后有130多个国家派出人员参观、学习。

（二）农业现代化与现代农业的关系

19世纪40年代到20世纪初，是全世界传统农业向现代农业的过渡时期；从20世纪初期到50年代，是现代农业的确立时期。从农业现代化和现代农业发展的过程来看,农业现代化不仅包括生产条件、技术、手段的现代化,而且包括农业经营管理制度和农村经济社会制度的现代化,这些也都是现代农业发展的内涵。现代农业应当是一个系统工程,其中包括现代种植业、现代养殖业,现代流通加工业和现代生态休闲农业等方面。因此,我们认为农业现代化是现代农业的基础,是从传统农业到现代农业的过渡阶段,或者是现代农业的具体内容和技术及形式。农业现代化和现代农业的发展目标是共同的,应用的技术也是相同的,只是由于社会、经济和农业的发展,对农业发展的不同阶段的描述,并没有本质的区别;相反,现代农业是农业现代化的发展的总体方向。其本质含义都是要利用现代科学技术等完成对传统农业的改造。衡量农业现代化和现代农业的核心标准都是提高劳动生产率、土地生产率,经济效益、社会效益和生态效益。因此,我们认为,20世纪中后期中国开展的农业现代化是中国现代农业发展的第一阶段,目前的现代农业是第二阶段,将来还有现代农业的第三阶段,甚至更多。

(三) 中国现代农业发展的历程

我国是人口大国、农业大国,粮食短缺、水土资源紧缺的形势不可逆转,而且环境污染日趋严重,农业生产技术、农业经济相对落后,中国的粮食安全和农业可持续发展已经成为国际关注的热点。中国农业可持续发展中,目前最重要的问题就是从传统农业向现代农业的转变问题。农业现代化是中国农业的一个重要目标,是几代人的追求和理想。随着中国经济和农业的快速发展,开展中国现代农业模式和战略发展研究有重要意义。

毛泽东早在1953年12月,就在《关于党在过渡时期的总路线的学习和宣传提纲》中,提出了"促进农业和交通运输业的现代化"的字眼。1954年9月,一届全国人大政府工作报告首次提出了建设"农业现代化"的口号。毛泽东本人在读《政治经济学(教科书)》的谈话中,也正式提出了农业现代化的概念,并把它列为"四个现代化"中的一个。毛泽东认为,"在我国建立一个现代化的工业和现代化的农业基础……我们的国家(上层建筑),才算充分巩固,社会主义社会才算从根本上建成了"。为了这一目标的实现,毛泽东反复强调在发展农业的过程中,应不断提高农业的集约化水平,要采用先进的农业生产技术,对农业应施以科学的管理,等等。毛泽东对农业现代化问题的认识经历了合作化—社会化—现代化的认识历程。

20世纪90年代后期，农产品由长期短缺到总量基本平衡，江泽民又提出了"经济发达地区率先基本上实现农业现代化"。农业现代化就成为一个现实问题，需要从理论和实践上做出科学的回答。

随着"三农"问题的出现和中国农业在21世纪初期发展新动向，2005年年底，胡锦涛明确地提出，我国已经到了可以实行以工促农、以城带乡的发展阶段，加快建设现代农业，不仅必要，而且可能。在我国的一、二、三次产业中农业是最薄弱的环节。只有加强农业这个薄弱环节，才能使得国民经济的三次产业形成一个协调的关系，保证国民经济能够健康地、持续地向前推进。

党的十六大报告指出："统筹城乡经济社会发展，建设现代农业，发展农村经济，增加农民收入，是全面建设小康社会的重大任务。"2006年颁布的"十一五"规划《纲要》更是把"发展现代农业"单列一章。

2007年1月29日，《中共中央国务院关于积极发展现代农业扎实推进社会主义新农村建设的若干意见》要求，发展现代农业是社会主义新农村建设的首要任务。

我国农业经历了互助合作，人民公社和回到家庭联产承包责任制的曲折，直到90年代中后期才明确地走上以公司加农户为主要经营形式的一体化经营道路。发展贸、工、农一体化经营，把农户与国内外市场连接起来，实现农产品生产、加工、销售的紧密结合，是我国农业在家庭联产承包经营基础上扩大规模，向商品化、专业化和现代化转变的重要途径。这是在实践中长期摸索得到的一种适合于我国的农业社会化经营道路，是继美欧以后的第三模式。当前，我国农业产业化发展迅速，农村专业技术合作组织蓬勃兴起，农业企业不断壮大，共同推进了现代农业的进程。近郊地区也出现了都市农业、农业高新示范基地、生态游、农家游等，现代农业的形式和内容逐渐得到发展和体现。

在20世纪末，由于区域工业和经济发展模式的变化，导致了区域农业特色明显分化。例如，我国近年来进行了大规模的北粮南运，改变了传统的南粮北运的局面。目前粮食安全问题又成为研究热点。在21世纪初期，无论从农业发展模式，如作物种植结构、食物结构等明显发生变化，出现了新的农业研究方向，如设施农业、有机农业、农业与生物质能源的关系及发展等问题，还是从水土资源缺乏，以及环境污染增加等方面，都已经发生了很大的变化，我国"三农"问题明显突出，农业发展还存在很大的问题。现代农业发展问题战略研究显得非常重要。

我国发展现代农业既具有客观必然性，又具备现实条件。我国农业正处于从传统生产方式向现代生产方式转变的关键时期。面对工业化和城镇化的巨大需求，面对资源和环境的双重约束，只有加快推进农业生产手段、生产方式和经营理念的现代化，才能突破资源和环境的瓶颈制约，提高土地产出率和资源利用率，生产出量大质优健康的农产品，发挥农业的多种功能，保证农民增加收入。

通过现代农业的发展，农业机械成为农业生产的主力，电气化成为农业发展的动力，农业商品化生产和经营成为带动农村经济发展的拉力，科学技术和产品应用成为农业高效和可持续发展的促力。农村劳动力从是农业的主力和苦力变成为农业机械和设备的操纵者和遥控者，从靠流汗流血挣钱变成靠创新智力和先进技术和产品挣钱，将农产品送出家门、送出县门、送出省门、送出国门，成为发展农业经济的主人。

我国农业经过20世纪50多年的努力发展，在80年代以前主要是解决"粮袋子"（即吃饭）的问题，90年代主要解决"菜篮子"（即吃好）问题，2000年前后主要是解决"钱夹子"（即有钱）的问题。现代农业研究应该是解决天天都是"好日子"（即新农村建设）的问题。

三 现代农业发展目标和任务

现代农业发展有三大目标和三大任务。

（一）现代农业发展的三大目标

第一做大。转变农业发展方式，提高农业综合生产能力，增加农产品供给总量，解决好农产品总量平衡和结构平衡问题，确保国家粮食安全。

中国从农业规模这个角度来讲，粮食、农副产品、水产品、蔬菜水果总量都是世界第一位的。全世界粮食总量大约24亿—25亿吨，我国去年粮食总产量6亿吨，正好是四分之一。但是这个"大"，不仅表现现代生产的规模，而要表现生产能力强不强。总量平衡还要有个结构平衡，结构平衡下面还有个区域平衡。首要的是确保国家粮食安全，总量供给相对有回旋余地。

第二做强。发挥农产品生产比较优势，提升不同区域农业的相对竞争力和绝对竞争力。

如果说做大是基本要求的话，做强难度就要大一些。所谓的"强"

还表现在竞争力上，美国常年生产粮食4亿吨，人均粮食1000—1200千克，世界人均粮食351千克，我国人均粮食435千克，超过世界平均水平，但是与美国相比还有相当的差距。这方面就表现一个国家农业强与不强，在全球农业的竞争中地位怎么样，也是我们需要奋斗的目标之一。

第三做长。重要产业、优势产业生命力长久，生命力表现在可持续。

大到一个产业，小到一个产品，也有可持续的问题。比如说某个农产品的品种，尤其是农产品加工产业的品种，比如大家司空见惯的可口可乐就是做农产品加工产业的品种。现代农业在四化同步的背景之下，发展目标的定位是做大、做强、做长。

（二）现代农业发展的三大任务

第一，确保13亿人的吃饭问题，实现粮食等主要产品有效供给。全世界200多个国家和地区，联合国有196个成员国，除了极个别的国家和地区农业增加包括农业增加值在国民经济产业里面的比例是微不足道之外，无论是大国还是小国，无论是强国还是弱国，农业的首要任务是确保粮食安全。民以食为天，悠悠万事，唯此为大。美国前农业部部长约翰斯讲过一句话："农业重不重要？只要你今天吃饭，农业就很重要。"吃饭问题很重要，与此同时解决吃饭问题很难，而在中国解决13亿多人口的吃饭问题更是难上加难。粮食安全不仅要总量平衡，还要结构平衡、区域平衡、进出口平衡和产销平衡。工业化、城镇化没有结束之前，总量平衡难以做到。我们有四个不可逆转：一是绝对人口带来的绝对需求不可逆转。2012年的人口总量是13.54亿，这些年我们人口增长，每年是650万人左右，2012年增加了669万。二是从事农业产业的人大量减少。据统计，前年有2.63亿农民工，2013年增加1000万农民工，达到2.73亿左右的农民工在城乡之间流动。农民工数量的增加就意味着，从事农业生产者的数量减少，继而变成粮食的消费者。而这种转变性需求，在工业化、城镇化结束之前，是不可能逆转的。三是工业化、城镇化带来的最大的变化就是我们的生活水平提升，生活水平提升带给食物结构变化，粮食和农产品的压力更为巨大。如今中国人已从最初的吃饱变成吃好、吃安全，对应的农产品资源环境和资源压力是完全不一样的。四是有机农业的大量推行也在一定量上造成了粮食数量的下降。解决13亿人的吃饭问题是现在农业发展的核心目标。中央经济工作会议布置的2014年的第一大任务就是确保粮食的安全问题。

第二，增加农民收入，调动农民发展现代农业的积极性。2012年农民收入7917元，城市居民收入24565元，绝对收入差距16648元。任何一个国家现代农业发展，如果第一任务是解决粮食安全问题，第二个任务就必然是增加农民收入问题。这是任何一个大国、小国，必须有所考虑的问题，在这个问题上我们没有别的选择。从全世界的范例来看，通过发展现代农业，通过城镇化、工业化的发展增加农民收入是趋向，现代农业也应该为增加农民收入做出贡献。日本在现代农业中对农民收入是很重视的，20世纪60年代城乡之间的收入差距是1∶2，韩国20世纪70年代城乡收入差距也是1∶2。日本通过"国民收入倍增计划"，韩国通过"新农村运动"用二十年就解决了这个问题，以至于日本现在是全世界农民收入高于城市居民的为数不多的国家之一，而韩国在20世纪90年代末城乡之间也没有所谓的收入差距。那么现代农业如何为农民收入做贡献，不外乎是价格的问题，不外乎是补贴问题，不外乎是转移支付的问题，不外乎是东部地区发展高端农业、增加效益的问题。农民收入与现代农业发展也是农业农村经济发展第二大问题。

第三，实现农业可持续发展，现代农业建设应该对生态文明做正面贡献。我们过去对现代农业的认识，长时间停留在所谓的现代农业保供给、保增收两大目标上，可持续发展很长时间没有列入我们所谓的目标选项之一，但是现在看起来，现代农业发展如果有第三个目标，可持续发展是必需的选项和选择。党的十八大提出了生态文明建设要置于经济建设、政治建设、文化建设、社会建设四位一体之中，形成五位一体发展格局。十八届三中全会更加强化市场经济、民主政治、先进文化、和谐社会加生态文明。生态文明关乎国计民生，关乎民族福祉，关乎我们子孙后代。那么现代农业在这个目标上，如果不做正贡献，那么一定就是负贡献。我们检讨传统农业，当然不适应现代社会发展的要求。农耕文明，在现代社会背景之下，显然是不可取的。但是传统农业提供的两个东西是正面的：一是传统农业提供的产品是安全的；二是传统农业提供的环境是安全的。反过来看现代农业，一定层面上不同阶段所谓的现代化的表述是不一样的。早期所谓的现代化是指化肥化、水利化、机械化、电气化。化肥用到现在对农业是正贡献还是负贡献？没有是万万不可的，但是有不一定就意味着无节制的使用。2012年我们化肥的进口量和大豆量是一样的，5838万吨，全世界我们的化肥使用量，从单位面积来看仅次于韩国。现代农业一定要在生态环境上做贡献，生产技术先进、规模经营适度、市场竞争力强、生态环境可持续，这个标准非常高。从发展角度讲，怎么样强化农业基础设施建设，如何增加农业的投入，如何给予农产品稳定的价格保障，如何提高种粮农民的积极性；从改革的层面来讲，任务更加艰巨，十八届三中全会对农业和农村的要求也是非常明确的，全面深化农村改革，促进现代农业发展。

四　中国现代农业发展的趋势

（一）中国现代农业发展的趋势

第一，土地资源大整合，规模化经营趋势加速。随着工业化和城镇化发展，农民非农就业和进城就业机会增多，许多农民不愿经营农业，或通过土地流转，或建立合作经济组织，实现土地资源的加速整合，由千家万户小规模分散种植向大规模集约种植转变。有些地区实现了整村、整建制乡镇的土地流转和规模化经营。[①] 农业生产的规模化水平不断提高，为现代农业发展奠定了重要基础。

第二，资本大注入，农业产业化进程加快。当前我国正处于经济转型的重要时期，社会闲散资金丰富，许多过去经营矿业、房地产和工业的资金纷纷抢滩农业，通过土地经营权流转承包大面积土地，通过资本密集投入发展现代农业，走产、供、销一体化的产业化道路，加快了农业产业化、规模化、专业化和标准化建设。

第三，主体大转换，企业、农业大户及合作经济组织逐渐成为农业经营主体。土地流转后，大多数小规模农户退出了种植业甚至农业，由农业经营者转变为劳务提供者或个体业主。农业经营主体由数量庞大的小农户向数量有限的农业企业、农业大户及合作经济组织等经营主体转换。经营主体的大转换，为培育现代农业经营主体群奠定了良好的基础，同时也为以千万农户为基础的生产服务体系建设提出了变革要求。

第四，科技大支撑，农业发展水平不断提高。与传统农业发展不同，现代农业发展不仅注重产品产量和质量，还包括食品安全、环境保护、生态建设等目标，需要农艺技术、物资技术、装备技术、信息技术、工程技

---

① 张伟：《我国现代农业发展的趋势与对策研究》，《河南农业科学》2013 年第 42 卷第 8 期，第 197—200 页。

术、资源利用技术、生态保护技术等多领域、多层面、全方位综合技术的集成应用。当前,我国农业科技发展具备了支撑现代农业快速发展的条件,各地现代农业发展涌现出一批科技水平高、综合示范性强的科技示范基地。

第五,功能大拓展,农业内涵更加丰富。随着大量现代资本注入和农业企业的发展,以工业化理念经营农业、以企业化方式管理农业已成为现代农业发展的新趋势。农业由传统的第一产业向一、二、三产业融合发展,农业发展纵向向产前、产后延伸,横向向生态休闲及文化教育服务功能拓展。农业不仅具有生产功能,还具备展示、教育、体验、观光和休闲服务功能,甚至把农业产业发展与当地历史文化相结合,体现历史农耕文明与现代生态文明的和谐统一,大大丰富了农业内涵,拓展了农业功能,提升了农业效益,成为现代农业发展的又一重要特征。

第六,园区大发展,成为现代农业发展的重要载体。全国上下都在把发展农业科技园区、现代农业园区以及各种农业特色产业园、农业休闲观光园作为现代农业发展的样板,通过园区建设探索现代农业发展的模式、路径和经验。在园区内,通过各种现代基础设施建设、现代生产要素的引进和现代农业技术的示范应用,建立相对完善的现代农业产业体系,打造当地现代农业发展高地和先导区,示范带动其他农区现代农业发展。实践证明,发展各种现代农业园区是我国推进现代化建设的一条成功有效的途径。

第七,产业大集聚,成为现代农业发展的主要途径。现代农业产业是涉及农业生产及产前、产后各产业配套发展的产业体系,发展现代农业就是以农业规模化生产为基础,把农产品精深加工、包装贮藏、物流配送和配套服务等产业,在一定范围内集聚发展,形成相互关联、相互依托、相互支撑的产业体系的过程。产业集聚的企业越多、产业越全,产业体系越完善,现代农业发展的水平也就越高。凡是现代农业发展好的地方,都是农业产业集聚度比较高、农业产业实现集群式发展的地方。

第八,方式大转变,农业发展转型加速。随着农业规模化水平的提高,农业发展方式加速转变,传统农业向现代农业转变的速度加快。在生产上,农业加速向专业化、规模化、标准化转变;在经营上,农业加速向企业化、产业化、信息化、品牌化转变,小农经济加速让位于规模经济,农业在基础设施条件、生产经营手段、产业经营方式等方面都在加速转变。由此可见，我国农业正处于向现代农业加速转型的重要阶段。

(二) 我国现代农业发展存在的主要问题

第一，土地利用的非粮非农化突出。唯利是图是资本的天性，产业资本注入农业，是为了抢占土地这个唯一没有资本化的资源。资本进入农业多半瞄准的是养殖、蔬菜、林果等高效农业产业，而不会热衷粮食这种低效产业，尤其是在当前土地流转成本较高的状况下，种植粮食作物盈利空间较小、风险较大，种植非粮作物的预期效益较高，也是大多数土地承包企业的选择，土地流转在一定程度上推动了土地的非粮化。另外，有些企业在土地流转后，通过发展休闲观光农业，建设了生态餐饮、休闲娱乐甚至疗养休闲服务设施等，加快了土地的非农化利用。如此下去，必将对我国粮食安全造成潜在威胁。

第二，产业选择盲目和布局随意。农业特别是种植业，可供选择的产业和品种十分有限，种植业中通常所说的高效农业主要是蔬菜、林果、花卉、药材、食用菌等农产品种植业，而林果、药材种植有较强的生态区域性，食用菌受较强的资源制约，并且各种农产品受需求总量和增长速度制约，不可能为快速发展提供足够的需求容量。企业经营农业，选择好项目后，往往是在哪里流转到土地就在哪里干，没有考虑到产业的合理布局和产品的适应性问题，对发展什么产业、怎么发展，缺少与大区域规划的有效对接，存在项目选择的盲目性和生产布局的随意性，一旦存在经营风险，会造成较大的投资和资源浪费。如2012年冬季，全国各地出现的露地蔬菜难卖的问题，就是设施蔬菜面积急剧发展，精细蔬菜供给增加，导致露地蔬菜积压的结果。

第三，失地农民的就业缺乏保障。土地流转要建立在农民离乡进城实现稳定就业的基础上，但在我国农民进城难以实现稳定就业，或部分处于隐形失业状态，土地流转的速度快于农民就业问题解决的速度。有些地方还存在强制流转的问题，一旦经济发展不能为农民工提供较多的就业机会，将出现大量农民无法就业的问题，从而可能引发社会问题。稳妥推进土地流转，必须先解决农民就业和社会保障问题，这是"三化"协调发展的难点和重点，也是现代农业发展中不可忽视的问题。

第四，农业服务方式转变滞后。随着工业化和城镇化的加快，土地流转需求日益迫切，农业经营主体的转换需要一批提供产业规划、运营指导、产品营销、技术综合服务的综合性公司。同时，面对千家万户要成立像日本农协那样真正属于农民的专业合作经济组织,在农业信息、农业技术、生产物资供应、生产作业、产品销售方面提供综合配套服务。目前,我国农业专业服务组织发育滞后,对现代农业发展服务水平还比较低,合作经济组织建设还处于自发状态,缺少政府的有效组织和规范指导,导致许多大企业流转土地后,不知道如何建设和发展现代农业;广大种粮农户由于处于分散无助的状态,不能通过自身的互助合作解决土地科学经营问题。

五 深化农村改革,加快发展现代农业

加快发展现代农业,必须努力深化农村改革。

(一) 把握新的阶段性特征,加强建设现代农业的紧迫感

从当前情况看,确保我国粮食安全和重要农产品有效供给的任务十分艰巨。我国部分农产品供给增幅赶不上需求增长速度的矛盾已经显现。近年来,城乡居民对农产品的消费需求发生了重要变化。一是城镇居民人均直接消费的农产品数量开始基本稳定,但对加工食品、绿色食品的消费数量开始明显增加。二是农民表现出对农产品自给性消费减少而商品性消费增加的趋势,同时又呈现出人均消费的口粮下降而对食用植物油、肉禽蛋奶和水产品消费数量增长的趋势。三是城镇化使农业转移人口直接消费的农产品数量有较大幅度增长,2011年城镇居民人均消费的鲜菜和食用植物油分别比农民多28%和24%,猪牛羊肉、家禽和禽蛋多51%、136%和87%,水产品多出近2倍。显然,我国当前的农产品供求已呈现"总量基本平衡、结构性矛盾突出"的局面。

为了满足社会对农产品快速增长的消费需求,近年来我国对部分农产品的进口数量明显增加。我国是一个人均农业自然资源稀缺的国家,需要合理利用国际资源和国际市场,以减轻国内的资源和环境压力;但我国又是世界上人口最多的国家,必须牢记2012年年底中央经济工作会议发出的警示:"我国有13亿人口,只有把饭碗牢牢端在自己手中才能保持社会大局稳定。"从我国的国情看,再靠增加自然资源的投入来发展农业已没有多少余地,再靠增施化肥农药来增加农产品产量不仅提高成本更会破坏环境。因此,要端牢我们自己的饭碗,就必须加快建设现代农业,舍此别无他途。

建设现代农业,离不开大兴农田水利、加强科技服务、不断提升农业

的物质技术装备水平,更离不开深化改革、创新农业经营体系、发挥体制机制优势,激发农业生产要素本身的活力。加快农业经营体系创新、提高农民生产经营活动的组织化、社会化程度,已成为建设我国现代农业必须突破的一大瓶颈。

(二)创新农业经营体系是建设现代农业的制度保障

以家庭承包经营为基础、统分结合的双层经营体制,既是我国农村改革已经取得的最重要的制度性成果,也是走中国特色农业现代化道路的现实起点。我国的农村基本经营制度包含着三重内容:一是农村土地农民集体所有;二是集体土地承包到户实行家庭经营;三是一家一户办不了、办不好、办起来不经济的事情通过多种形式的统一经营去解决。只有把握住这三者内在的紧密联系,才能准确理解我国农村基本经营制度的深刻内涵。

当前,农业农村领域正在发生一系列深刻变化,家庭经营面临着不少新情况、新问题,迫切需要通过发挥统一经营的作用去寻求解决的办法。农业要以家庭经营为基础,主要是由农业生产自身的特点决定的。农业是一个经济再生产与自然再生产相交织的特殊产业,需要人类在自然环境中通过利用和控制动植物的生命过程来从事生产活动,在这种充满不确定性的复杂条件下要保证农产品的顺利成长,就必须依靠农业生产者对它们及时和精心的照料。而要做到这一点,最简单的办法就是使农业生产者成为他所生产的农产品的主人,不需要别人监督,不需要计算劳动付出,他们会为了自己的经济利益而竭尽全力。正是由于农业的这些特点,人们才普遍选择了家庭经营的方式。即使在已经实现了现代化的国家中,农业仍普遍实行家庭经营。因此所谓"家庭经营已没有前途"的观点是不能成立的。在工业化手段的推动下,一些农产品实现了工厂化的生产,动植物生长的环境可以控制,雇员付出的劳动能够计量和监督,对每个生产环节是否符合标准也可以及时检测。但这样的农业毕竟只占很小的部分。在大多数情况下,农业的发展一要靠农业人口的减少而逐步扩大经营规模,二要靠现代物质技术的投入而提高效率,三要靠通过合作和社会化服务来弥补家庭的不足,但家庭经营本身始终是难以被替代的。

随着农业人口的逐步转移,我国农业家庭经营的规模也将逐步扩大,专业大户、家庭农场、农民合作社等新型农业经营主体将逐步形成。要因地制宜推动家庭经营向采用先进科技和生产手段的方向转变,增加技术、资本等生产要素投入,着力提高集约化水平。但家庭经营只靠自身的力量毕竟难以应对生产经营各环节中的所有问题,因此,还要从实际出发推动统一经营向发展农户间的联合与合作,向形成多元化、多层次、多形式的农业社会化经营服务体系的方向转变。在推动这"两个转变"的基础上,逐步构建党的十八大报告所提出的集约化、专业化、组织化、社会化相结合的新型农业经营体系。

(三)维护农户合法财产权益,优化生产要素组合是建设现代农业的重要前提

培育新型农业经营主体,发展农户间的合作与联合,构建多元化、多层次、多形式的农业社会化经营服务体系,都离不开农业生产要素的必要流动和优化组合。因此,必须建立严格的制度,切实维护好农户的合法财产权益,才能为农业生产要素的顺畅流动和优化组合创造适宜的环境。

我国农业发展经历过曲折的道路,其中值得牢记的一大教训,就是如何正确对待农户的合法财产权益。20世纪50年代的农业合作化运动虽然奠定了我国农村土地集体所有制的基础,但"谈合色变"的余悸却至今影响着农业生产要素的合理流动。农村改革以来,为了使农民"定心",党和国家对农户的土地承包经营权一再强调要长期稳定,把承包期限从开始的15年再延长30年。2007年3月十届全国人大五次会议通过的《物权法》,明确把农村土地承包经营权、农民宅基地使用权等界定为"用益物权"。2008年党的十七届三中全会通过的决定又进一步明确"现有土地承包关系要保持稳定并长久不变"。党的十八大报告更是明确要求"依法维护农民土地承包经营权、宅基地使用权、集体收益分配权"。但要切实维护农民的这些权益,首先就需要进行"确权"。农村土地承包到户已逾30年,但对承包关系的管理方式,大多还停留在类似租赁关系的合同管理上。《农村土地承包法》中关于"承包期内,发包方不得收回承包地"和"承包期内,发包方不得调整承包地"的规定,在不少地方实际上并未得到切实执行。不少农民对土地承包经营权的稳定性仍缺乏信心,自然就不敢放心流转土地的经营权。

《物权法》的颁布实施,为增强农民对承包土地稳定性的信心提供了有力支撑。当前的关键是要把法律赋予农户的权利真正落到实处,这就必须对农村土地实行普遍的"确权、登记、颁证"。目前,国土资源和林业部门已经对大部分农民集体所有土地(包括林地)的所有权进行了确权

和登记、颁证的工作也正在进行之中。农业部门已经在部分县市开展了农户土地承包经营权的确权、登记、颁证试点工作,并将逐步扩大试点的范围。这些基础性的工作都将有助于维护农户对土地承包经营权的合法权益,也为法律有效保障农户流转土地经营权后的合法权益提供了有力支撑。

从农户的合法财产权利得到法律有效保障,到农业生产要素真正进入流转,其间还有一系列问题需要解决。首先是信息对称与服务。有些农民家庭的主要劳动力外出打工了,家里的承包地可以流转出去,但有谁愿意转入土地却不清楚;同样,有愿意扩大经营面积、希望转入土地的,却不了解有谁愿意转出土地。这就需要有中介来建立平台以提供相应的信息。信息畅通了,真正要实现流转,还需要有一系列服务,如法律法规和政策的咨询,提供土地租金的参考,关于合同的签订以及纠纷的调解,等等。其次必须明确,土地承包经营权等农业生产要素流转的主体是农户,必须坚持依法、自愿、有偿的原则,切不可不顾农户的意愿强制推行。在进城农村人口不稳定、家庭迁徙不完整的背景下,农业生产要素的流动实际上还受着多重因素的制约。据第二次农业普查的资料显示,2009年,我国尚有农村住户2.22亿户,其中农业生产经营户1.98亿户,这其中纯农户有1.67亿户,其余为农业或非农业兼业户。可见在农村住户中,真正脱离农业经营的仅占10.81%,而纯农户的占比却高达75.23%。这说明,尽管有些地方农村生产要素(主要是耕地)流转和集中的条件确已具备,但这并不能代表当前整个农村的基本状况。据农业部门的统计,目前农村流转的耕地已占到农户承包耕地总面积的20%左右,应当说,相对于农业生产经营户占农村住户89.19%的比重,这已经是一个不低的份额。因此,农村土地承包经营权的流转、集中和规模经营必须与农业人口的转移程度相适应。同时,规模经营可以有多种形式,并非一搞规模经营就非要让大多数农民放弃对承包地的经营权。采取什么样的土地流转、集中和规模经营的具体形式,应当尊重农民的意愿。发展农民自愿组成的合作组织,既可以发展规模经营,又能维护农户经营主体的地位。

(四)发展新型农民合作组织是建设现代农业的现实途径

我国农业生产的组织化程度低,主要反映为农民合作组织发展不足。虽然村民委员会覆盖了整个农村,但它主要是提供社会管理和公共服务的自治组织。而为了发展生产,农民除了需要村级自治组织,还需要有能够带领他们进入市场的经营性组织,这就是多种形式的新型农民合作组织。农民专业合作社法颁布以来,农民合作组织有了明显发展。但总体看,还普遍存在着经济实力弱、经营规模小、服务水平低、制度不健全等问题。在我们这样一个小规模经营农户所占数量巨大的国家,不发展多种形式的新型农民合作组织就难以真正发展现代农业。党的十八大报告也明确提出要发展农民专业合作和股份合作,因为合作组织能够在保持农户主体地位的基础上推进生产的社会化。因此,要根据建设中国特色现代农业的客观要求,把大力发展多种形式的新型农民合作组织放在创新农业经营体系的重要位置。既要把它作为发展集约化、规模化、专业化、标准化的现代农业经营体,以提高农业生产的组织化和社会化程度;又要把它作为国家支持农业发展的重要渠道,使国家对农业的投入更多地向具备条件的农民合作组织倾斜,以形成更多有效资产和现实生产力。这不仅能提高合作组织的经营效益,更能增强合作组织在农民中的凝聚力,以吸引更多农户自愿参与多种形式的联合与合作,从而推动农业经营体系的创新,加快我国现代农业的建设步伐。

第二节 大力培育新型农民

"农民"这一称呼在我国延续几千年,不管历经怎样的分化,在阶层构成中,农民始终是一种身份与职业的混合体。他们生活在农村,从事的是农业生产。进入新世纪,农民向城镇非农产业转移就业速度逐步加快,农业从业者的数量骤减、结构失衡、素质下降。发展现代农业的主体缺位,已成为全社会关注的焦点,也引起中央的高度重视。2005年"百万中专生计划"首次从国家层面提出培养职业农民,2006年"中央一号文件"和2007年十七大报告对"有文化、懂技术、会经营"的新型农民培养尤其重视,2012年"中央一号文件"首次将"新型"和"职业"结合,提出要大力培育新型职业农民,首次将推进农民职业化摆上日程。文件提出"大力培训农村实用人才,以提高科技素质、职业技能、经营能力为核心,大规模开展农村实用人才培训"、"大力培育新型职业农民,对未升学的农村高初中毕业生免费提供农业技能培训,对符合条件的农村青年务农创业和农民工返乡创业项目给予补助和贷款支持"。

一 培育新型农民

新型农民是指有文化、懂技术、会经营的农民。培育新型农民，对解决"三农"问题意义重大。

（一）培育新型农民的意义

一是建设社会主义新农村的迫切要求。新农村建设的出发点和落脚点是农民。为了调动农民的积极性、主动性和创造性，需要培育有文化、懂技术、会经营的新型农民。如果不着力于农村地区的人力资源开发，激发农民的潜能和创造力，即便有再好的优惠政策，再多的人、财、物力支持，也只能起到暂时的"输血"功能。只有依靠农民自己的聪明才智和勤劳双手，充分发挥亿万农民群众的主力军作用，才能变"输血"为"造血"，最大限度地解放和发展农村生产力，推动新农村建设的快速健康发展。从长远来看，新农村初步建成后，也必须依靠具有高素质的新型农民去管理和再建设。

二是统筹城乡经济社会发展的必然要求。提高农民素质是促进传统农业向现代农业转变，从根本上解决"三农"问题的关键所在，是加快转移农村富余劳动力、推进工业化和城镇化、将人口压力转化为人力资源优势的重要途径，也是促进农村经济社会协调发展的重要举措。建设新农村，必须全面提高农民素质，包括文化素质、科技素质、人文素质。工业化是变农民为工人的工程，城市化是变农民为市民的过程，农业产业化是传统农民变为现代农民的过程，这些都对培育新型农民提出了更高要求，我国拥有9亿农民，要从根本上改变城乡二元结构，实现城乡协调发展，必须采取更加切实有效的措施，培育规模宏大的新型农民队伍，把巨大的人口压力转变为人力资源优势，为建设新农村提供充足的人力资源保障。

三是现代农业发展的现实需要。当前，我国的农业产业和农业经营方式正在进行分化，传统的种养业正在向产前、产中和产后等产业部门演进，农业经营方式正在从传统的以生产初级产品为主向产加销、农工贸一体化经营演进，这表明我国农业正在由传统农业向现代农业过渡。在传统的农业生产中，农民主要依靠长辈们的言传身教来获得技术，大部分农民没有受过系统正规的农业技术教育和职业培训。而现代农业是以相对完善的生产条件和物资装备为基础，有效运用现代化的生产手段、科学知识和管理方式等要素组织生产经营的农业，对农民的科学技术和管理水平要求越来越高。如果没有现代化的知识型农民，就不可能有现代化的农业。当前，我国农业经济正处在结构调整时期，优质、高效、生态、安全农业的发展，农业产业化经营的扩大，农产品竞争力增强，都迫切需要提高广大农村劳动力素质。

四是增加农民收入的重要途径。人力资本的积累是经济增长的重要源泉，教育是使每个人收入分配趋于平等的重要因素。众多研究成果表明，农民文化教育水平与经济收入存在正比例关系。究其原因，一是较高素质的农民可以更快地提高农业劳动生产率。据联合国教科文组织统计，20世纪80年代末具有小学文化程度的农民可使劳动生产率提高43%，中学文化程度可提高108%，大学文化程度可提高300%；二是农民文化程度越高，调整产业结构的能力越强，其获得的非农业收入也越多；三是农民文化素质越高，职业的选择性和适应性越强，个人发展机会越多。总体来看，要进一步提高农民收入，必须培育符合时代要求的新型农民，增强农民在市场竞争条件下依靠自身良好素质而增收的能力。

（二）新型农民的内涵

党的十六届五中全会通过的《建议》明确指出："有文化、懂技术、会经营"的农民是新型农民的内涵。

"有文化"，是指新型农民必须具备一定的文化知识。文化知识首先是语文、数学等最基础的知识，这也是获得其他一切知识的起点。在此基础上，文化知识包括历史常识、自然常识、法律常识，物理、化学等自然科学知识，以及哲学、经济、政治等人文科学知识。而要做到这一点，需要把农民教育全面提高到高中阶段以上水平。

"懂技术"，是指新型农民必须掌握一定的科学技术，特别是掌握与农业生产和现代农业相关的实用技术。主要包括科学种田技术、畜牧水产养殖技术、林果栽培及保鲜加工技术、病虫害防治技术等。只有掌握这些技术，才能在实际生产中提高劳动效率，保护好生态环境，以利于创造高效优质农业，提高农民生产水平和生活质量。

"会经营"，是指农民必须具备一定的适应市场经济发展的经营管理能力。"无农不稳，无工不富，无商不活"。在市场经济条件下，农村经济发展单靠农业是不行的，应该走农、工、商一体化的道路。农民在从事农业生产、农副产品加工的同时，应学会掌握经营之道，善于把自己的农副产品变成商品，搞活流通，实现良性循环。这就需要农民改变传统的生产方式，学会根据市场需要来生产，按照价值规律、供求关系来调整产品结构，通过市场增产增收，靠经营致富。

"有文化"、"懂技术"、"会经营"，三者之间是相互联系的。"有文化"是前提和基础，培育新型农民必须从加强农民的文化教育开始。"懂技术"和"会经营"则是指科学文化知识在生产和经营中的运用，也是促进农民学习文化知识的目标和动力所在。

（三）我国农民素质的现状

一是农民受教育程度低下，整体素质不高。资料表明，全国4.9亿农村劳动力中，高中及以上文化程度的只占13%，初中占49%，小学及小学以下的占38%，其中文盲和半文盲占7%。当前我国农村的职业教育更为薄弱。统计显示，我国35岁以下的农村青年劳动力中，受过专业技能培训的不足1%，接受过农业职业教育的不足5%。大多数农民工没有经过劳动技能培训，缺乏技术，外出务工只能在运输、建筑、搬运等行业进行粗、重体力劳动。据统计，农村大专以上文化程度占从业人口的比例只有0.14%，2003年全国592个重点贫困县的剩余劳动力中，有2/3以上的劳动力因文化程度、身体和年龄方面的限制达不到城镇企业所要求的就业条件而无法转移。农民的整体文化科技水平不高严重影响了社会主义新农村建设。

二是农民经营素质相对落后。目前我国农民大多仍采取传统方式从事农业生产经营活动，开拓市场、搞活流通的经营水平不高。在小规模分散经营与大市场的矛盾面前，他们往往感到无所适从，导致生产与市场脱节；小农意识比较严重，不能正确处理和认识眼前利益与长远利益的关系，缺乏主动进入市场、承担风险的勇气。缺乏长远的经营规划，对以市场为导向、以科技进步为支撑、以深加工为重点、发挥资源优势、发展地方特色的农业经济感到力不从心，致使广大农村缺乏家庭农场式的农业规模经营，缺乏工厂化、企业化生产组织形式，缺乏"公司＋基地＋农户"的集约化经营方式。

三是农民思想道德素质水平有待提高。新农村建设要求农民具有良好的家庭美德、社会公德、职业道德，虽然中央及各级政府多次在农村开展扫盲工作，培养爱学习、讲科学、懂技能、守纪律的新农民，使农民的思想道德素质有一定提高，但仍存在不少问题，主要表现为：各种陈规陋习、落后的封建习俗、封闭自守的小农文化还根深蒂固；环保、公德、仁爱意识较淡薄，吵架斗殴、争田边地角等现象时有发生；文明、健康、卫生、节俭意识，正确的婚育观、消费观，尊老爱幼、男女平等、夫妻和睦、邻里团结的良好生活方式也有待形成；少数农民传统道德理念退化；对兴办社会公益事业不积极、不主动，社会公德、家庭美德和职业道德等意识较淡薄，不赡养老人、遗弃女婴的现象仍有发生。

四是农民基层文化生活比较单调。目前农村文化基础设施建设落后，文化事业费占财政总支出不足1%，受资金投入不足的影响，大部分乡、村没有文化站或文化活动室，缺乏合适的演出场地，没有放映电影的条件，没有开展活动的场所等。农民平时除了看电视，主要是打麻将和赌牌，这使得农村社会风气恶化，社区文化建设基本上是空白，封建迷信屡禁不止，农民精神生活单调。

（四）培育新型农民的主要措施

第一，加强农村基础教育，提高农民的文化素质。一是各级政府要进一步加大投入，满足农村基础教育发展的基本需求。近年来，各级政府对教育的投入虽明显加大并向农村重点倾斜，但与当前国际上对教育投入一般占国家GDP总量的4%—5%的平均水平相去甚远，与社会主义新农村建设对教育发展的需求也有较大差异，各级政府还应当在农村义务教育、农村危房改造、农村远程教育、农村学校的图书馆及实验设备等方面进一步加大投入。二是进一步加大对农村教育的帮扶力度，推动城乡教育均衡发展。一方面，城市教育资源要更多地面向农村的孩子，要制定各种优惠政策，如进城农民工子女就学与城市一视同仁，城市各级各类学校招收农民工子女时在费用上予以减免，使其能够有机会共享城市教育资源。另一方面，通过帮助农村薄弱学校改造，派出教师到农村学校支教、轮教等多种形式，努力办好每一所农村学校，缩小城乡教育差别；三是要加快普及和巩固九年义务教育进程。一方面要知难而进，扎扎实实完成"两基"人口覆盖率达到100%的预期任务；另一方面已经达标验收的县也要进一步做好巩固提高工作，不断改善办学条件，确保农村中小学生的入学率和完成率等指标不下滑，努力使农村的孩子都能够完成九年义务教育。

第二，加强农村职业教育，提高农民的劳动技能和创业能力。发展农村职业教育主要有以下途径：一是实施绿色证书工程，按照农业生产岗位规范要求，加大绿色证书培训力度，培养更多的农民技术骨干；二是实施青年农民科技培训工程，重点对农村优秀青年进行以科技为主的综合性培训，培养农村致富带头人和建设社会主义新农村的中坚力量；三是实施新型农民创业培植工程，选拔能开展规模化生产和具有创业能力的优秀学员，通过政策引导、信息服务、创业资金扶持和技术支持，培植规模化和专业化生产经营的农业大户和农民企业家，创建一批种植养殖示范园，兴办农产品加工企业；四是实施农村劳动力转移就业培训"阳光工程"，加强农村富余劳动力转移前的引导性培训和职业技能培训，充分开发和利用农村劳动力资源潜力，增强农民转产转业的信心和技能，提升在二、三产业的就业能力和竞争力；五是积极实施农业远程培训工程，运用现代教育手段，发挥远程教育优势，通过广播、电视、网络、卫星和光盘等将农业先进实用技术和农民致富信息及时送给广大农民。

第三，加强农村思想道德建设，提高农民的道德水平。要立足农村和农民实际，坚持不懈地进行党的方针政策教育，进行爱国主义、集体主义、社会主义教育，进行正确的世界观、人生观、价值观教育，引导农民群众坚定跟共产党走社会主义道路、坚定建设新农村的理想信念。要帮助农民增强发展、效率、竞争意识，促成村村谋发展、家家忙致富、人人思上进的好风气。要把"八荣八耻"社会主义荣辱观作为核心内容，结合农民生产生活实际，进行丰富多彩的教育活动，引导农民知荣辱、明是非、辨美丑、讲文明。要以诚实守信为重点，倡导社会公德和家庭美德，促成团结互助、平等友爱的好风气。要深入开展移风易俗活动，引导广大农民划清科学与迷信、文明与愚昧的界限，树立正确的婚育观、消费观，革除烧香拜佛、婚丧事大操大办等陈规陋习。

第四，繁荣农村文化事业，满足农民的精神文化需求。各级财政要增加对农村文化发展的投入，加强县文化馆、图书馆和乡镇文化站、村文化室等公共文化设施建设，积极建设农村文化大院和健身广场，继续实施有线电视"村村通"和农村电影放映工程。通过"三下乡"带动、节庆促动、民营企业助动等多种途径，积极开展多种形式的群众喜闻乐见的文体活动。保护和发展有地方和民族特色的优秀传统文化，创新农村文化生活的载体和手段。完善乡村文化设施，扶持发展各种文化团体，充实、丰富和活跃农民群众的文化生活。高度重视发展农村社会事业，通过大力发展农村教育、卫生、文化事业来提高农民文化素质、健康水平和思想道德水平，从而真正提高农民的自我发展能力，保护和发展农村生产力，丰富农民精神生活。

二 培育新型职业农民

2012年,新世纪第九个"中央一号文件"《关于加快推进农业科技创新持续增强农产品供给保障能力的若干意见》将科技创新和人才培养作为支撑现代农业发展、增强农产品供给保障能力的关键力量,并首次提出大力培育新型职业农民。这是中央统筹城乡,推进工业化、城镇化与农业现代化"三化同步"发展又一新的重大战略决策,党的十八大则进一步把这种时代的背景概括为新型工业化、信息化、城镇化和农业现代化的"四化同步"发展。时代的变革要求我国农民必须由身份型向职业型转变,这也为当前和今后一个时期新型职业农民培养指出了方向和目标。

(一) 新型职业农民的内涵

在农业现代化改造过程中,农业在生产技术和劳动组织形式上发生了改变,引起了农业生产力的革命,促进了传统农业由自给自足的小规模农业生产向市场经济下规模化、机械化的现代农业发展,"农民"在这一现代化的进程中,也通过分工分业,提高了专业化水平,实现了职业化的转变,形成了一个与现代农业专业化分工体系相适应、相配套的新型职业农民群体。伴随城镇化发展,"农民"的身份方面的界定正不断被职业内涵所替代。新型职业农民是顺应中央统筹城乡、推进"四化同步"发展要求提出的对发展现代农业主体的素质要求。新型职业农民是把从事农业生产经营服务作为自身职业的人员,具有较高的科技文化素质、专业生产技能和职业道德素养,具有较强的自我发展能力和市场竞争意识,具有稳定的工作岗位和收入来源,是职业化程度较高的农业劳动者群体,包括农业工人、农业经营主、农业企业家、农业技术专家、农业管理人员等。

随着现代农业专业化分工的深化、细化,把小规模生产的农户分解,进行职业上的分化,实现农民身份的多种转变,即从传统的单一农民分化出农业生产者、经营者,非农产业的生产者、经营者和城市市民等多种职业。在工业化、信息化、城镇化和农业现代化的"四化同步"发展进程中,农民已经成为一种职业表述,而非身份界定。传统农民是社会学意义上的身份农民,它强调的是一种等级秩序;而新型职业农民更类似于经济学意义上的理性人,它是农业产业化乃至现代化过程中出现的一种新的职业类型,是进入现代农业产业体系的农业从业(创业)者,是农业产业化发展和社会分工分业下的一种新的职业类型,符合现代农业产业化、市场化、社会化的要求，应当享有与其他行业劳动者同等的职业保障和权益，接受相关的职业教育和培训，同样需要职业生涯的规划。

（二）新型职业农民的两个维度

在资本主义发展较早的西方国家，由于产业的分离和分工的具体化以及土地的完全私有化和市场化，西方国家的农业从业人员逐步职业化，特别是在政府对农业实行标准化生产指导和对从业人员进行资格确认以后，农民实现了完全职业化。尽管西方学术界对职业农民已经有了明确的定义，但在我国"职业农民"一词至今尚没有统一的称呼，对"新型职业农民"也没有统一的界定，近似的说法主要有"新型农民"、"专业农民"、"农民职业化"等。"新型农民"是从宏观上提出来的一个概念，强调的是一种身份，而不是一种职业，泛指从事现代农业生产经营的农民。"专业农民"主要是指能起到示范带头作用的新型农民。而"农民职业化"更强调农民阶层变化的过程，指在农业产业化、现代化过程中农业生产者的专业化分工、职业化发展，其实质是农民身份的转化问题。由此可见，新型职业农民是一个特定的概念，从单一的"身份农民"转变为农业行业以及涉农领域的生产者、经营者、管理者、服务者，进而使农民成为一种职业表述而非身份界定，它是对农业的现代化改造后从业者的现代化与职业化的一种综合诠释。

第一，新型职业农民的"职业性"。新型职业农民最大的特征是进入了现代农业产业体系，突破了传统自给自足的小农经济的桎梏，围绕市场开展社会化大生产，成为现代农业专业化分工体系中的一环。作为现代农业产业体系的人力资源支撑，新型职业农民表现出岗位更加明确、职能更加细分。"以美国为例，美国农民仅占全国人口总数的2%，但是有美国人口的17%，近2000万人，以大大小小的公司形式为农民提供各类科技产品，支撑着仅占2%的农民的生产活动。"这些专业服务人员的就业范围遍布农业生产产前、产中、产后的各个专业服务和经营管理岗位，提供着信息咨询服务、专业技术指导、专业技术培训等专业服务和各种生产资料和机械工具的销售及技术服务。据我国台湾陈秀夔的研究，在美国与农业有关的职业分为无须接受和需要接受大学训练两大类，从该书列举出的职业看，种类非常全面，渗透到与农业生产相关的方方面面。1999年我国《职业分类大典》颁布后，为更好地贯彻执行《大典》的要求精神，农业部从2000年到2010年年底，组织专家已经完成并颁布了7批76项农业职业技能标准。其中，国家职业技能标准56项，农业行业职业标准20项。在规范农业职业技能的同时，更加明确了农业行业的主体职业、关键职业领域，这其中牛肉分级员、水产养殖质量管理员、微水电利用工、宠物医师、水产品质量检验员、农业技术指导员、小风电利用工、肥料配方师、农作物种子加工员9项职业，属于1999年职业分类大典颁布后新增的职业，还提出了8项新职业申请建议。

第二，新型职业农民的"新型性"。这种"新型性"就是现代农业从业者的现代化，表现为对传统农民观念意识、知识能力上的更高要求。在农民从身份界定向职业表述转化后，与农业的专业化分工不断深化对农业从业人员专业化要求相对应的是现代农业的高产、优质、高效、生态、安全的特点对从业人员的综合性、复合性的技能素质要求。

一是在现代农业科技进步和组织创新使新型职业农民除了更加专业的生产知识和技能之外，还需要具备更高的决策能力和协调能力，以适应现代农业科技化、产业化、市场化、社会化、国际化程度越来越高的发展需要。

二是农业的生产、生活、生态的多重功能的承载，除了发展农业生产，还有追求美好生活、建设生态文明的责任，需要从业者更高的素质。再则，就是随着农业产业体系的逐步成熟、城镇化步伐的加快，城乡一体、产业融合的现代农业的发展现状使从业者所面临的形势错综复杂，需要具备比较综合的能力。

(三) 新型职业农民的两大类型

新型职业农民有广义与狭义之分，从广义角度，凡是在与现代大农业的科研、生产、经营、服务有关的岗位上从业、创业的劳动者都统称为新型职业农民。本报告是从狭义角度，立足农业职业技能，按照专业化分工，将我国新型职业农民主要分为以下两大类四小类。

第一大类是创业型的，取"新型职业农民"中的"业"，主要包括农民专业合作社负责人、农业社会化服务组织带头人、农业企业主等现代农业发展带头人，统称为"创业带动型"新型职业农民。

第二大类是从业型的，取"新型职业农民"中的"职"，主要从业于"大农业"的主体职业、关键职业领域。这一大类又分为三个小类，一是农业企业、农民专业合作组织、农业社会化服务组织的管理者、农村经纪人等经营管理岗位的从业者，统称为"经营管理型"新型职业农民；二是农民植保员、防疫员、水利员、信息员、沼气工、农机手等专业化服务岗位的从业者，统称为"技能服务型"新型职业农民；三是种养大户、加工大户、农机大户、农业企业工人等生产操作岗位的从业者，统称为"生产操作型"新型职业农民。

本报告将2012年"中央一号文件"提出的农村实用人才和新型职业农民合称为"新型职业农民"，代表"新型职业农民"的两个层次，其中，这里所提到的农村实用人才主要以生产型、经营型和技能服务型为主，与现代农业职业领域的高技能人才和高素质劳动者（教育部在职业教育培养定位时所用的政策用语）相对应，主要强调的是与"大农业"有关的技能素质，主要由农业职业教育培养。

（四）新型职业农民内涵对教育的启示

对新型职业农民内涵的解读是为了更好地发挥农村社区教育的功能，提升农村人力资本水平，激发农村社区活力。基础教育关涉农民的基本素质（以2003年的农村教育工作会议为重要标志，在广大农村普及九年义务教育），职业教育关涉农民的技能培养（2012年"中央一号文件"新型职业农民的提出），社区教育关涉农民的观念、理念的转变。在城镇化过程中，社区教育发挥着不可替代的作用。农民的现代化是农村城镇化的基础与关键。新型城镇化的关键是人（农民）的现代化。在实现文明递进、现代化发展过程中，农民的现代性转化是世界各国都要解决的一个大问题，在中国"四化同步"过程中，更需要扫除现代性的盲区，填平现代性的鸿沟。社区教育要通过推送教育培训、组织农村社区共同行动，使农民在共同的行动参与中实现观念转变，让共同价值观内化为价值观念，外化为自觉行动，从而实现技能的功能和基本素质的功效，实现农村地区基础教育、职业教育、成人教育、社区教育的"多教统筹"功效的综合化、最大化。

第三节　加快构建新型农业经营体系

加快构建新型农业经营体系，是党的十八届三中全会根据我国当前农业农村发展新形势和同步推进工业化、信息化、城镇化、农业现代化的要求，提出的进一步深化"三农"改革的重大任务，也是加快农业现代化进程的必然要求。

一 创新农业经营方式，加快培育新型农业经营主体

创新农业经营方式要从以下四点入手。

（一）着力培育以家庭农场为主的家庭经营主体

一方面鼓励和引导具有一技之长的农户，通过土地流转、规模经营、产品营销，成为新型职业农民，继而发展成为家庭农场。另一方面鼓励和引导具有生产规模、资金实力和专业特长的农业专业大户，走产销一体化的路子，发展成为家庭农场。同时，加强家庭农场的认定规范、管理指导、培训教育，加大技术、资金等支持力度。

（二）继续培育农民专业合作社、合作农场为主的合作经营主体

一方面继续加强农民专业合作社的培育工作；另一方面对现有合作社进行规范化建设，拓展合作渠道及经营范围。积极培育、引导家庭农场按现代企业制度模式规范运行，推动家庭农场大规模、高层次联合，形成规模化、专业化、社会化程度更高的合作农场。

（三）突出培育农业企业为主的企业经营主体

一方面通过政策扶持、产学研合作不断增强企业活力和竞争力；另一方面加强农业龙头企业的培育，突出培育新增一批农业龙头企业，尤其是加强农产品加工企业的培育，通过"公司+合作社+农户"等合作形式，发展产前、产中、产后一条龙的农业产业化经营方式。

（四）积极培育以村集体为经营主体的集体农场

改革开放以来，涌现了一批村级经济雄厚的行政村，完全具备了由村行政进行统一农业生产经营的条件。因此可以由村集体通过土地股份合作的形式把农户的土地集中起来进行农业生产经营活动，组建生产性、经营性农业合作组织或公司，采取承包、租赁、托管、直营等多种形式，突出农业特色，拓展农业功能，走一、二、三产业融合发展路子，发展集体农场、集体农庄，增加农业综合效益。

二 创新土地流转方式，加快农业向适度规模经营集中

创新土地的流转方式，加快土地流转，对于实现农业适度规模经营具有重要意义。

（一）加快村级土地股份合作

鼓励村集体根据农民意愿，以镇（街道）或行政村为单位组建土地

股份合作社，鼓励土地股份合作社自主经营。积极引导农民以土地承包经营权入股，由合作社统一经营，发展现代农业，农民实行按股分红。

（二）加快土地承包经营权向经营主体流转

目前土地承包经营权的流转方式主要有两种，一种是农户自发进行流转，另一种是村集体统一流转，再流转到经营主体。一方面规范土地承包经营权流转行为，建立土地承包经营权流转公开市场。另一方面严格按照程序开展农村土地承包经营权流转，在镇（街道）土地承包经营权流转服务中心的指导下，由村集体经济组织实施流转并与受让方签订《农村土地承包经营权租赁合同》。镇（街道）土地承包经营权流转服务中心应当建立土地承包经营权流转管理制度，规范收集、整理、发布土地流转信息，并做好相关资料的归档工作。

（三）鼓励农户以承包经营权入股生产经营主体

在镇（街道）土地承包经营权流转服务中心的指导下，按照农户的意愿，对农户的土地承包经营权作价换股，以承包经营权入股家庭农场、农民专业合作社、农业企业等生产经营主体，根据经营主体经营状况进行股金分红。

（四）探索争取土地承包经营权实现抵押、担保权能

探索建立对农民承包地占有、使用、收益、流转及承包经营权的作价，与银行、担保公司等金融机构协商出台土地承包权的抵押、担保机制。这有利于维护农民土地权益，有利于保护土地使用权作为农民的用益物权，有利于扩展农地的生产经营功能，有利于促进农业的适度规模经营。

三 创新农业投入方式，提升农业产业化经营水平

建立各类农业经营主体协同发展的合作方式，发展多种投资主体投资农业的投入方式，是构建新型农业经营体系的重要内容。既要通过合作提高经营主体的组织化程度，增加话语权，又要通过合作完善利益联结关系，实现"双赢"、"多赢"。创新农业投入方式，加强农业社会化的服务水平，就能有效提升农业产业化经营水平，加快现代农业的发展。

（一）鼓励工商资本投入农业生产，发展产业化经营

一方面继续鼓励工商资本投入农业；另一方面建立健全监管机制。让工商资本进入农业的同时，带来先进的工业管理理念，输入科技、管理等

现代生产要素，让现代化工业的发展理念、生产方式和经营手段与农业生产的实际相结合。

（二）财政资金投入农业生产经营主体，扶持农业产业化经营

现代农业发展的方向及重点是大力推进农业园区建设，做好农业园区的各项基础设施建设，吸引各类经营主体入园发展现代农业。财政资金对于农业的投入重点，一是农业园区、农业生产基地的道路、水利、设施大棚等基础设施建设，为各类经营主体创造良好的生产基础条件。二是直接投入村集体经济组织，特别是村级经济相对薄弱的农业大村组建的农业合作社，所形成资产由村集体合作社持有和管理，既促进现代农业的发展，又增加农业大村村级资产性收入。三是财政资金重点扶持新型职业农民培养、设施农业保险、农产品质量控制、农产品直营直销等关键薄弱环节。

（三）整合现代生产要素集聚农业经营主体，发展社会化服务

农业合作社仅限于生产、销售上的合作，所承担的社会化服务内容较少，所集聚的现代生产要素不多。一要积极集聚农机、农资、设施设备等现代生产要素于一体，拓展农业合作社的产前服务、产中服务、产后服务等业务。二要鼓励合作社开展产学研活动，承担新品种技术示范推广、产品质量监管等社会化服务。三要集合金融担保、抵押贷款、信用合作、贸易流通、物联信息等保障要素，允许合作社以土地承包经营权作为抵押进行金融贷款，允许合作社进行信用合作。

（四）现代经营模式融入农业合作社，提升经营水平

按照产业化要求，增强合作社产品加工和市场营销等环节的服务功能，让入社农户更多地分享到农产品加工和流通环节的增值效益。鼓励合作社采用"公司＋专业合作社＋农户"、"（合作社＋合作社）—合作社联合社"等模式，发展农产品加工和流通服务。即生产原料的农户，在自愿和民主的基础上联合起来，组成专业合作社作为组织载体，再由合作社通过合同等形式，与农产品加工或流通龙头企业建立稳定的产销关系。通过专业合作社这种形式和机制，使原料基地的农户和加工、流通企业形成一种紧密联结、相互依存、收益共享、共同发展的利益机制。

第八章 走中国特色农业现代化和新型城镇化道路

走中国特色农业现代化和新型城镇化道路是实现现代化的必由之路，是解决农业、农村、农民问题的重要途径，是推动区域协调发展的有力支撑，是扩大内需和促进产业升级的重要抓手。

第一节 中国特色农业现代化道路

走中国特色农业现代化道路是中国特色社会主义现代化建设中艰巨而伟大的任务。党的十七大首次提出了"走中国特色农业现代化道路"的命题，党的十八大进一步强调，要按照"四化同步"推进的要求，加快走中国特色农业现代化道路。

一 中国特色农业现代化道路的科学内涵

中国这种"大国小农"的特殊国情、农情，决定了中国农业现代化发展模式不能照搬照套国际现成的经验和模式，必须坚持博采众长、集成创新、另辟蹊径的哲学思路，按照从实践中来到实践中去的群众路线的工作方法，在系统总结借鉴国内外成功实践经验的基础上，寻求符合中国国情、农情的现代农业发展的模式和路径。

（一）国外农业现代化的模式及其经验借鉴

一个国家实现农业现代化，究竟采用哪种起步方式，一般来说，主要是由当时的土地、劳动力和工业化水平决定的。人少地多的国家，首先从生产工具上进行改革，发展机械化，以节约劳动力；人多地少的国家，则从多投入劳动力，充分利用土地以提高单产入手。就目前来看，在世界范围内，农业现代化的起步方式存在三种模式，即美国模式、日本模式和西欧模式。

美国模式

美国的特点是地广人稀，人均土地资源丰富。这一资源禀赋特征，使得土地和机械相对价格长期下降，而劳动力相对价格不断上升，促使农场主不得不用土地和机械动力替代人力。这种替代包含着农业机械技术的不断改进。美国农业现代化的发展历程，按照机械化发展的进程可划分为三个阶段：第一阶段是半机械化阶段，这是以人力和畜力驱动、按机械原理设计制造的改良农机具取代传统农具的过程，是农业机械化的初始阶段。从18世纪末起，先后发明、改良了许多重要农机具，如轧棉机、铁犁、耘田机、割草机、收割机、脱粒机、联合收割机、钢犁、打捆机、玉米割捆机等。第二阶段是主要田间作业机械化阶段，是以电力驱动的大型现代农机具代替非机械动力农机具的过程，是机械化发展的阶段。在19世纪中期开始的第二次科技革命带动下，农业开始了内燃机（拖拉机、汽车）和电力代替畜力，以机引（或电动）的大型农业机器代替改良的农机具的过程，从而开始了主要田间作业机械化的进程。第三阶段是全盘机械化阶段，是机械化的成熟阶段，开始于20世纪40—50年代，完成于70—80年代。在这一阶段，不仅农机具的数量增加，而且性能不断提高，设计和制造出适应精细作业要求的农业机械。如谷物联合收割机由牵引式改为自走式，在拖拉机和其他机械上采用发动机涡轮增压、液压传动、快速挂接、电子监控、自动控制等新技术。

总之，在美国农业现代化起步过程中，机械技术占了主导地位。类似美国那样地广人稀、以机械技术的推广应用为起步的农业现代化模式，还有加拿大、澳大利亚、俄罗斯等国。

日本模式

日本的资源禀赋特征与美国正好相反，1880年每个男性农场工人的平均农业土地面积只有美国的1/36，到1960年则只有美国的1/97，可耕地是美国的1/47。由于资源禀赋的差异，土地和劳动力的比价也与美国不同。日本的农业现代化大体上经历了四个时期：

第一个时期是从明治维新到1900年，是学习西欧先进农业技术以提高农业生产力时期；第二个时期是从1900年到第二次世界大战结束，出现了以劳动对象为中心的技术改良高潮，出现以多施肥料为主的劳动密集型趋势；第三个时期是"二战"以后到70年代初，通过农村民主化改革,促进现代农业技术的开发和推广应用,建立起农业现代化的基本框架;第四个时期是70年代以后,开发和推广应用高性能的农业机械,大量推广应用化学技术和生物技术。

总之,日本在农业现代化过程中,以生物技术为农业技术创新的重点,以缓解土地资源不足,提高单产,增加农产品供给。

西欧模式

西欧的一些国家,既不像美国那样劳动力短缺,也不像日本那样耕地短缺,因此在农业现代化过程中机械技术与生物技术并进,把农业生产技术现代化和农业生产手段现代化放在同等重要的地位,实行"物力投资"和"智力投资"同时并举,实现农业机械化、电气化、水利化、园林化,既提高了土地生产率,也提高了劳动生产率。这类国家以英、法、德、意大利等为典型。

美国经济学家弗农·拉坦用实证资料证明了以上的模式划分,即劳均土地在30公顷以上的国家走的是机械技术型;劳均土地3—30公顷之间的国家,走的是生物技术——机械技术交错型;而劳均土地不足3公顷的国家,走的是生物技术型。但是,以上的划分仅是从农业现代化过程的起步方式上看的。实际上,农业现代化是通过多元技术变革实现的,而不仅仅是单一技术变革。因此,农业现代化的进程是要靠多元技术变革来共同推动的。

尽管各个国家资源禀赋、社会经济条件等方面存在差异,农业现代化的道路和特点也不尽相同,但在农业现代化进程中,也存在一些共同的经验教训可供我们借鉴。

政府对农业的支持对于实现农业现代化至关重要。经济发展的过程实际上就是工业化的过程,在此期间,如何正确处理工业和农业之间的关系,是农业能否迅速发展、农业现代化能否迅速实现的最重要影响因素。日、韩等国在迅速实现工业化、城镇化过程中,也出现过由于过分剥夺而导致农业萎缩的情况,但都在工业化达到一定水平后,分别于60年代中期和70年代初期实行了对农业的反哺政策,从而使农业迅速强大起来。两国农业支持政策的共同点是:政府对农业的反哺分为初级和高级两个阶段,初级阶段以硬件为主,重点是提高农业生产基础设施和固定资产装备水平、加速农村公共物品建设等,政策导向是为扩大再生产,改善生产、生活条件打下坚实的基础;高级阶段则采取硬、软件相结合,以软件为主的方针,政策导向放在结构调整扩大经营规模、提高农业村级组织水平和农民素质等方面。可以说,没有对农业的全方位支持,日、韩农业不可能在这么短的时间内达到世界先进水平。当然,日、韩由于在价格上过分保护农业,使两国的主要农产品价格大大超过国际市场价格,从而失去了与国外农产品的竞争能力,这一教训也是值得我们汲取的。

充分发挥资源优势,以市场为导向。不管农业的地位多么特殊,它总是一个产业,应该按照产业的特性来发展它,即以市场为导向,以资源优势为基础,这是各国农业现代化最基本的经验之一。韩国自20世纪70年代以来的"新农村运动"也逐渐按照市场需求把农业划分为粮食、水果、蔬菜、饲养经济作物四大专业化区,这是该国农业现代化水平迅速提高的最重要措施之一。荷兰的经验也极具典型意义。早在19世纪后期由于新大陆廉价谷物的大量涌进引起欧洲的大范围农业危机时,荷兰就利用这一机会大量进口廉价谷物饲料,并将其农业转化为畜牧业,实现了农业生产结构的方向性转变。1962年,欧共体推行共同农业政策,进行经济分工,荷兰又借此机会重点发展畜牧业和园艺作物。到70年代末荷兰的养牛业得到了迅速发展,进入80年代荷兰的畜牧产品相对过剩。为此,政府采取了控制牛肉和奶牛生产的措施,并开拓新的市场,着重发展有新的市场需求的高附加值产业。80年代初期以来,养猪业和家禽业有了较大发展,花卉的发展更加迅速。尤其值得一提的是,作为牛奶生产大国,荷兰每年还要大量进口鲜牛奶,并经加工增值后出口。荷兰的农业总产值只占国民生产总值的4%左右,而农业出口和外汇收入却占出口总额和外汇总额的1/4以上,荷兰的粮食供给也主要依靠国际市场,粮食自给率只有30%左右,这种面向国际市场、大进大出的农业体制,使荷兰农业成为典型的高效农业,每个劳动力创造的农业增加值和净创汇是世界上最高的。

农业合作经济组织是农业现代化的根基。农业现代化进程表明,一个有效的农业合作体系的建立,对于加快传统农业向现代农业的转变起着决定性的作用。农业合作的体系最完善、运作最规范、对农民和农业生产发挥作用最大的当属日本。从"二战"结束到70年代中期基本实现农业现代化,日本用了不到30年的时间,其中最主要的原因就是日本在充分吸收西方国家农业发展经验的基础上独创了一套适合本国国情的农协制度。这一制度形成于"二战"以后,其范围包括农业生产资料供应、农业技术推广、农产品销售、农村金融、农村保险等各个方面,甚至发展成为代表农民政治利益的准政治团体,并且自上而下形成了独立而完整的体系。韩国的农协制度系从日本借鉴过来,其运作方式与日本近似。

完整的农业技术推广体系。日本的农业技术推广由政府的农业改良普及事业和农协共同完成,从中央到地方形成了一套完整的体系。为了加强农业技术推广工作,日本还于1991年对《协同农业普及指南》进行了全面的修改,把加强推广组织的建设和提高推广人员素质放在首位。政府的"地域农业改良普及中心"拥有数百个经过国家考试的专门技术员以及1万多名经过地方考试的改良普及员,与农协系统的近2万名营农指导员密切配合,构成了战后日本农业技术推广的基本体系,也是战后日本农业现代化迅速实现的基本保障。韩国的农业技术推广模式与日本相近似,墨西哥和南非是政府、科研机构(高校)和私人农场相结合的推广模式,荷兰则主要依靠农业、渔业及自然管理部的技术推广局下设的分布于全国的农业技术推广站来完成这一工作。

走专业化、一体化和社会化的农业发展道路。"二战"后,在农业现代化过程中,发达国家不仅重视农业技术现代化,也十分重视农业组织管理现代化,都大力推行农业专业化、一体化、社会化,其专业化形式主要有三种:地区专业化、部门专业化、作业专业化。以美国为例,到1969年,美国经营一种产品为主的专业化农场已达农场总数的90%以上。据美国专家计算,仅此一项就使美国农产品大约增产40%,而成本降低50%—80%。发达国家的农业一体化、社会化是在专业化基础上形成的,主要形式有农业工商综合体和农业合作组织。1967年,法国参加农业合作社的农户已占总农户的83%,在农产品销售、农资供应、农业贷款方面,合作社分别占30%、40%、70%左右。

(二) 中国农业现代化道路的中国特色

全面科学地把握中国特色农业现代化的准确定位和科学内涵是探索其实现路径的重要前提。作为中国特色农业现代化道路,最重要的是要把握好"中国特色"这一关键词,也就是如何体现农业现代化的中国特色,在科学内涵、目标模式和实现路径上都要体现中国特色。概括起来,对中国农业现代化道路的中国特色必须体现以下四个方面的基本要求:

第一,要体现符合中国基本国情、社情、农情的基本特点。这是最重要、最基本的要求。邓小平在改革开放初期就对中国特色的社会主义的内涵要求作过科学的论述,认为"过去搞民主革命,要适合中国情况,走毛泽东同志开辟的农村包围城市的道路。现在搞建设,也要适合中国情况,走出一条中国式的现代化道路。"[1] "耕地少,人口多特别是农民多,这种情况不是很容易改变的。这就成为中国现代化建设必须考虑的特点。"[2] 因此,综合考虑中国的基本国情、社情、农情,主要是地域广阔、人多地少、人均农业资源稀少、农业经营规模细小,具有典型的"大国小农"的特点,并且还将长期处于社会主义初级阶段。中国特色农业现代化道路的科学内涵、目标模式与实现路径必须立足于这种基本的国情、社情、农情。

第二,要体现传承中国传统农耕文化精华的文化特质。中国特色的内涵还有一个核心要素,就是要体现中国优秀传统文化的传承继起,没有中国传统文化的基因就很难说是中国特色。所谓中国特色的农业现代化就必须体现对中华民族悠久的农耕文化的传承与弘扬,因此对传统农业的改造和现代农业建设中不能用抛弃的思维而是要用扬弃的哲学思维,对中国几千年的农耕文化和农耕方式进行科学的分析,取其精华去其糟粕。绵延几千年的农耕文明,其间形成了天人合一、天地人和、阴阳平衡、道法自然的朴素哲学思想和家庭伦理、生命伦理、生态伦理的人文思想,由此相对应的是精耕细作、种养结合、应时取宜、物尽其用、聚族而居、守望家园、男耕女织、邻里相助的农耕方式,还衍生成了自强不息、厚德载物、崇学务实、诚信向善、仁爱孝悌、敬畏天地等价值理念。因此,中国特色的农业现代化必须体现这种经久不衰、历久弥新的农耕文化的精髓。

第三,要体现把准经济社会发展趋向规律的时代特征。必须充分考虑中国特色的社会主义制度已经在中国得到基本确立并走上了市场经济的发展道路,正在走向全面建设小康社会和向现代化迈进的时代特征。因此,中国特色的农业现代化必须体现社会主义市场经济的发展要求,政治、经济、社会、文化和生态建设"五位一体"的战略要求和基本实现社会主义现代化的目标要求,必须考虑农业现代化中农业效益的大幅度提高和农民收入的大幅度增加以及实现城乡差别、贫富差别和工农差别的缩小。同时,还要考虑必须遵循统筹城乡发展的客观规律的要求和新型工业化、信息化、城镇化与农业现代化同步推进的规律要求。走中国特色的农业现代

---

[1] 《邓小平文选》第2卷,人民出版社1994年版,第163页。
[2] 同上书,第164页。

化道路，必须致力于建立新型工业化带动城镇化，工业化、城镇化促进农业现代化，农业现代化支撑城镇化以及信息化提升工业化、城镇化和农业现代化的内在机制，不断强化以工促农、以城带乡、工农互惠和城乡互促的新型工农关系和城乡关系。

第四，要体现全球化趋势下世界现代农业的一般特性。随着经济全球化、国际化的发展和中国日益融入世界经济发展的潮流之中，中国现代农业的发展必须顺应这种全球化的趋势和潮流，必须增强中国农业的国际竞争力，参与世界农业的国际分工，必然要学习借鉴当代发达国家农业现代化的成功经验。因此，中国农业现代化建设要顺应这种世界潮流，也是中国特色的应有之义。也就是说，在农业现代化进程中，既要体现中国的特色，又要体现当代世界现代农业发展的一般规律性。中国的现代农业也要体现世界现代农业的八个基本特性，即中国的现代农业必须是市场化、国际化的开放型农业，必须是农产品标准化、品质化的绿色安全农业，多功能、高附加值的高效农业，高科技支撑、科技含量高的技术密集型农业，规模经营和高劳动生产率的集约农业，贸工农一体化、产业化经营的全产业链的农业，资源节约、环境友好、可持续发展的生态农业，政府给予强大支持和依法保护的基础产业。

（三）中国特色农业现代化道路的科学内涵

中国特色农业现代化道路的科学内涵可以表述为"核心要义、基本要求、根本方法"三大内容有机结合的"三位一体"理论体系。即走中国特色农业现代化道路，应在科学发展观的指导下，立足中国基本国情和具体农情，以我国特殊的人地矛盾、基本制度、区域状况和宏观背景为现实基础和逻辑起点，以实现农业的机械化、科技化、规模化、产业化和市场化为核心要义，以保障国家粮食安全、有效增加农民收入、促进农业可持续发展为基本要求，以利益协调为根本方法，促进城乡经济社会一体化新格局的形成。

第一，中国特色农业现代化道路的核心要义。我国农业的物质装备、科技贡献率、规模经营度、产业化和市场化发展等都还处于较低的水平，走中国特色农业现代化道路，必须将实现农业的机械化、科技化、规模化、产业化和市场化作为核心要义。

机械化。早在20世纪50年代末，毛泽东就曾精辟地指出：农业的根本出路在于机械化。通过实现农业机械化，改善农业生产经营条件，可以大量节约农业劳动力，减轻劳动强度；可以提高农业的土地和劳动生产率，扩大生产可能性边界；可以有效提高抗旱、杀虫的效率，增强农业抗自然风险的能力。因此，农业机械化是农业现代化的物质基础和重要标志，对于农业现代化的推进具有积极作用。2000年，我国机耕、机播和机收的面积分别为91152、58974、47484千公顷，机械化作业水平分别为62.9%、37.4%、31.2%，与美国、澳大利亚等发达国家90%以上的机械化程度相比，我国农业机械化明显处于较低的水平。因此，要大力推进中国特色农业现代化道路，就必须提高农业机械化水平，鼓励发展多种类型的农业机械，用现代物质条件装备农业。

科技化。马克思、恩格斯等经典作家早就论述过科技进步对于农业经济增长的关键作用。同时，有关研究也表明，粮、棉、油等主要作物品种，每次更换良种一般可增产10%—30%，科学施用化肥可增产16%，改进耕作方法和栽培技术可增产4%—8%，施行病虫害防治技术可挽回产量损失10%—20%。新中国成立以来，我国农业科技进步贡献率有了明显增长，已经从"一五"时期的19.9%提高至"十五"时期的48.0%，但是这个水平仍然比欧美发达国家低20—30个百分点。较低的农业科技水平对我国农业现代化形成了较大制约，因此，必须加大农业科技投入，完善农业科技推广体系，加强农业科技成果的转化，进一步提高农业科技进步水平。

规模化。大量理论和实践均证明，农业的适度规模经营具有明显的经济效应。其原因在于：一方面，在现有土地制度下，人均耕地面积少，土地细碎呈条块分割状态，严重阻碍了农业先进技术的推广和应用，而规模经营则能有效地解决这一问题；另一方面，规模经营能够实现生产要素的有效组合，优化农业结构，降低生产成本，提高农业的整体经营收益，获取规模经济效应。

产业化。产业化作为我国农业经营体制的重大创新，其实施有利于推进农业结构的战略性调整，提高我国农产品的国际竞争力，是在家庭承包经营基础上实现农业现代化的有效途径。农业产业化对于促进农民增收有较为积极的作用，如农户通过农业产业化经营降低进入市场的成本、提高农产品的商品化程度，从而增加农业生产收入；龙头企业为农户提供种子、农药、化肥等生产要素，增加农户参与产业化经营的机会，从而扩大其收入来源；龙头企业还为农户提供技术指导，从而增进农户生产效益。

近年来,农业产业化在我国发展迅速,组织模式不断创新,但是总体来看,龙头企业实力不强,基地建设规模不合理,农业产业链较短等问题还比较突出。因此,在新的形势下,进一步提高农业产业化水平,增加农产品附加值,采用现代产业体系提升农业就显得尤为迫切。

市场化。在农业发展的初级阶段,由于产品的大部分都是由生产产品的农场所消费,市场只起着极其一般的作用。但是随着经济开始发展,农业商品化程度开始提高,人们收入增加引起农产品以及市场服务需求不断增加,这三大变化的发生将引起市场重要性的迅速提高。因此,在改造传统农业的进程中,进一步改善市场效能,提高农业的市场化水平就显得十分必要。但是目前我国农业的市场化还处于比较低的水平,市场交易无序,地方保护主义严重,统一的市场体系还未真正建立起来。因此,在中国特色农业现代化道路的进程中,必须加强农业市场体系的建设,加快农产品期货市场和电子市场等新型市场形式的建立,进一步规范市场秩序,提高农业的市场化程度。

第二,中国特色农业现代化道路的基本要求。走中国特色农业现代化道路,根本目标在于保障国家粮食安全、有效增加农民收入和促进农业可持续发展,这三点也是中国特色农业现代化道路的基本要求。

保障国家粮食安全。"国以民为本,民以食为天"。粮食不仅是一种具有基础性和公共性的特殊商品,而且还是一种重要的国际战略物资。粮食安全更是与金融安全、能源安全并称为当今世界经济发展的"三大安全"问题,各个国家都对此高度重视。尤其是在近年全球粮食价格剧烈波动,世界粮食危机频发的背景下,粮食安全问题更是引起大家的广泛关注。在我国,粮食安全始终是关系经济发展和社会稳定的重大战略问题。新中国成立以来,我们一直将粮食产量的不断增加作为农业发展政策的主要目标之一,并为此采取了诸如"米袋子"省长负责制等多种积极措施。从总体上看,几十年来,我国的粮食安全战略是卓有成效的,粮食安全的整体形势是比较好的。

但是,良好的形势和取得的成绩并不意味着我们可以在粮食问题上高枕无忧,粮食需求、生产等情况表明,我国在粮食安全问题上依然存在着很大危机。其一,从我国未来的粮食需求情况看,大量研究显示,今后一个时期我国还将处于人口增长期。与此同时,人口结构也在发生变化,大量农民工进入城市或从事非农产业,农产品的需求量出现一定程度的增加。其二，从我国粮食的生产情况看，统计数据显示，1999—2010年，虽然我国粮食生产总量出现了一定程度的增长，但是我国人均占有量却没有明显的增长，2010年的人均占有量为409千克，仅仅比1999年高3千克。此外，我国目前的粮食生产还潜伏着巨大的威胁，粮食生产中的不稳定因素较多，如耕地面积减少，复种指数下降，粮农生产能力弱化等，需要引起人们的关注和警觉。因此，在中国特色农业现代化道路的推进过程中，我们应高度重视粮食问题，继续将保持国家粮食安全作为主要目标，强化粮食安全责任，严格保护生产资源，积极运用各种粮食支持政策和手段提高粮食综合生产能力，促进粮食的充分供给，以保证所有人在任何时候都能够在经济上和物质上获得足够、安全和富有营养的粮食来满足其健康生活的需要。

有效增加农民收入。改革开放以来，尤其是2002年以后，我们对农民收入问题的重视程度不断加强，并将其列入"三农"政策的核心目标。从政策的实施来看，其效果十分明显，农民收入确实得到了大幅度提高，收入来源渠道也不断多元化。但是其中仍然存在很多问题，如农民收入绝对水平低，农村贫困人口大量存在；农民收入增长缺乏稳定的长效机制；城乡居民收入差距进一步拉大等。因此，在中国特色农业现代化道路的推进过程中，我们应采取全方位、多层次的措施促进农民收入增加，并建立农民增收的长效机制。如：通过采用农业机械和先进技术，提高农业劳动生产率，提升农业综合生产力，促进农产品产量的增长，从而提高农民的直接生产收入；鼓励在土地承包经营权流转的基础上实施适度规模经营，增加农民流出土地的租金收入；支持农民采取入股的形式组建专业合作社，在合作社的统一运作下提高效益，增加农民的"股金"分红收入；稳定并完善强化强农、惠农政策，建立健全农业支持保护体系，加大对农民务农种粮的各种补贴力度，增加农民的转移性收入。此外，还可积极鼓励和支持农村剩余劳动力转移到城市和非农产业中去，以此增加农民的外出务工收入。

促进农业可持续发展。可持续农业是指农业发展不能片面追求农业产量增长，而是要与维护、提高资源基础，保护生态平衡结合起来，既能满足当代人的需要，又不对后代人满足其需要的能力构成危害，生态上合理，经济上可行，社会可接受的一种农业生产方式。

自从20世纪80年代被提出以来，可持续发展作为农业发展的重要目标，已经取得全世界的公认。从我国的基本国情和农情来看，其一，我国农业自然资源缺乏。耕地、水等资源虽然总量丰富，但是人均占有量十分有限。以水资源为例，我国人均水资源严重短缺，仅为世界平均水平的28%，农业灌溉每年缺水约300亿立方米。其二，农业生态环境恶化趋势加剧，突出表现在水土流失严重，土地盐碱化，植被资源减退等方面。据第二次遥感调查，我国水土流失面积356万平方千米，其中水蚀面积165万平方千米，风蚀面积191万平方千米。长江流域和南方丘陵地区的12个省区，水土流失面积达69万平方千米，占土地总面积的28%，土壤流失量占全国的50%。其三，农业环境污染严重。原国家环保总局局长周生贤指出，据不完全调查，全国受污染的耕地约有1.5亿亩，污水灌溉污染耕地3250万亩，固体废弃物堆存占地和毁田200万亩，合计约占耕地总面积的1/10以上，其中多数集中在经济较发达的地区。其四，农业自然灾害频发。农业生态环境的破坏，在一定程度加剧了自然灾害的发生。我国是世界上自然灾害最为严重的少数国家之一，灾害种类多，发生频率高，影响范围广。2000年以来，我国大多数年份的农业受灾面积在4000万公顷以上，受灾面积占成灾面积的比重在50%以上。面对如此严峻的农业发展形势和资源约束条件，尽快摆脱传统农业发展模式的束缚，转变农业发展方式，走高产、优质、高效、生态、安全的可持续发展道路就成为中国特色农业现代化的必然要求和重要目标。为此，我们不仅要维护农业的长期高产出水平，保持农、林、牧、渔各业产出水平的稳定性，而且要维护好耕地、植被等自然资源，与人工生态相结合，积极改善生产条件，实现资源利用的高效化和合理化。

第三，中国特色农业现代化道路的根本方法。利益是一切经济活动和经济关系的核心，也是人们一切经济行为的动力，各种制度的确立以及经济行为的发生是不同利益主体之间互相博弈而最终达成利益均衡的结果。作为经济建设和经济关系重要环节的农业现代化建设，也同样应在各种利益充分协调的基础上才能顺畅进行。因此，我们将利益协调作为推进中国特色农业现代化道路的根本方法。

中国特色农业现代化道路的推进涉及多种利益关系，如城市和农村之间、工业和农业之间、政府和农民之间、中央政府和地方政府之间的关系等。从利益主体角度而言，其中涉及的主要有中央政府、地方政府、农民、企业、专业合作组织五种。

从中央政府角度讲，在我国社会主义现代化建设迅速推进、农业基础地位薄弱以及自然资源紧缺的情况下，中央政府希望依靠农业现代化的推进，化解日益尖锐的人地矛盾和资源约束，提高农业效益和综合生产力，保障粮食安全特别是粮、棉等关系国计民生的主要农产品供给，并为工业和其他产业提供足够的原材料、劳动力等支撑，进而为整个国家现代化战略的实施奠定坚实的基础。此外，支持农业现代化也是中央政府重视农村经济发展，促进农民增收、推进城乡经济社会一体化的理性选择。

从地方政府角度讲，其行为具有三重目标：其一，作为中央政府代理人的地方政府推动农业现代化，有利于促进农民收入增加，农业效益提高和农村经济繁荣，保证中央政策的有效实施；其二，部分地区由于受资源禀赋、地理位置等因素的影响，发展工业和第三产业的条件欠缺或者在农业发展方面具有较好的基础，对这些地区而言，将农业作为主导产业，推进农业现代化也是促进地区经济发展的重要举措；其三，由于农业现代化日益受到中央政府的重视，部分地方政府出于树立"样板工程"、显示政绩的需要，也有推进农业发展的动机。

从农民的角度讲，其参与市场的行为是理性的、有效率的。因此，对于"理性小农"而言，他们推进农业现代化的目标就是实现自身利益，获取更多收入。受农村大量剩余劳动力和农业经营风险等因素的制约，现阶段依靠传统农业生产方式获取的收入较为有限，而农业现代化的实施，可以提升农业生产力，提高农产品产量，增加农民直接生产收入。同时，生产效率的提高还可以使农民节约出自己的剩余劳动力，长期或季节性地从事其他非农职业，从而获取非农就业收益。

企业是一种不同于市场交易的合约形式，它具有节约交易费用和获取规模经济效应的功能。企业的核心目标是实现利润最大化，相比小农的分散经营而言，企业参与农业现代化有利于利用自身的组织优势、信息优势和规模优势，解决我国土地细碎、经营分散的难题，优化生产要素组合，促进农业先进科学技术的推广和运用，降低农业生产成本，获得规模经济效益。

专业合作组织是由农民自愿联合组成的经济组织，其推进农业现代化的利益目标为：其一，为农民之间的互助合作搭建平台，并提供技术、资金、信息等服务，以组织的形式解决小农生产中的各种难题，促进农业生产，维护农民利益；其二，集体行为是个体成员选择的结果，当大多数集体成员有了某种行为的动机时，在市场选择的基础上，集体组织会根据一致性原则或多数同意原则确定是否实施该行为，以此增加集体总福利，实现"帕累托"改进①。因此，对于农民以资金、土地等入股组建的合作组织而言，其参与农业现代化是为了在尊重成员意愿的前提下，最大限度地增加合作组织的收益，并在扣除一定收益作为积累后返还给组织成员，以此促进生产发展，增加农民收入。

二 中国特色农业现代化建设的基本思路和政策建议

（一）中国特色农业现代化建设的基本思路

建设中国特色农业现代化是一项复杂的系统工程。要立足本国国情，借鉴世界农业现代化建设的经验，运用先进技术和现代管理改造中国的传统农业，逐步转变农业经济的增长方式，用现代科学技术改造农业，用现代发展理念引领农业，用现代物质条件装备农业，用现代经营形式推进农业，用现代产业体系提升农业，用培养新型农民发展农业，从而加快中国特色农业现代化建设。

第一，提高粮食和农产品综合生产能力，保障国家粮食安全和农产品有效供给。保障国家粮食安全和农产品有效供给，要靠提高国内农业综合生产能力来实现。加强耕地保护工作，确保18亿亩耕地和现有基本农田面积不减少是中国粮食安全的根本保障。要切实落实耕地保护目标责任制，同时加大耕地保护执行力度，严厉打击各种违法征用、占用耕地，尤其是基本农田的行为，切实保障农民和农村集体经济组织的土地。以推进科技进步和改善农业基础设施为重点，着力提高农作物单产水平，坚持不懈地加强农业综合生产能力建设，提高粮食和农产品综合生产能力。要进一步改进和完善国家对农业的支持和保护政策，改变目前低成本的国家粮食安全战略，真正把粮食作为基础性公共产品对待。加大公共财政的投入，把支农和惠农政策完全落实到农民身上，根据农民提供商品粮的数量进行直接补贴，新增补贴资金重点向粮食主产县、种粮大户倾斜，进一步提高刺激商品粮生产效果。

第二，依据各地资源禀赋特点，构筑农业现代化建设的区域平台。中国地域辽阔，各区域的自然、经济、社会条件和生产力发展水平有较大差

---

① 徐旭、蒋文华等：《我国农村土地流转的动因分析》，《管理世界》2002年第9期。

异，农业生产存在明显的区域特征，形成了东、中、西部三个不同发展水平的农业经济地带。因此，必须根据区域特点，统一规划，合理布局，建设有中国特色的农业现代化。在东部地区，大力发展外向型农业和都市型农业；在中部地区，发挥粮食生产优势，加强饲料粮、商品粮、加工专用粮等生产基地建设，发展畜牧养殖业和粮食加工；在西部地区，把经济效益和生态效益相结合，加快发展生态农业、特色农业和旱作节水农业。

第三，建设农业现代化产业体系。建设农业现代化产业体系可以推动农村种植业、林业、果业、花卉、渔业、畜牧等各项事业的全面发展。一方面，要加强农田种植业产业化发展。种植业产业化是粮食作物、蔬菜作物、油料作物、经济作物、花卉、果品等的产业化；农田要田园化、良种化，种植精准化，生产管理科学化，加工精深化，销售及产前、产中、产后各种服务专门化。另一方面，用现代工业新技术、新成果武装农业，实现农业产业化。包括村镇建设、道路建设、运输、仓储、农用工具、电力设备、灌溉技术、温室设备等。

第四，加快农业经济体制创新，保障农民的建设主体地位。在中国特色农业现代化建设过程中，加快农业、农村经济体制创新，尤其是经营体制创新，包括土地使用实行规模经营制、农户实行合作制和农业企业实行股份合作制三个核心内容。强化农户与市场、农户与企业公司、农户与金融、农户与科技这四个"联结机制"，确立农民的主体地位。

第五，突出区域优势农产品生产，加强优势农产品产业带建设，要把突出优势农产品生产和发展优势农产品产业作为中国特色农业现代化建设工作的重中之重。积极发展特色鲜明、品种优良、附加值高的优势农产品，加快形成"一村一品、一乡一业"的产业格局。在保证粮、棉、油稳定发展的同时，扩大养殖、园艺等劳动密集型产品和绿色食品生产。重点发展优质专用粮食品种、经济效益高的经济作物、节粮型畜产品和名优特新水产品。粮食作物重点发展优质水稻、优质玉米、专用小麦、青贮饲料。经济作物要加快优质棉花、"双低"油菜、高油及高蛋白大豆、优质糖蔗、天然橡胶发展。畜产品以草食、节粮型为主，稳定生猪和禽蛋生产，大力发展奶业，加快发展肉牛肉、优质禽肉和优质细羊毛生产。重点推广水产品规模化健康养殖，提高水产品品质，增加名优特新水产品比重，培育适宜大规模养殖、加工、出口的水产品种，发展远洋渔业。

第六，实施提高土地生产率和劳动生产率并重的技术路线。随着耕地面积的减少和人口的增多，粮食安全的压力越来越大，必须依靠科技进步，提高粮食单产，进而提高土地产出率。同时要加大对农业劳动力尤其是农业大户的培训力量，提高农民的专业技能和素质，进而提高劳动生产率。只有把提高土地生产率和劳动生产率相结合，才能更好地推进农业产业化和现代化进程。

第七，提高农业科技自主创新能力，全面提高农业技术水平。根据本国的国情和农业科技发展的特点，加快科技创新体系建设，保障农业科学的持续创新，技术的不断突破。要建立健全农业科技推广体系，着力提高科技成果的转化和应用，增加农业科技贷款，解决农业科技成果转化和产业化过程中的资金问题，推动农业高新技术产业的发展。加强农业重点开放性实验室建设，积极开展合作研究和合作经营，创办高新技术产业等形式的国际合作。

第八，加强农业基础设施建设，优先推进农业机械化。农业基础设施建设是农业现代化顺利实现的重要基础。大力推进农机化建设，抓住国家增加农机具购置补贴的机遇，采取农民筹、大户投、集体拿、企业帮等多种形式，加大农机作业合作社的组建力度。同时，要加强农业基础设施和水利设施建设，要加快农村道路建设，改善农村交通状况，缓解运输对经济社会发展的瓶颈制约，促进农村经济的快速发展，缩小地区差别。

第九，加快农村城镇化进程，促进农村劳动力的转移。农村城镇化的发展有利于打破城乡二元社会经济结构，缩小城乡差距，推动城市化和工业化协调发展，促进城乡劳动力、土地、资金等生产要素的合理流动和优化配置。要做好小城镇建设规划，积极创造条件，坚持基础设施先行的原则，优化农村城镇化的布局结构，培养支柱产业，形成不同规模和功能的城镇圈，产生集聚效应，加强其吸引力和辐射力，增加就业机会。加快建立城乡统一的就业市场，发展劳动密集型产业和中小企业，大力发展第三产业，扩大就业空间。要建立和完善劳动力培育和职业介绍服务市场，为农民进城务工提供更多岗位和就业机会，扩大农民的就业空间，提高广大农民的生活水平。

第十，注重对新型农民的培养，增加农民收入。大力"培育有文化、懂技术、会经营的新型农民"，培养现代化的农业经营主体。要增加农业人力资本投资，充分发挥农村科普、农技、文化、教育设施的作用，开展多渠道、多方式的科技知识、实用技术培训，提高农民的致富能力。要充分发挥农村科普宣传站、乡镇文化站等设施的作用，建立稳定、有效的服务、宣传阵地，长期持续地向农民普及农技知识，开展农村实用技术培训，让农民能真正掌握1—2门实用技术，提高他们的技术水平和经营管理能力。要大力发展农村专业技术协会，建立农村科普示范基地，通过发展产业化生产和经营，组织、带动农户发展生产，为农户提供产前、产中、产后一条龙服务体系，提供农户在生产过程中的技术、生产资料、加工、市场等多方面的需求，让更多农户成为有专业化生产技能、会经营、会管理的新型农民，实现增收。

(二) 中国特色农业现代化建设的政策建议

通过对中国特色农业现代化建设思路的研究，结合我国农业现代化建设的实践经验，加快中国特色农业现代化建设的政策建议有：

第一，农业支持和补贴政策建议。保护基本农田，提高我国粮食综合生产能力，保障国家粮食安全；将最低收购价执行范围的品种由目前的水稻、小麦扩展到棉花、油料、杂粮、豆类等重要农产品；在补贴对象上实现从直接补贴向有选择性、有重点的补贴转变，适当提高农业生产要素的补贴。其一，明确补贴重点，对优质化、特色化、专用化农产品保障补贴基数，对绿色产品以及精深加工的农产品加大补贴力度；其二，注重对农业用水、用电的补贴，尤其是使用良种、实施节水型灌溉的农业生产者，应该加大补贴，其中良种补贴应该逐步向玉米、小麦等粮食作物及大豆、棉花等经济作物倾斜；其三，对易受自然灾害影响的粮、棉、油、糖等敏感性农产品主产地，要关注这些地区的中低收入农户，对他们进行适当补贴；其四，注重对农产品基地的补贴，以贴息贷款或直接补贴的方式予以扶持，重点支持农业产业化龙头企业的收购、加工、销售环节。

第二，农业投入政策建议。设立农业产业发展基金和风险调节基金。参照目前水利、交通、铁路等行业设立专项建设基金的做法，通过财政增收部分中划出一定比例的资金，发行新的专项国债，以及开展征收粮食消费税，从土地出让金中提取一定比例等途径，设立农业产业发展基金，专门用于现代农业产业技术体系建设，同时探索基金滚动使用、良性循环的运作机制。建立农业风险调节基金，完善农业风险分担和补偿机制，切实提高各种灾害救助和补偿标准，增强农业抗御灾害的能力，降低农业生产者的经济损失。

第三，农业科技推广政策建议。建议县级农技推广机构可向乡镇派驻农技人员，可以跨乡镇设置区域站，也可因地制宜建设农业推广综合站。国家编制部门应增加县和乡镇农技推广人员编制数，吸收农业大学毕业生到乡镇农业技术推广站工作，这既可解决部分农科大学生的就业问题，又可为农民提供实用的农业技术服务，有力地推动基层农业推广体系的建设，带动农民增收。

第四，农业基础设施建设的政策建议。提高中央预算内农业基本建设投资的比例，确保农业基本建设投资占基本建设投资比重稳步提高到10%左右。国家投资应重点用于加强农业和农村基础设施建设，主要包括五大体系和四大基地，要加强农村小型基础设施建设；设立粮食主产区农业基础设施建设资金。

第五，土地流转政策建议。完善土地流转制度，在依法保护好农业用地和农民土地权益的基础上，引导和促进土地流转；加大政府支农的力度，扶持种田能手和种养大户；完善土地流转中介服务；探索引导土地流转的政策措施；要建立健全土地承包经营权流转市场，为农业的规模经营创造条件；健全农村社会保障体系。

第六，适度扩大农业规模化经营政策建议。按照依法、自愿、有偿的原则，引导和鼓励土地经营权流向种养大户、经营能手。协调各方主体的利益关系，保障农业补贴资金用到位并真正发挥实效，严格控制有关种粮、农机、生资、良种等补贴资金落实到经营者手中，杜绝专项资金用于他处。积极支持农业生产经营大户，完善税收、保险、银行信贷等方面对农业大户的支持政策，提高信息服务水平，为大户提供农业生产经营所需的各项服务，为大户提供积极的外部环境，发挥大户发展高效农业的带动作用。同时，要支持畜禽、水产养殖大户发展，加大对养殖小区的扶持力度，大力推进适度规模养殖，以科学的技术和管理方式提高养殖效益。

第七，农业保险政策建议。积极开发我国农村及农业保险产品的险种，扩大农业保险范围。其一，在农业政策性保险方面，设置专门针对农业基础设施的保险，如水利灌溉设施保险，提高其应对风险的能力；完善主要粮食作物和经济作物的农业保险制度，开办农民耕牛保险、农业科技推广保险，增加高科技农业项目保险等，引入竞争机制，注重农村医疗、养老保险普及工作，促进农村保险市场发展的良性互动，加大"三农"服务力度。其中，农村医疗、养老保险等行业是农业政策性保险的重点。其二，在非农业政策性保险方面，增加农民种养殖业保险种类，减少农民生产经营特色农产品的风险，完善农业流通领域的保险，设置加工运输业保险等。在农村养殖业保险中，除了包括的牛、猪、鱼、羊等品种，还包含特种养殖，合理引进商业性农业保险经营机构，提升农业保险服务水平。其三，建立农业再保险制度，弥补政策性农业保险缺少风险分散机制的缺陷。农业再保险公司要对农业政策性保险及高风险农业项目、重点农业项目实施再保险业务，通过农业再保险制度，有效地分散农业保险公司的风险损失，为农民增收提供了一定的保障。保险公司应结合农业产业化发展的趋势，纵观生产、加工、销售各环节，开办适应农业产业化发展的综合性保险品种。对关系国计民生的重要农产品如小麦、玉米、水稻、棉花等的生产，实行法定保险，对法定保险项目给予30%—50%的保险补贴，并建立农民收入保险制度，使之逐渐成为农业生产者最低收入水平的保障手段。

第八，把成熟的农业政策法律化。提高农业综合生产能力，实现农业现代化是一个战略目标。为了实现建设现代农业的战略目标，建议全国人民代表大会和中央政府把成熟的农业政策法律化，比如像美国国会通过总统签署的农业法案一样。这样做有利于农业政策的有效实施，也有利于实现农业和农村经济可持续发展。

三 发展现代农业，促进"四化"协调发展

党的十八大报告指出：坚持走中国特色新型工业化、信息化、城镇化、农业现代化道路，推动工业化与信息化深度融合，工业化与城镇化良性互动，城镇化与农业现代化相互协调，促进工业化、信息化、城镇化、农业现代化同步发展。十八大的这一精辟论述，既明确了我国现代化建设的"路线图"，又阐明了这"四化"之间相互依存、相互促进的辩证关系。

（一）正确处理农业现代化与其他"三化"之间的辩证关系

农业的现代化取决于两大关键因素：从内部来说，农业的现代化离不开农机、灌溉、道路、电力、农资等物质条件的现代化，离不开农业生产经营组织与从业人员的现代化；从外部来说，农业现代化离不开政府的宏观引导和对农业的支持保护；离不开与工业化、信息化、城镇化的有机联动。也就是说，实现农业现代化，除了农业自身的集约化、专业化、组织化、社会化外，更少不了工业化、信息化、城镇化对农业现代化的拉动与

影响。

第一，农业现代化与其他"三化"之间既有矛盾与冲突的一面，更有相互依存、相互促进的一面。从矛盾方面来说：工业化与城镇化都需要占用一定数量的土地，尤其是城镇周边的优良土地，工业发展、住房建设、基础设施建设、公共服务设施都需要新增用地，昔日的鱼米之乡有可能变成机器轰鸣的工厂、人声鼎沸的市场。土地需求刚性急剧上升，给耕地保护、给十八亿亩耕地红线带来了巨大的压力。工业化、信息化与城市化都需要一定数量的劳动力，尤其是受教育程度相对较高的青壮年劳动力。农村高素质人口外流之后，使得"谁来种地"这一问题在一定时期内变得更加凸现，"谁来养活中国"这一话题炒得更加沸沸扬扬。我国已有2.6亿农村劳动力转移到非农产业，将来谁来种地、怎么种地都是一个现实的挑战。而且农村人口外流又对农村与城市提出了一系列的新要求，人口流出的农村出现了"空村化"与"三留人员"，土地谁来种，村民自治如何搞；人口流入的城镇出现了大量外来人口，如何抓好城镇建设与管理，如何避免"半城市化"现象，如何防止"城市病"。工业化与城市化都具有较高的比较利益，具有内在的整合发展要素的能力，而农业的劳动对象都是有生命的，农业的经济活动必须符合动植物的生命活动规律，这就决定了农业增长率有限。一般情况下，农业的增长率只有3%—4%。因此，在现代化进程中，容易出现以劳动力转移为载体，土地、资金、技术、人才等要素资源加速从农业农村流出，严重地削弱了农业农村持续发展能力，而且还会给城市带来新的挑战。

农业现代化与其他"三化"有冲突的一面，更有利好的一面。从有利方面来说，工业化与城市化都需要吸纳大量农村劳动力，可以促进人口合理流动，减少农业人口，增加非农人口，缓和人地矛盾，加快解决"三农"问题。工业化、信息化与城市化可以大大提高农业的技术装备水平，加快形成党的十八大提出的集约化、专业化、组织化、社会化相结合的新型农业经营体系，更快地转变农业发展方式，促进农业的集约发展，提高农业劳动生产力与土地产出率，加快农业现代化。工业化与城镇化的加速推动，使得大量农村人口向城镇与非农产业转移，城乡关系与人地关系随之发生质变，有利于培育现代农业生产主体，扩大土地经营规模，推进农业生产的专业化、标准化与集约化。这样，既可以在农业外部促进农产品市场不断扩大，为农业发展提供动力，又可以在农业内部推动农业技术进步，促进农村土地流转与规模经营，为高效农业、集约农业的发展创造客观条件。可以说，离开了农业这个基础，"三化"就失去了依托；而缺乏"三化"的拉动，农业现代化就失去了动力；两者相辅相成、相得益彰。

从现实来看，这"四化"之间又存在明显的不协调、不同步，尤其是农业现代化严重滞后于其他"三化"。这主要表现为信息化与工业化融合不够，工业化与城镇化互动不足，城镇化、工业化与农业现代化协调不力等。比如，我国有大量人口滞留在农村，大量劳动力滞留在农业，需要通过工业化与城市化来消化，使农业占 GDP 比重与农业劳动力占全部劳动力比重大体一致，使经济结构与职业结构大致吻合；在城市化进程中，进城农民的承包地、宅基地和房屋缺乏政策安排和市场化的退出机制，不能通过流转收益支持他们在城镇安家落户。据有关资料，一方面，我国农村宅基地面积每年以 1% 的速度增加；另一方面农村四分之一住房常年无人居住，造成严重浪费。又比如，在城市化进程加快发展现代农业中，土地城市化与人的城市化不同步，两亿多农民工实现了地域的转移、职业的转变，但没有实现身份的转化，引发了一系列的社会问题。再比如，城市化的加速推进既可以使农村人口水平不断下降，农民转变为市民，农村劳动力转变为非农劳动力，也可以造成农村人口逆淘汰，造成乡村的空心化，加剧了"谁来种地"的矛盾。

第二，"四化"虽各有侧重与内涵，但都统一于社会主义现代化建设的伟大实践。在"四化"之间，工业化处于主导地位，是现代化的发动机，工业化水平不提高，城镇化与农业现代化就缺乏动力；农业现代化居于基础地位，是现代化的根基，农业现代化不发展，粮食等农产品供不应求，会导致工业化与城镇化发展受阻。城镇化是现代化的孵化器，具有不可替代的融合作用，能够一举托两头，有利于促进工业与城乡的协调发展，有利于提高工业化水平、农村劳动生产率与城乡居民的收入。信息化具有明显的"酵母"或增强剂的作用，可以有效地提高工业化与农业现代化的发展质量。

"四化"不是孤立的，而是在相互关联中发展的；"四化"的作用也不是单独释放的，而是在融合互动中实现的。这就要求信息化和工业化深度融合，以工业化带动信息化，以信息化促进工业化；工业化与城镇化良性互动、城镇是产业的载体，而产业则是城镇的内核，工业化创造供给，城镇化创造需求；城镇化与农业现代化相互协调，单纯依靠城镇化而忽视农业现代化，很难从根本上改变农村落后面貌，而离开城镇化，农业现代化也"化"不起来。在这种相互融合、互动、协调中，"四化"才能相辅相成、相互促进，现代化建设才能真正实现。

（二）在"四化"有机联动中推进农业现代化

"四化同步"理论丰富了我国现代化新内涵，明确了我国现代化的推进"路线图"。"四化"既是现代化建设的战略任务，又是促进我国经济持续发展的重要动力。在"四化同步"中推进农业现代化，关键抓好以下几个"创新"。

第一，加快制度创新，构建农业发展的制度环境。从现代化的全局出发，顺从工业化、城市化发展的趋势，坚持"以城带乡、以工哺农"的方针，调整国民经济分配结构，统筹推进"四化同步"，加快构建城乡一体化的体制机制。当务之急是建立和完善农业投入稳定增长机制、健全农业补贴制度、建立农产品价格保护制度，建立生态补偿机制，不断优化农业现代化的外部环境。

第二，加快组织创新，构建新型农业经营体系。农业生产经营组织创新是推进农业现代化的核心。随着工业化与城镇化的加速推进，种地农民尤其是青壮年农民持续减少，"谁来种地"这一问题更加凸现。加快组织创新，既顺应了现代化的要求，更快地转变农业经营方式，又可以满足了现实的迫切需要，更好地解决农村青壮外流后土地抛荒等问题。加快组织创新，就要坚持主体多元化、服务专业化、运行市场化的方向，加快构建公益性服务与经营性服务相结合、专项服务与综合服务相协调的新型社会化服务体系。尊重与保障农户生产经营的主体地位，培育与壮大新型农业生产经营组织，充分激发农村生产要素潜能。坚持与完善农村基本经营制度，全力培育专业农户，大力发展农民专业合作与股份合作，发展家庭农场、培育新型经营主体，发展多种形式的规模经营与社会化服务，创新农业经营机制，构建集约化、专业化、组织化、社会化相结合的新型农业经营体系。

第三，加快科技创新，转变农业发展方式。我国农业科技虽取得明显成效，但仍与发达国家存在较大差距，因此，要下大力气加快农业科技创新，促进农业技术集成化、劳动过程机械化、生产经营信息化，提高农业物质技术装备水平。加快现代种业发展，大力培育优质、高产、安全的农作物新品种，大力发展各类农业技术与培管技术，提高农业机械化、信息化水平。开展农业职业技术培训，培育新型农民。

第四，加快金融创新，服务农村发展。农村金融是农村经济的血液。我国农村存在金融产品少、金融服务方式单一、金融服务质量和效率尚不能满足农村经济社会发展和农民多元化金融服务需求等突出问题。因此，迫切需要加快农村金融创新。要放宽农村金融准入条件，完善农村金融服务网络，创新金融服务产品，加快构建政策性金融、合作制金融与商业性金融相结合的金融体系，建立与完善多层次、广覆盖、可持续的农村金融服务体系，为农业现代化服务。

第五，创新农产品流通体制，增强农业防范市场风险的能力。农产品流通是现代产业链和价值链的重要环节，也是现代农业服务业的核心内容与重要支撑。因此，必须加快建立与现代农业产业体系相适应的农产品流通体系，建立以集贸市场为基础，以批发市场为中心，以农民经纪人、运销商贩、农民合作经济组织、各类连锁店与超市，以及农产品加工企业为主体的农产品流通格局。建立重要农产品供给保障机制，确保农产品"产得出"、"销得畅"、"得利益"与"可持续"。加强农产品检验检测，建设绿色通道，降低农产品物流成本。下大力抓好冷藏设施建设，确保农产品供应"淡季不淡，旺季不烂"。大力发展现代流通方式和新型流通业态，扶持"农超对接"、培育多元化、多层次的流通主体，构建开放统一、竞争有序的市场流通体系，有效防范农业市场风险。

第二节 中国特色新型城镇化道路

城镇化是现代化的必由之路，是解决农业、农村、农民问题的重要途径，是推动区域协调发展的有力支撑，是扩大内需和促进产业升级的重要抓手。[①] 中共中央、国务院刚刚颁布的《国家新型城镇化规划（2014—2020年）》（以下简称《规划》）是今后一个时期指导全国城镇化健康发展的宏观性、战略性、基础性规划。《规划》主要阐明新型城镇化的发展路径、主要目标和战略任务，统筹相关领域制度和政策创新。全面实施好《规划》，努力走出一条中国特色新型城镇化道路，对全面建成小康社会、

---

① 徐绍史：《坚定不移走中国特色新型城镇化道路》，《人民日报》2014年3月17日。

加快推进社会主义现代化、实现中华民族伟大复兴的中国梦,具有重大现实意义和深远历史意义。

一 "城市"和"城市化"

走中国特色新型城镇化道路,要先搞清楚何谓"城市"和"城市化"。

(一)何谓"城市"?

"城市"一词,在西方最早出现于拉丁语(civitas)中,意思是公民组成的社区。在汉语中,城市是由"城"和"市"两个汉字组合而成,"城"指的是围绕人口集聚区建造的房屋工事,比如城墙、城堡,"市"指的是进行商业活动的集市,把"城"和"市"两个字联系在一起,也就是把防御功能和商贸功能联系在一起的地方就是所谓的"城市",也可以说城市就是城墙加集市。在《不列颠百科全书》中,对城市的解释是:一个相对永久性的,高度组织起来的人口集中的地方。目前世界多国都是以人口集聚的数量作为确定城市的主要依据,这也非常便于对城市的界定,如联合国就把居住人口在两万以上的地区统称为城市。在我国1989年颁布的《城市规划法》中有最权威的解释:本法所称城市是指国家按行政建制设立的直辖市、市、镇。中华人民共和国标准之"城市规划基本术语标准"第202项指出:城市(城镇)指以非农产业和非农业人口集聚为主要特征的居民点。包括按国家行政建制设立的市和镇。第206项指出:城市化指人类生产和生活方式由乡村型向城市型转化的历史过程,又称城镇化、都市化。所以国家统计局统计的是城市化率,它的基础是城镇人口,也把镇人口统计在内。城市包含了城镇,城市化就等于城镇化。在中国,无论从字面上进行解释,还是从规划上进行界定,"镇"都已经包含在"城"里面了,所提的"城市化",就是党的十八大报告提的"城镇化",这是一对同义词。数千年的城市发展史证明:城市是人类文明的摇篮,城市是文化进步的载体,城市是经济发展的动力,城市是国家和制度的象征,城市是农村发展的引领者,城市是人类追求美好生活的阶梯。

(二)何谓"城市化"?

不要把"城市化"等同为"土地城市化",城市化是与城市相伴的一个非常重要的概念,对城市化必须进行多维度的定义。所谓城市化,从人口学的角度看,城市化就是农村人口向城市人口集中,农民变市民,城市人口不断增长的过程；从地理学的角度看，就是城市向周边地区扩张，农村变城市，城市规模不断扩大，新兴城市不断涌现；从社会学角度看，城市化就是城市文明向农村传播，城市的生活方式、组织方式、管理方式取代农村的生活方式、组织方式、管理方式的过程；从经济学角度看，城市化就是生产要素向城市集聚，城市生产方式取代农村生产方式的过程。可见，城市化不仅是一个人口集聚、财富集聚、技术集聚、服务集聚的过程，同时也是一个生活方式、生产方式、管理方式、国民意识转变的过程。

三十多年来，在中国城市化发展规模的选择上，一直存在四种不同的观念。

第一，以小城镇为重点的发展模式。这种观点认为：为了避免出现西方国家曾经出现过的城市发展而乡村凋敝、发展中国家大城市过度城市化的现象，根据中国的具体实际国情，中国应大力发展小城镇，走以小城镇为主、大中城市为辅的城镇化道路。20世纪80年代，还出现了更为极端的观点，即集镇化论，认为"乡村集镇化是符合我国国情、具有卓越远见的农村城市化的一条独特道路"。

第二，以中等城市为重点的发展模式。这种观点认为：中国城市化要以发展中等城市为重点。发挥中心城市的作用，因为中等城市兼有大小城市的优点而少有两者的不足，中等城市在城镇体系中有独特作用，发展潜力和效益良好。

第三，以大城市为重点的发展模式。这种观点认为：人口向城市集中，尤其是向大城市集中，是社会经济发展的共同规律，中国也不能例外。不把大城市发展作为中国城市化的重点，就不可能带动中小城市和小城镇的发展。中国的城市化应该走大城市扩容、以发展大城市为主的模式。

第四，以城市群为主导的发展模式。这种观点认为：中国的城市化应该走城市群（都市圈）带动模式，城市群是中国最有效率的效益、最切合实际的模式。城市群化是一种新型的中国城市化战略，是世界城市化趋势在中国合乎逻辑的结果，符合中国"人多地少、资源短缺"的国情，适应可持续城市化发展的要求。

中国特色的城市化之路必须也只有选择以城市群为主导的发展模式。因为，城市群是城市的"极化效应"和"扩散效应"使产业和人口在空间集聚与扩散运动的必然结果。从各国城市化的模式看,当城市化进入一定阶段后,城市群已逐渐成为城市化进程中的主体形态。在城市化初期,城市化主要是以单个城市的平面扩张为主,发展到一定阶段后,在市场机制作用下,必然在更大范围内,逐步形成以特大城市为龙头,中小城市和小城镇集群协调分布,城市保留一定的农田、林地、水面等空间,并通过高效、便捷的交通走廊相连接的城市群。

国家《十一五规划纲要》强调"城市群的发展将作为我国推进城市化的主体形态",《十二五规划纲要》指出,未来5年要"构建城市化战略格局。按照统筹规划、合理布局、完善功能、以大带小的原则,遵循城市发展客观规律,以大城市为依托,以中小城市为重点,逐步形成辐射作用大的城市群,促进大中小城市和小城镇协调发展"。

历史将证明,如果我们以城市群的发展作为我国推进城市化的主体形态,就有可能集大中小城市和小城镇之长,避大中小城市和小城镇之短,走出一条具有中国特色的城市化之路。

中国城市化要成为21世纪人类进步和经济社会发展的主要引擎,成为中国扩大内需的最大潜力所在,就必须坚持高起点规划、高标准建设、高强度投入、高效能管理;就必须坚持以城市化带动工业化、信息化和农业现代化,推进经济可持续发展;就必须坚持以城市发展方式的转变带动经济发展方式的转变。特别只有把两个发展方式转变一起抓,才能做到事半功倍。

二 走中国特色新型城镇化道路的必要性

(一)改革开放以来中国城镇化取得的成就

改革开放以来,我国城镇化经历了一个起点低、速度快的发展过程。1978—2013年,城镇化率年均提高1.02个百分点;2000年以来,城镇化率年均提高1.35个百分点,"十二五"以来分别提高了1.32、1.3和1.16个百分点,2013年城镇化率达到53.73%,超过世界平均水平。城镇数量和规模不断扩大,一批辐射带动力强的城市群正在成长壮大,京津冀、长江三角洲、珠江三角洲三大城市群以2.8%的国土面积集聚了18%的人口,创造了36%的国内生产总值,成为拉动我国经济快速增长和参与国际经济合作与竞争的主要平台。城市综合服务能力明显提升,基础设施和人居环境明显改善。城镇化吸纳了大量农业劳动力转移就业,改变了亿万人民的生产生活条件，取得了举世瞩目的成就。

（二）中国城镇化过程中存在的问题

在城镇化快速发展的同时，质量不高的问题也日益突出。被统计为城镇人口的2.34亿农民工及随迁家属难以融入城市社会，市民化进程滞后。"土地城镇化"快于人口城镇化，城镇用地粗放低效，新城新区、开发区和工业园区占地过多。城镇空间分布和规模结构不合理，与资源环境承载能力不匹配。城市管理服务水平不高，"城市病"问题日益突出。自然历史文化遗产保护不力，城乡建设缺乏特色。现行户籍管理、土地管理、社会保障、财税金融、行政管理等制度，固化着已经形成的城乡利益失衡格局，阻碍了城镇化健康发展。

（三）深刻认识走中国特色新型城镇化道路的必要性

展望未来，城镇化转型发展的要求更加迫切。我国未来城镇化的外部环境和内在条件正在发生深刻变化，随着国际金融危机以来全球经济再平衡和产业格局再调整，国际能源资源和市场空间争夺更加激烈，传统高投入、高消耗、高排放的工业化、城镇化发展模式难以为继；随着我国农业富余劳动力减少和人口老龄化程度提高、资源环境瓶颈制约日益加剧、城市内部二元结构矛盾日益凸显，主要依靠劳动力廉价供给、土地等资源粗放消耗、压低公共服务成本推动城镇化快速发展的模式不可持续，城镇化发展由速度型向质量型转型的要求日益迫切。

三　中国特色新型城镇化道路的丰富内涵

我国城镇化是在人口多、资源相对短缺、生态环境比较脆弱、城乡区域发展不平衡的背景下推进的，这决定了必须从社会主义初级阶段这个最大实际出发，遵循城镇化发展规律，走出一条以人为本、四化同步、优化布局、生态文明、文化传承的中国特色新型城镇化道路。

（一）中国特色新型城镇化是以人为本的城镇化

这是中国城镇化的本质属性。我国一些地区城镇化过程中，不同程度地存在"重物轻人"、"见物不见人"的现象，由此产生一系列问题。不能把城镇化简单等同于城市建设，而是要围绕人的城镇化这一核心，实现产业结构、就业方式、人居环境、社会保障等一系列由"乡"到"城"的转变。

坚持以人为本，就是要合理引导人口流动，有序推进农业转移人口市民化，稳步推进城镇基本公共服务常住人口全覆盖，不断提高人口素质，在城镇化过程中促进人的全面发展和社会公平正义，使全体居民共享现代化建设成果。

（二）中国特色新型城镇化是四化同步的城镇化

这是中国城镇化的时代特色。工业化是主动力，信息化是融合器，城镇化是大平台，农业现代化是根本支撑。城镇化与工业化、信息化和农业现代化同步发展，是现代化建设的核心内容，彼此相辅相成。

坚持四化同步，就是要推动信息化和工业化深度融合、工业化和城镇化良性互动、城镇化和农业现代化相互协调，促进城镇发展与产业支撑、就业转移和人口集聚相统一，促进城乡要素平等交换和公共资源均衡配置，形成以工促农、以城带乡、工农互惠、城乡一体的新型工农、城乡关系。

（三）中国特色新型城镇化是优化布局的城镇化

这是中国城镇化的内在要求。我国城镇化布局与资源环境承载力之间的矛盾日渐突出，面临可持续发展的严峻挑战。我国人均耕地仅为世界平均水平的40%，宜居程度较高的地区只占陆地国土面积的19%。水资源、能源资源等人均水平低、空间分布不均，生态环境总体脆弱，这对城镇化空间布局提出了更高要求。

坚持优化布局，就是要根据资源环境承载能力构建科学、合理的城镇化宏观布局，以综合交通网络和信息网络为依托，科学规划建设城市群，严格控制城镇建设用地规模，严格划定永久基本农田，合理控制城镇开发边界，优化城市内部空间结构，促进城市紧凑发展，提高国土空间利用效率。

（四）中国特色新型城镇化是生态文明的城镇化

这是中国城镇化的必然选择。实现可持续发展是世界各国的共同追求，更是建设美丽中国的内在要求，成功的城镇化必须是人与自然和谐相处的城镇化。但目前，我国一些城市重经济发展、轻环境保护，导致大气、水、土壤等环境污染加剧，生态环境受到破坏。推进城镇化不能造成水体污染、雾霾频发，而是要节能减排、绿色低碳，使城市成为天蓝、地绿、水净的美好家园。

坚持生态文明，就是要把生态文明理念全面融入城镇化进程，着力推进绿色发展、循环发展、低碳发展，节约集约利用土地、水、能源等资源，强化环境保护和生态修复，减少对自然的干扰和损害，推动形成绿色低碳的生产生活方式和城市建设运营管理模式。

（五）中国特色新型城镇化是文化传承的城镇化

这是中国城镇化的应有之义。当今世界正处于大发展、大变革、大调整时期，各种思想文化交流、交融、交锋更加频繁，文化在综合国力竞争中的地位和作用更加凸显。中华文化源远流长，是无比珍贵的财富，也是我们屹立世界民族之林的重要支撑。城市是文化融合的平台，是人们的精神家园，城镇化过程中要创造性地保护和传承好历史文化。

坚持文化传承，就是要根据不同地区的自然历史文化禀赋，体现区域差异性，提倡形态多样性，防止千城一面，发展有历史记忆、文化脉络、地域风貌、民族特点的美丽城镇，形成符合实际、各具特色的城镇化发展模式。

四　中国特色新型城镇化的战略任务

新型城镇化是综合性系统工程，涉及方方面面，核心是以人为本，关键是提升质量，需要全面落实好四大战略任务，着力解决好农业转移人口落户城镇、城镇棚户区和城中村改造、中西部地区城镇化等问题。

（一）有序推进农业转移人口市民化

有序推进农业转移人口市民化，统筹推进户籍制度改革和基本公共服务均等化。按照尊重意愿、自主选择，因地制宜、分步推进，存量优先、带动增量的原则，以农业转移人口为重点，兼顾高校和职业技术院校毕业生、城镇间异地就业人员和城区城郊农业人口，促进有能力在城镇稳定就业和生活的常住人口有序实现市民化。全面放开建制镇和小城市落户限制，有序放开城区人口50万—100万的城市落户限制，合理放开城区人口100万—300万的大城市落户限制，合理确定城区人口300万—500万的大城市落户条件，严格控制城区人口500万以上的特大城市人口规模，到2020年努力实现1亿左右农业转移人口和其他常住人口在城镇落户。加快推进基本公共服务均等化，努力实现城镇义务教育、就业服务、基本养老、基本医疗、保障性住房等基本公共服务覆盖城镇常住人口。

（二）优化城镇化布局和形态

优化城镇化布局和形态，以城市群为主体形态，促进大、中、小城市和小城镇协调发展。优化提升东部地区城市群，培育发展中西部地区城市群，构建以陆桥通道、沿长江通道为两条横轴，以沿海、京哈京广、包昆通道为三条纵轴，以轴线上城市群和节点城市为依托、其他城镇化地区为重要组成部分的"两横三纵"城镇化战略格局。在发挥中心城市辐射带动作用基础上，强化中小城市和小城镇的产业功能、服务功能和居住功能，把有条件的县城、重点镇和重要边境口岸逐步发展成为中小城市。

（三）提高城市可持续发展能力

提高城市可持续发展能力，增强城市经济、基础设施、公共服务和资源环境对人口的承载能力。加快转变城市发展方式，有效预防和治理"城市病"。加快产业转型升级，强化城市产业支撑，营造良好创业环境，增强城市经济活力和竞争力。优化城市空间结构和管理格局，完善基础设施和公共服务设施，增强对人口集聚和服务的支持能力。提高城市规划科学性，健全规划管理体制机制，提高城市规划管理水平和建筑质量。推进创新城市、绿色城市、智慧城市和人文城市建设，全面提升城市内在品质。完善城市治理结构，创新城市管理方式，提升城市社会治理水平。

（四）推动城乡发展一体化

推动城乡发展一体化，让广大农民平等参与现代化进程、共同分享现代化成果。坚持工业反哺农业、城市支持农村和多予少取放活方针，着力在城乡规划、基础设施、公共服务等方面推进一体化。完善城乡发展一体化体制机制，加快消除城乡二元结构的体制机制障碍。牢牢守住18亿亩耕地红线，确保国家粮食安全。加快推进农业现代化，建设农民幸福生活的美好家园。

五 城镇化相关体制机制改革和政策创新

新型城镇化涉及人、地、钱、房和生态环境等诸多重点领域的体制机制改革，需要加强顶层设计，尊重市场规律，统筹推进相关领域改革。

（一）推进人口管理制度改革

在加快改革户籍制度的同时，全面推行流动人口居住证制度，建立健全与居住年限等条件相挂钩的基本公共服务提供机制。健全人口信息管理制度，加快推进跨部门、跨地区的人口相关信息整合和共享，建设覆盖全国、安全可靠的国家人口综合信息库和信息交换平台，实行以公民身份号码为唯一标识，依法记录、查询和评估人口信息的制度，为流动更加频繁的人口服务和管理提供支撑。

（二）深化土地管理制度改革

提高土地利用效率，根本上要靠制度改革。要按照管住总量、严控增量、盘活存量的原则，严格控制新增城镇建设用地规模，严格执行城市用地分类与规划建设用地标准，探索实行城镇建设用地增加规模与吸纳农业转移人口落户数量挂钩、与城镇低效用地再开发挂钩的激励约束机制。在坚持和完善最严格的耕地保护制度前提下，赋予农民对承包地占有、使用、收益、流转及承包经营权抵押、担保权能。要进一步改革完善农村宅基地制度。

（三）创新城镇化资金保障机制

财力是城市发展的生命线，推进城镇化必须建立多元可持续的资金保障机制。加快完善财政转移支付体系，建立财政转移支付同农业转移人口市民化挂钩机制。培育地方主体税种，增强地方政府提供基本公共服务能力。加快建立规范透明的城市建设投融资机制，在完善法律法规和健全地方政府债务管理制度基础上，建立健全地方债券发行管理制度和信用评级制度，研究建立城市基础设施、住宅政策性金融机构，通过政府和社会资本合作（PPP 模式）等多种渠道吸引社会资本参与城市建设。

（四）健全城镇住房制度

解决好住有所居问题是实现居民安居乐业的重要前提。要加快构建以政府为主提供基本保障、以市场为主满足多层次需求的住房供应体系；要建立各级财政保障性住房稳定投入机制，不断完善租赁补贴制度；要通过调整完善住房、土地、财税、金融等方面政策，构建房地产市场调控长效机制。

（五）强化生态环境保护制度

要实现城市让生活更美好，就必须改善生态环境质量，完善推动城镇化绿色循环低碳发展的体制机制，形成节约资源和保护环境的空间格局、产业结构、生产方式和生活方式。要建立健全生态文明考核评价机制、国土空间开发保护制度、资源有偿使用制度和生态补偿制度、资源环境产权交易机制。实行最严格的环境监管制度，建立区域间环境联防联控机制，健全生态环境保护责任追究制度和环境损害赔偿制度。

第三节　改革开放以来"三农"政策的创新与发展

"中央一号文件"原指中共中央每年发的第一份文件，该文件在国家全年工作中具有纲领性和指导性的地位。一号文件中提到的问题是中央全年需要重点解决，也是当前国家亟须解决的问题，它从一个侧面反映出了解决这些问题的难度。比如我国是个农业大国，也是个农业弱国，农民在全国人口总数中占有绝大的比例，农民的平均生活水平在全国处于最低阶层。而农村的发展问题千头万绪、错综复杂，因此"三农"问题就是目前我国亟须解决的问题，因此中共中央在1982年至1986年连续5年发布以农业、农村和农民为主题的中央一号文件，对农村改革和农业发展做出具体部署。2004年至2014年又连续11年发布以"三农"为主题的中央一号文件，强调了"三农"问题在中国的社会主义现代化时期"重中之重"的地位。

一　"中央一号文件"的由来

纵观我国历史发展的轨迹，无论从自然经济到市场经济，还是从农耕文明到工业文明，抑或从闭关锁国到改革开放，中国社会所经历的急剧而深刻的历史性嬗变，都未能绕开农业、农村和农民问题。农业稳、农民安、农村兴，则国家稳、天下安，这是为我国几千年的历史所证明了的铁律[1]。早在新中国成立初，毛泽东就提出了"农业是国民经济的基础"的著名论断，邓小平也提出："中国有百分之八十的人口住在农村，中国稳定不稳定首先要看这百分之八十稳定不稳定。城市搞得再漂亮，没有农村这一稳定的基础是不行的。""中国社会是不是安定，中国经济能不能发展，首先要看农村能不能发展，农民生活是不是好起来。"[2] 江泽民一再提醒全党：加强农业是国民经济发展的首要问题，始终处于举足轻重的地位，任何时候都要抓得很紧很紧。胡锦涛指出：全面建设小康社会最艰巨、最繁重的任务在农村。我国最高决策者将农业、农民和农村工作视作

---

[1]《史记》卷129《货殖列传》记载，早在秦汉以前古人就明确"仓廪实而知礼节，衣食足而知荣辱"的道理，而这被历代所强调，成为引用频率最高的语句之一。
[2]《邓小平文选》第3卷，人民出版社1993年版，第65页。

国家一切工作的前提。

"三农"问题是我国改革开放的一个历史起点。我国三十多年改革开放的发展轨迹，就是从中国的实际出发，首先解决农业、农村、农民问题，在农村取得成效，取得经验，而后在城市及各行各业全面推进。1978年党的十一届三中全会做出了"全党同志目前必须集中主要精力把农业尽快搞上去"的战略决策，并向全国下发讨论和试行两个关于解决农业问题的文件，即《中共中央关于加快农业发展若干问题的决定（草案）》和《农村人民公社工作条例（试行草案）》，从而正式拉开了中国农村改革的历史序幕，使中国农村开始走上了历史的快车道。在这三十多年的改革历程中，我国农村从实行家庭联产承包责任制，废除人民公社，到突破计划经济模式，初步构筑适应发展社会主义市场经济要求的农村新经济体制框架，这些根本性改革，打碎了束缚在中国农民身上的沉重枷锁，极大地解放和发展了农村生产力，带来农村经济和社会发展的历史性巨变。而推动这个历史巨变的，正是中央关于农业、农村、农民问题的一系列重要战略决策以及特定时期的"三农"思想。这些思想与政策集中体现在中共中央和国务院下发的16个"一号文件"中，它集中体现了中国广大干部、群众的聪明智慧和坚定决心。

改革开放以来，中央分别在1982—1986年、2004—2014年两个时间段内连续发布16个以"三农"问题为主题的且已成为中国农村改革史上专有名词的"中央一号文件"，强调了"三农"问题在中国的社会主义现代化时期"重中之重"的地位。从中央特以"一号文件"的形式对中国农村改革和农业发展做出战略部署来看，中国农村改革的深刻巨变是与中央16个"一号文件"政策的创新密不可分的，"中央一号文件"所具有的强大政策导向作用使中国农村改革取得了令世人瞩目的成就。[1] 因此，有必要从多个角度对改革开放以来"中央一号文件"政策的创新进行梳理考察，追溯一号文件的由来，总结其要点变化，并结合时代背景探寻中央16个"一号文件"政策创新的精神内核，希望能带给我们许多新的启示。

---

[1] 肖功为、乌东峰：《改革开放以来"中央一号文件"政策的创新及启示》，《东南学术》2013年第4期。

二　改革开放以来中央关于"三农"问题的 16 个 "一号文件"

"三农"问题在中国的改革开放初期曾是"重中之重",中共中央在 1982 年至 1986 年连续 5 年发布以农业、农村和农民为主题的"中央一号文件",对农村改革和农业发展做出具体部署。这五个"一号文件",在中国农村改革史上成为专有名词——"五个一号文件"。

(一) 1982 年 1 月 1 日,中共中央发出第 1 个关于"三农"问题的"一号文件",对迅速推开的农村改革进行了总结。文件明确指出包产到户、包干到户或大包干"都是社会主义生产责任制",同时还说明它"不同于合作化以前的小私有的个体经济,而是社会主义农业经济的组成部分"。

(二) 1983 年 1 月,第 2 个"中央一号文件"《当前农村经济政策的若干问题》正式颁布。从理论上说明了家庭联产承包责任制"是在党的领导下中国农民的伟大创造,是马克思主义农业合作化理论在我国实践中的新发展"。

(三) 1984 年 1 月 1 日,中共中央发出《关于一九八四年农村工作的通知》,即第 3 个"一号文件"。文件强调要继续稳定和完善联产承包责任制,规定土地承包期一般应在 15 年以上,生产周期长的和开发性的项目,承包期应当更长一些。

(四) 1985 年 1 月,中共中央、国务院发出《关于进一步活跃农村经济的十项政策》,即第 4 个"一号文件"。取消了 30 年来农副产品统购派购的制度,对粮、棉等少数重要产品采取国家计划合同收购的新政策。

(五) 1986 年 1 月 1 日,中共中央、国务院下发了《关于一九八六年农村工作的部署》,即第 5 个"一号文件"。文件肯定了农村改革的方针政策是正确的,必须继续贯彻执行。

时隔 18 年,胡锦涛于 2003 年 12 月 30 日签署《中共中央、国务院关于促进农民增加收入若干政策的意见》。"中央一号文件"再次回归农业。

(六) 2004 年 1 月,针对全国农民人均纯收入连续增长缓慢的情况,中央下发《中共中央国务院关于促进农民增加收入若干政策的意见》,成为改革开放以来中央的第 6 个"一号文件"。

(七) 2005 年 1 月 30 日,《中共中央国务院关于进一步加强农村工作提高农业综合生产能力若干政策的意见》，即第 7 个"一号文件"。文件要求，坚持"多予少取放活"的方针，稳定、完善和强化各项支农政策。当前和今后一个时期，要把加强农业基础设施建设，加快农业科技进步，提高农业综合生产能力，作为一项重大而紧迫的战略任务，切实抓紧抓好。

（八）2006 年 2 月，中共中央、国务院下发《中共中央国务院关于推进社会主义新农村建设的若干意见》，即第 8 个"一号文件"。这份 2006 年"中央一号文件"显示，中共十六届五中全会提出的社会主义新农村建设的重大历史任务将迈出有力的一步。

（九）2007 年 1 月 29 日，《中共中央国务院关于积极发展现代农业扎实推进社会主义新农村建设的若干意见》下发，即改革开放以来中央第 9 个"一号文件"。文件要求，发展现代农业是社会主义新农村建设的首要任务，要用现代物质条件装备农业，用现代科学技术改造农业，用现代产业体系提升农业，用现代经营形式推进农业，用现代发展理念引领农业，用培养新型农民发展农业，提高农业水利化、机械化和信息化水平，提高土地产出率、资源利用率和农业劳动生产率，提高农业素质、效益和竞争力。

（十）2008 年 1 月 30 日，《中共中央国务院关于切实加强农业基础建设进一步促进农业发展农民增收的若干意见》下发，即改革开放以来中央第 10 个"一号文件"。《意见》共分 8 个部分，约 15000 字。包括：加快构建强化农业基础的长效机制；切实保障主要农产品基本供给；突出抓好农业基础设施建设；着力强化农业科技和服务体系基本支撑；逐步提高农村基本公共服务水平；稳定完善农村基本经营制度和深化农村改革；扎实推进农村基层组织建设；加强和改善党对"三农"工作的领导。

（十一）2009 年 2 月 1 日，《中共中央国务院关于 2009 年促进农业稳定发展农民持续增收的若干意见》，这是改革开放以来中央第 11 个"一号文件"。《意见》共分 5 个部分，约 11000 字。包括：加大对农业的支持保护力度；稳定发展农业生产；强化现代农业物质支撑和服务体系；稳定完善农村基本经营制度；推进城乡经济社会发展一体化。

（十二）2010 年 1 月 31 日文件《中共中央国务院关于加大统筹城乡发展力度进一步夯实农业农村发展基础的若干意见》发布，这是改革开放以来中央第 12 个"一号文件"。文件在保持政策连续性、稳定性的基础上，进一步完善、强化"三农"工作的好政策，提出了一系列新的重大原则和措施：对"三农"投入首次强调"总量持续增加、比例稳步提高"，这一要求不仅确保"三农"资金投入的总量，更确定了比例要稳步提高。扩大了马铃薯良种补贴范围，新增了青稞良种补贴，实施花生良种补贴试点，把林业、牧业和抗旱、节水机械设备首次纳入补贴范围。首次提出要在3年内消除基础金融服务空白乡镇；拓展了农业发展银行支农领域，政策性资金将有更大的"三农"舞台。大幅度提高家电下乡产品的最高限价，允许各地根据实际增选一个品种纳入补贴范围，补贴对象也扩大到国有农林场区职工。增加产粮大县奖励补助资金，提高产粮大县人均财力水平，这将有利于提高我国800个产粮大县的种粮积极性，维护我国粮食安全。

（十三）2011年1月29日发布的《中共中央国务院关于加快水利改革发展的决定》，这是改革开放以来中央第13个"一号文件"，也是新中国成立62年来中央文件首次对水利工作进行全面部署。

（十四）2012年2月1日发布的《关于加快推进农业科技创新持续增强农产品供给保障能力的若干意见》，这是改革开放以来中央第14个"一号文件"。一号文件突出强调部署农业科技创新，把推进农业科技创新作为"三农"工作的重点。

（十五）2013年1月31日发布的《中共中央、国务院关于加快发展现代农业，进一步增强农村发展活力的若干意见》，这是改革开放以来中央第15个"一号文件"。文件对过去十年我国的农业农村工作进行了总结，突出强调围绕现代农业建设，充分发挥基本经营制度优越性，着力构建新型农业经营体系。

（十六）2014年1月19日，中共中央、国务院印发了《关于全面深化农村改革加快推进农业现代化的若干意见》，这是改革开放以来中央第16个"一号文件"。文件确定，2014年及今后一个时期，要完善国家粮食安全保障体系，强化农业支持保护制度，建立农业可持续发展长效机制，深化农村土地制度改革，构建新型农业经营体系，加快农村金融制度创新，健全城乡发展一体化体制机制，改善乡村治理机制。

三　1982—1986年5个"中央一号文件"政策的创新

1982—1986年5个"中央一号文件"对"三农"政策目标进行了重

大调整和创新：由原来的中国传统农业养育工业向农村产业发展和农民增收转变。

(一)"中央一号文件"政策创新背景的历史转换

中共十一届三中全会是中国"三农"政策发展的转折点。"中央一号文件"对"三农"政策创新背景的历史转换依据主要有：废除了以前以"阶级斗争为纲"的宏观政治背景口号，重新确立了解放思想、实事求是的思想路线，开启了改革开放和建设社会主义农业现代化的重大政策取向，为农村改革创造了良好的政治环境和提供了强大的思想武器；从"三农"政策本身分析，十一届三中全会通过了《中共中央关于加快农业发展若干问题的决定（草案）》，对农业现代化建设进行了全面部署；对"农业养育工业"政策做出重大调整，启动农村改革。

(二)"中央一号文件"政策创新目标的历史转换

在建立起中国工业化初步体系的前提下，"中央一号文件"对"三农"政策目标进行了重大调整和创新：由原来的中国传统农业养育工业向农村产业发展和农民增收转变。具体表现在：一是在农业政策目标方面：在强调粮食增产的同时，更明确要注重农民的增收；二是在农村政策目标方面：由原来的农村主要发展农业的产业政策向一、二、三产业全面发展的产业政策；三是在农民政策目标方面：最突出的变化是强调农民增收，改变了改革前农民增收是比农民增产、向工业提供原料低一个层次的的政策目标，将农民增收提升至与农民增产、产业发展同等地位的政策目标。总的来说，20世纪80年代5个"中央一号文件"对"三农"政策目标的创新，其基本取向是"破"，即突破原有的人民公社体制，当然，"立"也在其中，即确立家庭联产承包责任制，但"破"是主要的。

(三)"中央一号文件"政策创新逻辑主线的转换

1982—1986年5个"中央一号文件"以"市场化和以追求效率的生产力标准来衡量是非曲直"作为其政策创新的逻辑主线。从5个"中央一号文件"的侧重点来看，是按照"农民—农业—农村—农业—农民"循环顺序来不断深化解决"三农"问题，其中特别突出农民问题。

(四)"中央一号文件"政策创新的演进路径

1982—1986年5个"中央一号文件"不断探索以赋权与放活为内核的渐进式推进的演进路径。1982年中央第一个"一号文件"突破了传统的"三级所有、队为基础"的体制，提出包产到户、包干到户或大包干

"都是社会主义生产责任制"。突破了原有高度集中的计划经济僵化体制，开始探寻市场化模式；1983 年中央第二个"一号文件"要求全面推行家庭承包责任制，从理论上说明了家庭联产承包责任制"是在党的领导下中国农民的伟大创造，是马克思主义农业合作化理论在我国实践中的新发展"；1984 年中央第三个"一号文件"提出承包土地 15 年不变；1985 年中央第四个"一号文件"取消了 30 年来农副产品统购派购的制度；1986 年中央第五个"一号文件"进一步强调农业是国民经济的基础地位，肯定了农村改革方针政策的正确性并强调继续坚持。

四 2004—2014 年 11 个"中央一号文件"政策的创新

中共十六大以来，"中央一号文件"对"三农"政策目标创新的重大调整，突出的变化是在统筹城乡经济社会发展战略下，把农村基础设施建设和社会事业发展纳入重要的政策目标。

（一）"中央一号文件"政策创新背景的历史转换

世纪之交，我国基本上实现了"小康"目标，但离"全面小康"还有差距，"三农"问题依然突出，并已成为全面建设小康社会和构建和谐社会的热点和难点。而城乡二元体制又是"三农"问题的根源。中共十六大以来，中央重新开启了工农城乡关系和"三农"政策创新的进一步重大调整，"中央一号文件"提出统筹城乡经济社会发展、"两个趋势"的判断、把解决好"三农"问题作为全党和全部工作的重中之重的指导思想和实行工业反哺农业、城市支持农村，推进社会主义新农村建设等战略转换，最终形成了符合科学发展观要求、系统解决"三农"问题的政策体系。

（二）"中央一号文件"政策创新目标的历史转换

中共十六大以来，"中央一号文件"对"三农"政策目标创新的重大调整，突出的变化是在统筹城乡经济社会发展战略下，把农村基础设施建设和社会事业发展纳入重要的政策目标，具体表现在：一是在农业政策目标方面，从追求数量增长向质量提高转变。20 世纪 90 年代前，增加农产品数量、解决温饱问题一直是我国农业政策的主要目标之一。世纪之交，我国农产品供求格局由原来的长期短缺变为基本平衡，客观上要求农业发展政策目标也要从解决总量短缺问题调整转换为解决农产品供求结构矛盾和质量问题，全面提升农产品的质量和农业的素质、效益。二是在农村政策目标方面，除继续坚持强调农村一、二、三产业全面发展的农业产业政策目标，还特别强化大力发展农村基础设施和社会事业的政策目标，这在20世纪80年代的5个"中央一号文件"甚至是21世纪前一直都没有被纳入中央农村政策目标的，这是基于统筹城乡经济一体化新格局更加凸显的需要而创新的。三是在农民政策目标方面，把农民增收列为"三农"政策的核心目标，这与改革前把农民增收看成次于农业增产和农产品供给的政策目标有很大区别的，是顺应我国进入工业化中期阶段要求的重大战略选择。

总的来说，2004年以来"中央一号文件"的政策目标转换主要逐步从"促进农民增收"、"保障粮食供应"等基础性、总量问题，逐渐转向"提高农业综合生产能力"、"农村全面发展"、"城乡统筹发展"、"城乡共享改革发展成果"、"创新农村经营体主体"等结构性问题、社会公平问题及体制机制创新活力问题。

（三）"中央一号文件"政策创新逻辑主线的转换

新世纪解决"三农"问题的逻辑主线，与此前有着根本的变化，它是在统筹城乡经济发展的方略和工业反哺农业政策的取向下进行的，是主动地、全面系统地开始对城乡二元结构进行破解。因此，新世纪的"中央一号文件"政策创新的逻辑主线是坚持统筹城乡经济社会一体化的科学发展观，追求以人为本、社会公平公正与和谐发展的价值取向，贯彻党的十六大、十七大、十八大精神，以"多予少取放活"为方针，实现工业反哺农业、城市支持农村的战略转换，国家对农民实现了由"取"向"予"的逻辑主线的重大转换。

（四）"中央一号文件"政策创新机制及演进路径

中国的城乡二元体制是实施国家工业化战略及与之配套的农业养育工业政策的体制保障，同时它又是导致"三农"问题日益严重，并成为破解"三农"问题的体制障碍，因此，实现城乡二元体制向一元体制的转变，既是实现由农业养育工业向工业反哺农业转变的制度前提，也是解决"三农"问题的必然路径。因此，新世纪的11个"中央一号文件"积极探索建立促进城乡一体化发展和创新农村经营体制机制及其具体演进路径。

第一，统筹城乡一体化发展的体制机制。以加大"三农"财政投入为标志开始向建立覆盖城乡的公共财政制度推进；以取消农业税为标志开始向基本实现城乡统一的税赋体制过渡；以实现农村义务教育"两免一补"为标志向基本实现城乡同等的义务教育制度转变；以建立新型农村合作医疗制度为标志向基本实现城乡平等的医疗服务制度方向迈进；以探索建立农民最低生活保障制度为标志向基本实现覆盖城乡的社会保障制度方向努力；以全面保护农民工权益为标志向基本实现城乡统一的劳动力市场和公平竞争的就业制度方向发展。当然，城乡二元体制向一元体制的转变是国家层面的制度供给，农业养育工业向工业反哺农业政策的转变需要调整国民收入分配结构和财政支出结构，这不同于家庭联产承包经营、农业产业化、村民自治等农民发明创造即可为之的，它必然是以国家财政支出能力为支撑而以国家主导的制度变迁。这与20世纪80年代的5个"中央一号文件"政策创新机制完全不同的。

第二，统筹城乡一体化发展的演进路径。2004年"中央一号文件"核心内容就是坚持"多予、少取、放活"的方针和实行"两减免三补贴"，让农民直接减负增收；2005年"中央一号文件"则立足于使农业强身健体，提出提高农业综合生产能力，打造农业核心竞争力；2006年"中央一号文件"核心内容是建立社会主义新农村；2007年"中央一号文件"提出积极发展现代农业是社会主义新农村建设的首要任务；2008年"中央一号文件"提出加快构建强化农业基础的长效机制；2009年"中央一号文件"以促进农业稳定发展与农民持续增收为主题；2010年"中央一号文件"提出了"稳粮保供给、增收惠民生、改革促统筹、强基增后劲"的基本方针；2011年"中央一号文件"指出力争通过5年到10年努力，加强水利系统建设，从根本上扭转水利建设明显滞后局面；2012年"中央一号文件"更加突出聚焦农业科技，政府在农业科技投入中发挥主导作用；2013年"中央一号文件"关注农村经营体制机制的创新，提出培育和壮大新型农村经营主体，首次明确提出发展"家庭农场"这一全新的农村经营组织，着力构建集约化、专业化、组织化、社会化相结合的新型农业经营体系；2014年"中央一号文件"提出要健全城乡发展一体化体制机制，改善乡村治理机制。总之，2004—2014年的11个"中央一号文件"统筹城乡一体化发展分别沿着"三农"工作的核心问题、关键问题、根本问题、首要任务、长效机制、主题、基本方针、系统问题、重点问题、活力问题等这条路径来逐步深入推进的。

五 "一号文件"颁布与执行的基本经验及启示

改革开放以来，中国共产党就农业发展颁布了16个"中央一号文件"，这些文件的颁布具有明显的人民性、现实性、时代性和前瞻性，它的颁布与执行直接指导了我国社会主义现代化的进程，为推进社会主义新农村建设，全面落实科学发展观、构建社会主义和谐社会与建成全面小康社会发挥了非常重要的作用。更为重要的是，16个"中央一号文件"的颁布，使中国农民真正地从党的惠民政策中得到了实实在在的利益，调动了农民的积极性，促进了农村生产关系的变革和农村生产力的发展，改变了中国农村的落后与贫穷，一个稳定、繁荣与和谐的良好局面呈现在世人面前。综观改革开放以来的16个"中央一号文件"的颁布与执行，可以得出以下启示。

（一）必须以促进农业生产力的发展为根本前提

回顾"中央一号文件"政策的创新发展过程，实质上是一个不断调整农业生产关系以适应生产力发展的过程。自"中央一号文件"政策实施30多年来，中央以农村土地制度改革为起点对农村生产关系进行了全面调整，我国农村改革迈出了三大步：第一步是以家庭承包经营为核心，建立农村基本经济制度和市场机制，保障农民生产经营自主权；第二步是以农村税费改革为核心，统筹城乡发展，调整国民收入分配关系；第三步是以促进农村上层建筑变革为核心，实行农村综合改革，不断解决农村上层建筑与经济基础不相适应的一些深层次问题。正是由于农村改革迈出的这三大步才终于摆正和理顺了农民与集体的关系、农民与国家的关系、农民与政府的关系，才有30多年我国农村生产力的充分发展。

（二）必须以调动农民的积极性为出发点和根本动力

农民是经济人，也是社会人。只有充分调动广大农民的积极性和创造性，社会主义建设才能取得成功。而要调动农民的积极性，必须做到经济上保护农民的物质利益，政治上尊重农民民主权利。邓小平曾说"农业本身的问题，现在看来，主要还得从生产关系上解决。这就要调动农民的积极性"。[①] 中共十五届三中全会重申：必须承认并充分保障农民的自主权，把调动广大农民的积极性作为制定农村政策的首要出发点。是农村经

---

① 《邓小平文选》第3卷，人民出版社1993年版，第323页。

济和社会发展的根本保证。调动农民的积极性，在任何时候，任何事情上，都必须遵循这个基本准则。如："中央一号文件"创新"农村家庭联产承包责任制"等一系列重大决策，对农村改革率先突破，调动广大农民积极性，解放劳动力自身起到了巨大的推动作用，为中国城市经济体制改革，提供了坚实的物质基础和不竭的精神动力。改革以来，正因为"中央一号文件"政策创新注重调动广大农民的积极性，农业和农村经济才充满生机和活力。可以说，调动农民的积极性和创造性是农村经济和社会发展的根本动力。我国农村改革的成功，是调动农民积极性的成功。

（三）必须以实现农民的根本利益为最终目的

改革开放以来，"中央一号文件"政策的创新始终把实现农民的根本利益放在首位。在不同的历史发展阶段，"中央一号文件"政策始终把实现好、维护好、发展好广大农民的根本利益，促进农民公平享受国家改革发展成果和发展机会作为其创新的最终目的。这也是中国共产党以人为本的执政理念，具体表现为：一是在"三农"政策目标的选择上，须坚持把农民增收作为核心政策目标；二是在政策制定和实施中充分尊重农民的意愿；三是保护农民权益，主要是保护农民的发展权、经营自主权、收益权；四是调整国民收入分配，保障农民共享国家改革发展成果，促进城乡一体化。这是"中央一号文件"政策创新取得成功的宝贵经验，也必将成为我国今后农村政策创新的基石。

（四）必须尊重农民在制度创新上的主体地位，尊重农民的首创精神

农民的首创精神，是制度创新的源泉。"中央一号文件"政策创新之所以使我国农村改革取得巨大成功，最根本的是因为中央始终相信农民、依靠农民，充分尊重农民的首创精神，尊重农民在制度创新上的主体地位，把农民创造的好经验及时加以肯定和总结，并使之上升为国家政策和法律，又反过来指导和推进农村改革。邓小平在"南巡讲话"时指出"农村搞家庭联产承包，这个发明是农民的。农村改革中的好多东西，都是基层创造出来的，我们把它拿来加工提高作为全国的指导。"[①] 改革开放以来，以赋权与放活为内核的"中央一号文件"政策创新记录了中国共产党尊重农民群众的实践和首创精神。广大农民创造了家庭联产承包经营、乡镇企业、农业产业化、村民自治等多种经济政治制度，把农村改革

---

① 《邓小平文选》第3卷，人民出版社1993年版，第323页。

不断引向深入。广大农民也相应获得了生产、经营、择业等自主权,使农民的首创精神不断彰显。

(五)要以"国情"、"农情"为基础及时调整和完善

通过对中央 16 个"一号文件"政策创新的演变历程考察,可以清楚地发现,"中央一号文件"政策都是基于以建立和完善中国特色社会主义市场经济理论这一基本国情而创新演进的,即"中央一号文件"的各项政策创新都是围绕以建立社会主义市场经济理论为取向的所有制、经营制度、分配制度、资源配置方式等农业和农村基本制度而做出的制度创新调整。同时也是基于我国"三农"发展总体上已进入"工业反哺农业,城市支持农村,破解城乡二元结构,统筹城乡一体化新格局的重要时期"这一特殊"农情"而及时做出的政策调整。"中央一号文件"政策创新以市场化为取向推进农村改革,根据"国情"、"农情"的客观需要及时对原来"三农"的"多取少予"政策向现在"多予少取"政策调整转变,逐步形成以"多予少取放活"内核的新的"三农"政策体系。

总之,农业丰则基础丰,农民富则国家盛,农村稳则社会安。改革开放以来,中国社会无论是农村还是城市都取得了举世瞩目的成就,但问题依旧存在,特别是我国广大农村区域。由于历史上所形成的制度与体制障碍,农村发展还不尽如人意,农村的落后与贫穷、愚昧和偏僻、偏执与保守,与城市相比较还存在一定的反差。因此,加强"三农"工作,着力解决"三农"问题,关系着党和国家的全局,关系着实现全面小康社会的宏伟目标,关系着中华民族的伟大复兴和中国特色社会主义事业的长远发展,也关系着社会主义新农村建设与和谐社会的建构。因此,认真学习和贯彻"中央一号文件",牢固树立"三农"问题在一切工作中"重中之重"的地位,在新的历史时期具有非常重要的意义。

参考文献

一　经典著作

1. 《马克思恩格斯选集》（1—4卷），人民出版社1995年版。
2. 《列宁选集》（1—4卷），人民出版社1995年版。
3. 《孙中山全集》（1—11卷），中华书局1981年版。
4. 《孙中山年谱》，中华书局1980年版。
5. 《毛泽东选集》（1—4卷），人民出版社1991年版。
6. 《毛泽东文集》（5—8卷），人民出版社1996、1999、1999、1999年版。
7. 《毛泽东经济年谱》，中央文献出版社1993年版。
8. 《邓小平文选》（1—3卷），人民出版社1994、1994、1993年版。
9. 《邓小平年谱（1975—1992）》（上、下），中央文献出版社2004年版。
10. 《邓小平经济思想摘编》，经济管理出版社1998年版。
11. 《陈云文集》（第3卷），中央文献出版社2005年版。
12. 《江泽民文选》（1—3卷），人民出版社2006年版。
13. 《江泽民论有中国特色社会主义（专题摘编）》，中央文献出版社2002年版。

二　相关文献

14. 《建国以来重要文献选编》（共20册），中央文献出版社2011年版。
15. 《三中全会以来重要文献选编》（上、下），人民出版社1982年版。
16. 《十二大以来重要文献选编》（上、中、下），人民出版社1986、1986、1988年版。

17. 《十三大以来重要文献选编》（上、中、下），人民出版社 1991、1991、1993 年版。
18. 《十四大以来重要文献选编》（上、中、下），人民出版社 1996、1997、1998 年版。
19. 《十五大以来重要文献选编》（上、中、下），人民出版社 2000、2001、2003 年版。
20. 《十六大以来重要文献选编》（上、中、下），中央文献出版社 2005、2006、2008 年版。
21. 《十七大以来重要文献选编》（上、中、下），中央文献出版社 2009、2011、2013 年版。

三　名家著述

22. 温铁军：《三农问题与世纪反思》，三联书店 2005 年版。
23. 林毅夫：《再论制度、技术与中国农业发展》，北京大学出版社 1999 年版。
24. 朱启臻：《农业社会学》，社会科学文献出版社 2009 年版。
25. 何伟：《"三农"问题症结所在》，知识产权出版社 2009 年版。
26. 韩长赋：《现代化进程中的"三农"问题》，中国农业出版社 2004 年版。
27. 王景新：《中国土地制度的世纪变革》，中国经济出版社 2001 年版。
28. 徐滇庆：《经济命脉系三农：深化农业结构改革》，机械工业出版社 2010 年版。
29. 贺雪峰：《地权的逻辑——中国农村土地制度向何处去》，中国政法大学出版社 2010 年版。
30. 魏宏运：《晋察冀边区财政经济史资料选编》，南开大学出版社 1983 年版。
31. 当代中国研究所：《中华人民共和国史稿》，人民出版社、当代中国出版社 2012 年版。
32. 北大历史系：《简明世界史》，人民出版社 1979 年版。
33. 刘易斯：《二元经济论》，北京经济学院出版社 1988 年版。
34. 熊培云：《一个村庄里的中国》，新星出版社 2011 年版。

35. 曾业松：《新农论》，新华出版社 2003 年版。
36. 阎占定：《中国转型发展中的三农问题研究》，湖北人民出版社 2011 年版。
37. 廖星成等：《中国三农问题报告》，新华出版社 2005 年版。
38. 冯治：《中国农村现代化道路与规律》，人民出版社 2004 年版。
39. 王令金：《马克思主义中国化的历史进程及其规律》，中央编译出版社 2011 年版。
40. 中共中央党史研究室：《中国共产党历史》，中共党史出版社 2011 年版。

后　记

　　三十年前，我生长在农村，家乡的山山水水养育了我，使我对农村怀有深厚感情，对农业颇有一番了解，与农民更有血肉联系。

　　2010年女儿去美国布林茅尔学院（Bryn Mawr College）读书。该学院位于美国宾夕法尼亚州布赖恩莫尔村庄，距离费城10英里，是美国最美丽的校园之一。由于学院地处乡村，让在城市待惯的女儿觉得一下子到了农村。这使我很诧异：美国这个最发达的资本主义国家怎么会是"大农村"呢？后来慢慢明白：美国人口只有3亿多点，城市化水平高，农村相对"人烟稀少"；再则，美国生产力高度发达，消除了城乡差别，乡村幽静美丽，但不落后闭塞。由此使我想到这不是我们可以借鉴的吗？

　　从2011年开始，我就给本科生试开通识教育选修课《社会主义新农村建设案例分析》，很受学生欢迎。大喜过望的效果促使我进一步思考问题、研究问题。这种良性互动，又使我萌生了著书立说的冲动。于是，出书便成为可能。

　　完成本书的写作，首先要感谢青岛大学王令金教授。他为本书选题立项、创设框架、取舍内容、编辑修改等提出了许多宝贵意见，付出了大量心血。这种无私奉献、乐于助人的品格，给我以鞭策。另外，还要感谢青岛大学思政部书记赵有田教授和主任丛松日教授，他们对本书的出版给予了大力的支持。

　　本书在写作过程中，参考了众多专家学者的研究成果，其中许多观点给了我深深的启发。在此一并表示衷心的感谢！另外，我先生邵先喜给予莫大的鼓励和支持，尽管他和我专业不同，但是，他那独特的思维方式给我以良好的影响。另外，我女儿邵悦那独立的生活方式和进取的工作态度为我免除了许多担忧。他俩为我带来的欣慰，使我顺利地完成了书稿的写作。在此，深表谢意！

真诚地期待着专家学者们的批评指正！

纪爱真
于青岛大学
2014 年金秋